The
Complete Works
of
Yu Wujin

俞 吾 金 全 集

第 3 卷

生存的困惑

西方哲学文化精神探要

俞吾金 著

北京师范大学出版集团
BEIJING NORMAL UNIVERSITY PUBLISHING GROUP
北京师范大学出版社

俞吾金教授简介

————————

俞吾金教授是我国著名哲学家，1948 年 6 月 21 日出生于浙江萧山，2014 年 10 月 31 日因病去世。生前任复旦大学文科资深教授、哲学学院教授，兼任复旦大学学术委员会副主任暨人文学术委员会主任、复旦大学学位委员会副主席暨人文社科学部主席、复旦大学国外马克思主义与国外思潮研究中心（985 国家级基地）主任、复旦大学当代国外马克思主义研究中心（教育部重点研究基地）主任、复旦大学现代哲学研究所所长；担任教育部社会科学委员会委员、教育部哲学教学指导委员会副主任、国务院哲学学科评议组成员、全国外国哲学史学会常务理事、全国现代外国哲学学会副理事长等职；曾任德国法兰克福大学和美国哈佛大学访问教授、美国 Fulbright 高级讲座教授。俞吾金教授是全国哲学界首位长江学者特聘教授、全国优秀教师和国家级教学名师。俞吾金教授是我国八十年代以来在哲学领域最具影响力的学者之一，生前和身后出版了包括《意识形态论》《从康德到马克思》《重新理解马克思》《问题域的转换》《实践与自由》《被遮蔽的马克思》等在内的 30 部著作（包括合著），发表了 400 余篇学术论文，在哲学基础理论、马克思主义哲学、外国哲学、国外马克思主义、当代中国哲学文化和美学等诸多领域都有精深研究，取得了令人瞩目的成就，为深入推进当代中国哲学研究做出了杰出和重要的贡献。

《俞吾金全集》主编

汪行福　吴　猛

《俞吾金全集》编委会（按姓名拼音排序）

本卷编校组

柴　杰

序　言

　　俞吾金教授是我国哲学界的著名学者，是我们这一代学人中的出类拔萃者。对我来说，他既是同学和同事，又是朋友和兄长。我们是恢复高考后首届考入复旦大学哲学系的，我们住同一个宿舍。在所有的同学中，俞吾金是一个好学深思的榜样，或者毋宁说，他在班上总是处在学与思的"先锋"位置上。他要求自己每天读150页的书，睡前一定要完成。一开始他还专注于向往已久的文学，一来是"文艺青年"的夙愿，一来是因为终于有机会沉浸到先前只是在梦中才能邂逅的书海中去了。每当他从图书馆背着书包最后回到宿舍时，大抵便是熄灯的前后，于是那摸黑夜谈的时光就几乎被文学占领了。先是莎士比亚和歌德，后来大多是巴尔扎克和狄更斯，最后便是托尔斯泰和陀斯妥耶夫斯基了。好在一屋子的室友都保留着不少的文学情怀，这情怀有了一个共鸣之地，以至于我们后来每天都很期待去分享这美好的时刻了。

　　但是不久以后，俞吾金便开始从文学转到哲学。我们的班主任老师，很欣赏俞吾金的才华，便找他谈了一次话，希望他在哲学上一展才华。不出所料，这个转向很快到来了。我们似乎突然发现他的言谈口吻开始颇有些智者派的风格了——这一步转得很合适也很顺畅，正如黑格尔所说，智者们就是教人熟悉思维，以代替"诗篇的知识"。还是在本科三年级，俞吾金就在《国内哲学动态》上发表了他的哲学论文《"蜡块说"小考》，这在班里乃至于系里都引起了不小的震动。不久以后，他便在同学中得了个"苏老师"（苏格拉底）的雅号。看来并非偶然，他在后来的研究中曾对智者派（特别是普罗泰戈拉）专门下过功夫，而且他的哲学作品中也长久地保持着敏锐的辩才与文学的冲动；同样并非偶然，后来复旦大学将"狮城舌战"（在新加坡举行的首届国际华语大专辩论赛）的总教练和领队的重任托付给他，结果是整个团队所向披靡并夺得了冠军奖杯。

本科毕业后我们一起考上了研究生，1984 年底又一起留校任教，成了同事。过了两年，又一起考上了在职博士生，师从胡曲园先生，于是成为同学兼同事，后来又坐同一架飞机去哈佛访学。总之，自 1978年进入复旦大学哲学系以来，我们是过从甚密的，这不仅是因为相处日久，更多的是由于志趣相投。这种相投并不是说在哲学上或文学上的意见完全一致，而是意味着时常有着共同的问题域，并能使有差别的观点在其中形成积极的和有意义的探索性对话。总的说来，他在学术思想上始终是一个生气勃勃地冲在前面的追问者和探索者；他又是一个犀利而有幽默感的人，所以同他的对话常能紧张而又愉悦地进行。

作为哲学学者，俞吾金主要在三个方面展开他长达 30 多年的研究工作，而他的学术贡献也集中地体现在这三个方面，即当代国外马克思主义、马克思哲学、西方哲学史。对他来说，这三个方面并不是彼此分离的三个领域，毋宁说倒是本质相关地联系起来的一个整体，并且共同服务于思想理论上的持续探索和不断深化。在我们刚进复旦时，还不知"西方马克思主义"为何物；而当我们攻读博士学位时，卢卡奇的《历史与阶级意识》已经是我们必须面对并有待消化的关键文本了。如果说，这部开端性的文本及其理论后承在很大程度上构成了与"梅林—普列汉诺夫正统"的对立，那么，系统地研究和探讨国外马克思主义的立场、观点和方法，就成为哲学研究（特别是马克思主义哲学研究）的一项重大任务了。俞吾金在这方面是走在前列的，他不仅系统地研究了卢卡奇、科尔施、葛兰西等人的重要哲学文献，而且很快又进入到法兰克福学派、存在主义的马克思主义、弗洛伊德主义的马克思主义、结构主义的马克思主义，等等。不久，哲学系组建了以俞吾金为首的当代国外马克思主义教研室，他和陈学明教授又共同主编了在国内哲学界影响深远的教材和文献系列，并有大量的论文、论著和译著问世，从而使复旦大学在这方面成为国内研究的重镇并处于领先地位。2000年，教育部在复旦建立国内唯一的"当代国外马克思主义研究中心"（人文社会科学重点研究基地），俞吾金自此一直担任该基地的主任，直到2014年去世。他组织并领导了内容广泛的理论引进、不断深入的学术研究，以及愈益扩大和加深的国内外交流。如果说，40年前人们对当代国外马克思主义还几乎一无所知，而今天中国的学术界已经能够非常切近地追踪到其前沿了，那么，这固然取决于学术界同仁的共同努力，但俞吾金却当之无愧地属于其中的居功至伟者之一。

当俞吾金负责组建当代国外马克思主义学科时，他曾很热情地邀请我加入团队，我也非常愿意进入到这个当时颇受震撼而又所知不多的新领域。但我所在的马克思主义哲学史教研室却执意不让我离开。于是他便对我说：这样也好，"副本"和"原本"都需要研究，你我各在一处，时常可以探讨，岂不相得益彰？看来他对于"原本"——马克思哲学本身——是情有独钟的。他完全不能满足于仅仅对当代国外马克思主义的各种文本、观点和内容的引进介绍，而是试图在哲学理论的根基上去深入地理解它们，并对之开展出卓有成效的批判性发挥和对话。为了使这样的发挥和对话成为可能，他需要在马克思哲学基础理论的研究方面获得持续不断的推进与深化。因此，俞吾金对当代国外马克思主义的探索总是伴随着他对马克思哲学本身的研究，前者在广度上的拓展与后者在深度上的推进是步调一致、相辅相成的。

在马克思哲学基础理论的研究领域，俞吾金的研究成果突出地体现在以下几个方面。第一，他明确主张马克思哲学的本质特征必须从其本体论的基础上去加以深入的把握。以往的理解方案往往是从近代认识论的角度提出问题，而真正的关键恰恰在于从本体论的层面去理解、阐述和重建马克思哲学的理论体系。我是很赞同他的这一基本观点的。因为马克思对近代哲学立足点的批判，乃是对"意识"之存在特性的批判，因而是一种真正的本体论批判："意识在任何时候都只能是被意识到了的存在，而人们的存在就是他们的现实生活过程。"这非常确切地意味着马克思哲学立足于"存在"——人们的现实生活过程——的基础之上，而把意识、认识等等理解为这一存在过程在观念形态上的表现。

因此，第二，就这样一种本体论立场来说，马克思哲学乃是一种"广义的历史唯物主义"。俞吾金认为，在这样的意义上，马克思哲学的本体论基础应当被把握为"实践—社会关系本体论"。它不仅批判地超越了以往的本体论（包括旧唯物主义的本体论）立场，而且恰恰构成马克思全部学说的决定性根基。因此，只有将马克思哲学理解为广义的历史唯物主义，才能真正把握马克思哲学变革的实质。

第三，马克思"实践"概念的意义不可能局限在认识论的范围内得到充分的把握，毋宁说，它在广义的历史唯物主义中首先是作为本体论原则来起作用的。在俞吾金看来，将实践理解为马克思认识论的基础与核心，相对于近代西方认识论无疑是一大进步；但如果将实践概念限制在认识论层面，就会忽视其根本而首要的本体论意义。对马克思来说，至为关键的是，只有在实践的本体论层面上，人们的现实生活才会作为决定性的存在进入到哲学的把握中，从而，人们的劳动和交往，乃至于人们的全部社会生活和整个历史性行程，才会从根本上进入到哲学理论的视域中。

因此，第四，如果说广义的历史唯物主义构成马克思哲学的实质，那么这一哲学同时就意味着"意识形态批判"。因为在一般意识形态把思想、意识、观念等等看作是决定性原则的地方，唯物史观恰恰相反，要求将思想、意识、观念等等的本质性导回到人们的现实生活过程之中。

在此意义上，俞吾金把意识形态批判称为"元批判"，并因而将立足于实践的历史唯物主义叫做"实践诠释学"。所谓"元批判"，就是对规约人们的思考方式和范围的意识形态本身进行前提批判，而作为"实践诠释学"的历史唯物主义，则是在"元批判"的导向下去除意识形态之蔽，从而揭示真正的现实生活过程。我认为，上述这些重要观点不仅在当时是先进的和极具启发性的，而且直到今天，对于马克思哲学之实质的理解来说，依然是关乎根本的和意义深远的。

俞吾金的博士论文以《意识形态论》为题，我则提交了《历史唯物主义的主体概念》和他一起参加答辩。答辩主席是华东师范大学的冯契先生。冯先生不仅高度肯定了俞吾金对马克思意识形态批判理论的出色研究，而且用"长袖善舞"一词来评价这篇论文的特点。学术上要做到长袖善舞，是非常不易的：不仅要求涉猎广泛，而且要能握其枢机。俞吾金之所以能够臻此境地，是得益于他对哲学史的潜心研究；而在哲学史方面的长期探索，不仅极大地支持并深化了他的马克思哲学研究，而且使他成为著名的西方哲学史研究专家。

就与马哲相关的西哲研究而言，他专注于德国古典哲学，特别是康德、黑格尔哲学的研究。他很明确地主张：对马克思哲学的深入理解，一刻也离不开对德国观念论传统的积极把握；要完整地说明马克思的哲学革命及其重大意义，不仅要先行领会康德的"哥白尼式革命"，而且要深入把握由此而来并在黑格尔那里得到充分发展的历史性辩证法。他认为，作为康德哲学核心问题的因果性与自由的关系问题，在"按照自然律的因果性"和"由自由而来的因果性"的分析中，得到了积极的推进。黑格尔关于自由的理论可被视为对康德自由因果性概念的一种回应：为了使自由和自由因果性概念获得现实性，黑格尔试图引入辩证法以使自由因果性和自然因果性统一起来。在俞吾金看来，这里的关键在于"历史因果性"维度的引入——历史因果性是必然性的一个方面，也是必然性与自由相统一的关节点。因此，正是通过对黑格尔的精神现象学、法哲学和历史哲学等思想内容的批判性借鉴，马克思将目光转向人类社会发展中的历史因果性；但马克思又否定了黑格尔仅仅停留于单纯精神层面谈论自然因果性和历史因果性的哲学立场，要求将这两种因果性结合进现实的历史运动中，尤其是使之进入到对市民社会的解剖中。这个例子可以表明，对马克思哲学之不断深化的理解，需要在多大程度上深入到哲学史的领域之中。正如列宁曾经说过的那样：不读黑格尔的《逻辑学》，便无法真正理解马克思的《资本论》。

就西方哲学的整体研究而言，俞吾金的探讨可谓"细大不捐"，涉猎之广在当代中国学者中是罕见的。他不仅研究过古希腊哲学（特别是柏拉图和亚里士多德哲学），而且专题研究过智者派哲学、斯宾诺莎哲学和叔本华哲学等。除开非常集中地钻研德国古典哲学之外，他还更为宏观地考察了西方哲学在当代实现的"范式转换"。他将这一转换概括为"从传统知识论到实践生存论"的发展，并将其理解为西方哲学发展中的一条根本线索。为此他对海德格尔的哲学下了很大的功夫，不仅精详地考察了海德格尔的"存在论差异"和"世界"概念，而且深入地探讨了海德格尔的现代性批判及其意义。如果说，马克思的哲学变革乃是西方哲学范式转换中划时代的里程碑，那么，海德格尔的基础存在论便为说明这一转换提供了重要的思想材料。在这里，西方哲学史的研究再度与马克思哲学的研究贯通起来：俞吾金不仅以哲学的当代转向为基本视野考察整个西方哲学史，并在这一思想转向的框架中理解马克思的哲学变革，而且站在这一变革的立场上重新审视西方哲学，特别是德国古典哲学和当代西方哲学。就此而言，俞吾金在马哲和西哲的研究上可以说是齐头并进的，并且因此在这两个学术圈子中同时享有极高的声誉和地位。这样的一种研究方式固然可以看作是他本人的学术取向，但这种取向无疑深深地浸染着并且也成就着复旦大学哲学学术的独特氛围。在这样的氛围中，当代国外马克思主义的研究要立足于对马克思哲学本身的深入理解之上，而对马克思哲学理解的深化又有必要进入到哲学史研究的广大区域之中。

今年10月31日，是俞吾金离开我们10周年的纪念日。十年前我曾撰写的一则挽联是："哲人其萎乎，梁木倾颓；桃李方盛也，枝叶滋荣。"我们既痛惜一位学术大家的离去，更瞩望新一代学术星丛的冉冉升起。十年之后，《俞吾金全集》由北京师范大学出版社出版了——这是哲学学术界的一件大事，许多同仁和朋友付出了积极的努力和辛勤的劳动，我们对此怀着深深的感激之情。这样的感激之情不仅是因为这部全集的告竣，而且因为它还记录了我们这一代学者共同经历的学术探索道路。一代人有一代人的使命，俞吾金勤勉而又卓越地完成了他的使命：他将自己从事哲学的探索方式和研究风格贡献给了复旦哲学的学术共同体，使之成为这个共同体悠长传统的组成部分；他更将自己取得的学术成果作为思想、观点和理论播洒到广阔的研究领域，并因而成为进一步推进我国哲学学术的重要支点和不可能匆匆越过的必要环节。如果我们的读者不仅能够从中掌握理论观点和方法，而且能够在哲学与时代的关联中学到思想探索的勇气和路径，那么，这部全集的意义就更其深远了。

吴晓明
2024 年 6 月

主编的话

一

2014 年 7 月 16 日，俞吾金教授结束了一个学期的繁忙教学工作，暂时放下手头的著述，携夫人赴加拿大温哥华参加在弗雷泽大学举办的"法兰克福学派对资本主义的批判"的国际学术讨论会，并计划会议结束后自费在加拿大作短期旅游，放松心情。但在会议期间俞吾金教授突感不适，虽然他带病作完大会报告，但不幸的是，到医院检查后被告知脑部患了恶性肿瘤。于是，他不得不匆忙地结束行程，回国接受治疗。接下来三个月，虽然复旦大学华山医院组织了最强医疗团队精心救治，但病魔无情，回天无力。2014 年 10 月 31 日，在那个风雨交加的夜晚，俞吾金教授永远地离开了我们。

俞吾金教授的去世是复旦大学的巨大损失，也是中国哲学界的巨大损失。十年过去了，俞吾金教授从未被淡忘，他的著作和文章仍然被广泛阅读，他的谦谦君子之风、与人为善之举被亲朋好友广为谈论。但是，在今天这个急剧变化和危机重重的世界中，我们还是能够感到他的去世留下的思想空场。有时，面对社会的种种不合理现象和纷纭复杂的现实时，我们还是不禁会想：如果俞老师在世，他会做如何感想，又会做出什么样的批判和分析！

俞吾金教授的生命是短暂的，也是精彩的。与期颐天年的名家硕儒相比，他的学术生涯只有三十多年。但是，在这短短的三十多年中，他通过自己的勤奋和努力取得了耀眼的成就。

1983 年 6 月，俞吾金与复旦大学哲学系的六个硕士、博士生同学一起参加在广西桂林举行的"现代科学技术和认识论"全国学术讨论会，他们在会上所做的"关于认识论的几点意见"（后简称"十条提纲"）的报告，勇敢地对苏联哲学教科书体系做了反思和批判，为乍暖还寒的思想解放和新莺初啼的马克思主义哲学新的探索做出了贡献。1993 年，俞吾金教授作为教练和领队，带领复旦大学辩论队参加在新加坡举办的首届国际大专辩论赛并一举夺冠，在华人世界第一次展现了新时代中国大学生的风采。辩论赛的电视转播和他与王沪宁主编的《狮城舌战》《狮城舌战启示录》大大地推动了全国高校的辩论热，也让万千学子对复旦大学翘首以盼。1997 年，俞吾金教授又受复旦大学校长之托，带领复旦大学学生参加在瑞士圣加仑举办的第 27 届国际经济管理研讨会，在该次会议中，复旦大学的学生也有优异的表现。会后，俞吾金又主编了《跨越边界》一书，嘉惠以后参加的学子。

俞吾金教授 1995 年开始担任复旦大学哲学系主任，当时是国内最年轻的哲学系主任，其间，复旦大学哲学系大胆地进行教学和课程体系改革，取得了重要的成果，荣获第五届全国高等学校优秀教学成果一等奖，由他领衔的"西方哲学史"课程被评为全国精品课程。在复旦大学，俞吾金教授是最受欢迎的老师之一，他的课一座难求。他多次被评为最受欢迎的老师和研究生导师。由于教书育人的杰出贡献，2009 年他被评为上海市教学名师和全国优秀教师，2011 年被评为全国教学名师。

俞吾金教授一生最为突出的贡献无疑是其学术研究成果及其影响。他在研究生毕业后不久就出版的《思考与超越——哲学对话录》已显示了卓越的才华。在该书中，他旁征博引，运用文学故事或名言警句，以对话体的形式生动活泼地阐发思想。该书妙趣横生，清新脱俗，甫一面世就广受欢迎，成为沪上第一理论畅销书，并在当年的全国图书评比中获"金钥匙奖"。俞吾金教授的博士论文《意识形态论》一脱当时国内博士论文的谨小慎微的匠气，气度恢宏，新见迭出，展现了长袖善舞、擅长宏大主题的才华。论文出版后，先后获得上海市哲学社会科学优秀成果一等奖和国家教委首届人文社会科学优秀成果一等奖，成为青年学子做博士论文的楷模。

俞吾金教授天生具有领军才能，在他的领导下，复旦大学当代国外马克思主义研究中心 2000 年被评为教育部人文社会科学重点研究基地，他本人也长期担任基地主任，主编《当代国外马克思主义评论》《国外马克思主义研究报告》《国外马克思主义与国外思潮译丛》等，为马克思主义的国际交流建立了重要的平台。他长期担任复旦大学哲学学院的外国哲学学科学术带头人，参与主编《西方哲学通史》和《杜威全集》等重大项目，为复旦大学成为外国哲学研究重镇做出了突出贡献。

俞吾金教授的学术研究不囿一隅，他把西方哲学和马克思哲学结合起来，提出了许多重要的概念和命题，如"马克思是我们同时代人""马克思哲学是广义的历史唯物主义""马克思哲学的认识论是意识形态批判""从康德到马克思""西方哲学史的三次转向""实践诠释学""被遮蔽的马克思""问题域的转换"等，出版了一系列有影响的著作和文集。由于俞吾金教授在学术上的杰出贡献和影响力，他获得各种奖励和荣誉称号，他是全国哲学界首位"长江学者奖励计划"特聘教授，在钱伟长主编的"20 世纪中国知名科学家"哲学卷中，他是改革开放以来培养的哲学家中的唯一入选者。俞吾金教授在学界还留下许多传奇，其中之一是，虽然他去世已经十年了，但至今仍保持着《中国社会科学》发文最多的记录。

显然，俞吾金教授是改革开放后新一代学人中最有才华、成果最为丰硕、影响最大的学者之一。他之所以取得令人瞩目的成就，不仅得益于他的卓越才华和几十年如一日的勤奋努力，更重要的是缘于他的独立思考的批判精神和"为天地立心、为生民立命"的济世情怀。塞涅卡说："我们不应该像羊一样跟随我们前面的羊群——不是去我们应该去的地方，而是去它去的地方。"俞吾金教授就是本着这样的精神从事学术的。在他的第一本著作即《思考与超越》的开篇中，他就把帕斯卡的名言作为题记："人显然是为了思想而生的；这就是他全部的尊严和他全部的优异；并且他全部的义务就是要像他所应该的那样去思想。"俞吾金教授的学术思考无愧于此。俞吾金教授以高度的社会责任感从事学术研究。复旦大学的一位教授在哀悼他去世的博文中曾写道："曾有几次较深之谈话，感到他是一位勤奋的读书人，温和的学者，善于思考社会与人生，关注现在，更虑及未来。记得15年前曾听他说，在大变动的社会，理论要为长远建立秩序，有些论著要立即发表，有些则可以暂存书箧，留给未来。"这段话很好地刻画了俞吾金教授的人文和道德情怀。

正是出于这一强烈担当的济世情怀，俞吾金教授出版和发表了许多有时代穿透力的针砭时弊的文章，对改革开放以来的思想解放和文化启蒙起到了推动作用，为新时期中国哲学的发展做出了重要贡献。但是，也正因为如此，他的生命中也留下了很多遗憾。去世前两年，俞吾金教授在"耳顺之年话人生"一文中说："从我踏进哲学殿堂至今，30多个年头已经过去了。虽然我尽自己的努力做了一些力所能及的事情，但人生匆匆，转眼已过耳顺之年，还有许多筹划中的事情没有完成。比如对康德提出的许多哲学问题的系统研究，对贝克莱、叔本华在外国哲学史上的地位的重新反思，对中国哲学的中道精神的重新阐释和对新启蒙的张扬，对马克思哲学体系的重构等。此外，我还有一系列的教案有待整理和出版。"想不到这些未完成的计划两年后尽成了永远的遗憾！

二

俞吾金教授去世后，学界同行在不同场合都表达了希望我们编辑和出版他的全集的殷切希望。其实，俞吾金教授去世后，应出版社之邀，我们再版了他的一些著作和出版了他的一些遗著。2016 年北京师范大学出版社出版了他的《哲学遐思录》《哲学随感录》《哲学随想录》三部随笔集，2017 年北京师范大学出版社出版了《从康德到马克思——千年之交的哲学沉思》新版，2018 年商务印书馆出版了他的遗作《新十批判书》未完成稿。但相对俞吾金教授发表和未发表的文献，这些只是挂一漏万，远不能满足人们的期望。我们之所以在俞吾金教授去世十年才出版他的全集，主要有两个方面的原因。一是俞吾金教授从没有完全离开我们，学界仍然像他健在时一样阅读他的文章和著作，吸收和借鉴他的观点，思考他提出的问题，因而无须赶着出版他的全集让他重新回到我们中间；二是想找个有纪念意义的时间出版他的全集。俞吾金教授去世后，我们一直在为出版他的全集做准备。我们一边收集资料，一边考虑体例框架。时间到了 2020 年，是时候正式开启这项工作了。我们于 2020 年 10 月成立了《俞吾金全集》编委会，组织了由他的学生组成的编辑和校对团队。经过数年努力，现已完成了《俞吾金全集》二十卷的编纂，即将在俞吾金教授逝世十周年之际出版。

俞吾金教授一生辛勤耕耘，留下 650 余万字的中文作品和十余万字的外文作品。《俞吾金全集》将俞吾金教授的全部作品分为三个部分：(1)生前出版的著作；(2)生前发表的中文文章；(3)外文文章和遗作。

俞吾金教授生前和身后出版的著作(包含合著)共三十部，大部分为文集。《俞吾金全集》保留了这些著作中体系较为完整的 7 本，包括《思考与超越——哲学对话录》《问题域外的问题——现代西方哲学方法论探要》《生存的困惑——西方哲学文化精神探要》《意识形态论》《毛泽东智慧》《邓小平：在历史的天平上》《问题域的转换——对马克思和黑格尔关系的当代解读》。其余著作则基于材料的属性全部还原为单篇文章，收入《俞吾金全集》的《马克思主义哲学研究文集（上、下）《外国哲学研究文集（上、下）》以及《国外马克思主义研究文集（上、下）》等各卷中。这样的处理方式难免会留下许多遗憾，特别是俞吾金教授的一些被视为当代学术名著的文集（如《重新理解马克思》《从康德到马克思》《被遮蔽的马克思》《实践诠释学》《实践与自由》等）未能按原书形式收入到《俞吾金全集》之中。为了解决全集编纂上的逻辑自洽性以及避免不同卷次的文献交叠问题（这些交叠往往是由于原作根据的不同主题选择和组织材料而导致的），我们不得不忍痛割爱，将这些著作打散处理。

俞吾金教授生前发表了各类学术文章 400 余篇，我们根据主题将这些文章分别收入《马克思主义哲学研究文集（上、下）《国外马克思主义哲学研究文集》《外国哲学研究文集（上、下）》《马克思主义中国化研究文集》《中国思想与文化研究》《哲学观与哲学教育论集》《散论集》（包括《读书治学》《社会时评》和《生活哲思》三卷）。在这些卷次的编纂过程中，我们除了使用知网、俞吾金教授生前结集出版的作品和在他的电脑中保存的材料外，还利用了图书馆和网络等渠道，查找那些散见于他人著作中的序言、论文集、刊物、报纸以及网页中的文章，尽量做到应收尽收。对于收集到的文献，如果内容基本重合，收入最早发表的文本；如主要内容和表达形式略有差异，则收入内容和形式上最完备者。在文集和散论集中，对发表的论文和文章，我们则按照时间顺序进行编排，以便更好地了解俞吾金教授的思想发展和心路历程。

除了已发表的中文著作和论文之外，俞吾金教授还留下了多篇已发表或未发表的外文文章，以及一系列未发表的讲课稿（有完整的目录，已完成的部分很成熟，完全是为未来出版准备的，可惜没有写完）。我们将这些外文论文收集在《外文文集》卷中，把未发表的讲稿收集在《遗作集》卷中。

三

《俞吾金全集》的编纂和出版受到了多方面的支持。俞吾金教授去世后不久，北京师范大学出版社就表达了想出版《俞吾金全集》的愿望，饶涛副总编辑专门来上海洽谈此事，承诺以最优惠的条件和最强的编辑团队完成这一工作，这一慷慨之举和拳拳之心让人感佩。为了高质量地完成全集的出版，出版社与我们多次沟通，付出了很多努力。对北京师范大学出版社饶涛副总编辑、祁传华主任和诸分卷的责编为《俞吾金全集》的辛勤付出，我们深表谢意。《俞吾金全集》的顺利出版，我们也要感谢俞吾金教授的学生赵青云，他多年前曾捐赠了一笔经费，用于支持俞吾金教授所在机构的学术活动。经同意，俞吾金教授去世后，这笔经费被转用于全集的材料收集和日常办公支出。《俞吾金全集》的出版也受到复旦大学和哲学学院的支持。俞吾金教授的同学和同事吴晓明教授一直关心全集的出版，并为全集写了充满感情和睿智的序言。复旦大学哲学学院原院长孙向晨也为全集的出版提供了支持。在此我们表示深深的感谢。

《俞吾金全集》的具体编辑工作是由俞吾金教授的许多学生承担的。编辑团队的成员都是在不同时期受教于俞吾金教授的学者，他们分散于全国各地高校，其中许多已是所在单位的教学和科研骨干，有自己的繁重任务要完成。但他们都自告奋勇地参与这项工作，把它视为自己的责任和荣誉，不计得失，任劳任怨，为这项工作的顺利完成付出自己的心血。

作为《俞吾金全集》的主编，我们深感责任重大，因而始终抱着敬畏之心和感恩之情来做这项工作。但限于水平和能力，《俞吾金全集》一定有许多不完善之处，在此敬请学界同仁批评指正。

汪行福　吴　猛
2024 年 6 月

Des Denkens Faden ist Zerrissen,

Mir ekelt Lange vor allem Wissen.

Laß in den Tiefen der Sinnlichkeit

Uns glühende Leidenschaften stillen!

aus 《Faust》

思想的线索已经中断，

我久已厌恶一切知识，

让我进入感性世界的深处

以平息我燃烧般的热情！

引自《浮士德》第 1 卷，

斯图加特 1970 年德文版，

第 51 页。

目　录

第三篇 从知识世界到生存世界

导　论　生存・异化・异化之扬弃

　　一提起哲学，我们所面临着的第一个问题总是：什么是哲学？对这个问题的解答乃是进入哲学之地狱的通行证。我们常常发现，一些自诩为哲学爱好者的人总是撇开这个问题，在哲学的一些枝节问题上冥思苦想或争论不休。他们认为这就是 do philosophy，即从事哲学思考或研究，其实，他们连哲学的大门都还未曾跨入。他们在枝节问题上思考得越深入、争论得越激烈，离开哲学也就越远，因为对"什么是哲学？"的问题的解答规约着解答者的全部思考方向。如果在这个根本的问题上蔽而不明或模棱两可，也就把一切具体的哲学问题都推入到黑暗中去了。所以，真正严肃的哲学思考应该从这一根本问题入手。

　　在回答"什么是哲学？"的问题之前，我们有必要先对一种流俗之见做出批评。这种见解认为，"什么是哲学？"的问题属于"元哲学（metaphilosophy）"研究的对象，美国人甚至专门创办了一本题为《元哲学》的杂志。这里似乎有一种凌驾于哲学之上的玄思的热情，实际上，却是一种浅薄的语言游戏。按照这种语言游戏，我们也能推导出"元元哲学""元元元哲学"之类新名词。为什么呢？理由很简单：哲学家们对"什么是哲学？"的问题的回答是迥然各异的，这样，就必然形成内涵不同的元哲学。于是，人们就不得不再建立以元哲学为研究对象的元元哲学。显然，以此类推，就会陷入到黑格尔经常批评的那种"恶无限"的思维方式中。可见，"元哲学"这一概念完全是多余的假设，是空洞而无意义的语词，正如莎士比亚笔下的小德洛米奥所说的："空话就等于空气。"①

我们认为，"什么是哲学？"的问题不是元哲学的问题，而是哲学的元问题。也就是说，哲学家们不应该站在哲学之外或哲学之上来询问这个问题，而应该立于哲学之中来询问这个问题，即把这一问题作为哲学思考或研究的最根本的问题。有人也许会申辩说，哲学的最根本的问题应当是存在和思维的关系问题，为什么要撇开这一问题来讨论哲学的元问题呢？这里显然混淆了哲学思考中的两个不同的层次。我们的回答：存在与思维的关系问题，只是某一种类型的哲学的基本问题，是第二层次上的问题，而"什么是哲学？"的问题则是所有类型的哲学共同面对的最根本的或者说最高的问题，即是第一层次上的问题。在一个人尚未对"什么是哲学？"的问题做出解答之前，他只是停留在抽象的哲学概念上；一旦他对这一元问题做出了明确的回答，他才进入某一种类型的哲学中。正如叔本华所说的："哲学是一个长着许多脑袋的怪物，每个脑袋都说着一种不同的语言。"②进入某一种类型的哲学也就是在哲学这一怪物的身上选择一颗脑袋，并服从它的思维方式。只有做出这样的选择后，才可能谈论已选择的那种类型的哲学的基本问题。这就是说，既然哲学家们对哲学的元问题做出了不同的解答，他们也就必然相应地具有不同的哲学基本问题。换言之，不同类型的哲学并不具有共同的基本问题，确定的哲学基本问题总是相对于某一确定类型的哲学而言的。

以柏拉图、笛卡尔、黑格尔为代表的知识论哲学把哲学理解为关于

① 参见莎士比亚戏剧《错误的喜剧》，见《莎士比亚全集》第 2 卷，朱生豪译，人民文学出版社 1978 年版，第 30 页。

② 《叔本华全集》第 1 卷第 151 页，1986 年德文版。（A. Schopenhauer, *Sämtliche Werke Band I*, Frankfurt：Suhrkamp Verlag, 1986，s. 151.——编者注）

存在的本质的学问，而本质的、一般性的东西只有思维才能把握，因此，他们必然会把思维与存在的关系问题认作哲学的基本问题。黑格尔在论述近代哲学时说："这种最高的分裂就是思维与存在的抽象的对立；需要把握的是这两者之间的和解。从那时起，一切哲学都对这个统一发生兴趣。"①毋庸讳言，黑格尔把思维与存在的关系问题认作近代以来一切哲学的基本问题。事实上，这一基本问题仅仅是知识论哲学，特别是近代知识论哲学的基本问题。比如，在柏林大学和黑格尔一起开课的叔本华把存在的本质理解为意志，当然不可能把思维与存在的关系问题作为自己的意志主义哲学的基本问题。叔本华认为，一个脱离人的生存意志而去认识存在的本质的哲学家是什么也得不到的，"这就好比一个人枉自绕着一座王宫行走，而寻不到进去的入口，只落得边走边把各面宫墙素描一番。然而这就是我以前的一切哲学家所走的路"②。稍晚于黑格尔的实证主义哲学的创始人孔德则主张把哲学的思考停留在现象上，反对对事物的本质作形而上学的玄思。孔德写道："实证哲学的基本特征是把一切现象都看作是服从自然规律的。正确地发现这些规律，并把它们的数目减少到最小可能的限度，乃是我们一切努力的目标，因为我们认为，探索那些最初因和目的因，对于我们来说，是绝对办不到的，也是毫无意义的。"③不用说，孔德也决不会把思维与存在的关系问题认作是实证哲学的基本问题。

当代哲学在发展中，对以黑格尔为集大成者的知识论哲学的叛离就表现得更明显了。分析哲学的主要代表维特根斯坦在《逻辑哲学论》中写道：

---

① 《黑格尔全集》第 20 卷第 64 页，1986 年德文版。（G. W. F. Hegel, *Gesammelte Werke*, *vol.* 20, Berlin: Suhrkamp Verlag, 1986, s. 64. ——编者注）

② 《叔本华全集》第 1 卷第 156 页，1986 年德文版。（A. Schopenhauer, *Sämtliche Werke Band* I, Frankfurt: Suhrkamp Verlag, 1986, s. 156. ——编者注）

③ ［法］孔德：《实证哲学教程》，1974 年英文版，第 26 页。

4.112　哲学的目的是使思想在逻辑上明晰。

哲学不是理论，而是活动。

哲学工作主要是由解释构成的。

哲学的结果不是"一些哲学命题"，而是使命题明晰。

没有哲学，思想就会模糊不清，哲学的任务是使思想明晰，为思想划定明确界限。①

　　在维特根斯坦看来，哲学不过是从语言和逻辑上对思想进行治疗的活动。对于分析哲学说来，思维和存在的关系问题不过是形而上学的假问题，是来自另一个星球的魔幻式的语言。存在主义哲学家加缪就走得更远了。他把哲学理解为对人的生存中的荒诞现象的研究，因而对于他说来，哲学的基本问题就是人的自杀的问题。他说，"真正严肃的哲学问题只有一个，那就是自杀问题。判断人生是否值得活下去，就等于回答了哲学的基本问题。其余的一切，如世界有否三维空间，认识有九个还是十二个范畴，都是次要问题，都不过是游戏"②。由此可见，当哲学家们对"什么是哲学？"的元问题做出不同的回答时，他们也就相应地确定了已选择的某种类型的哲学的基本问题。我们过去在中外哲学的研究中常常采用的简单化做法是，把凡是未谈及思维与存在关系的哲学统统斥之为"回避哲学基本问题"，这就把哲学的元问题和基本问题都唯一化了③。

　　在弄清楚哲学元问题和基本问题的差别之后，现在，让我们再回到"什么是哲学？"这一元问题上来。我们认为，哲学是对人的生存状态及生存意义的思考和改变。这里的"思考"一词表明了哲学的认识的、领悟的功能，"改变"一词则表明了哲学的实践功能。在这个意义上，我们可

---

① 《维特根斯坦著作》第 1 卷第 32 页，1984 年德文版。(L. Wittgenstein, *Gesamte Werkausgabe Band Ⅰ*, Frankfurt: Suhrkamp Verlag, 1986, s. 32. ——编者注)

② ［法］加缪：《西西弗斯的神话及抒情文选》，1960 年英文版，第 3 页。

③ 参见俞吾金：《从哲学的元问题谈起》，《光明日报》1988 年 7 月 25 日。

以把我们已选择的这种类型的哲学称之为"生存哲学（Existenzphilosophie）"。"生存哲学"这一术语最早是由德国哲学家弗利茨·海纳曼（Fritz Heinemann）在 1929 年出版的《哲学的新路》一书中提出来的，但海纳曼并没有为"生存哲学"的形成和发展做出实质性的贡献。据雅斯贝尔斯自述，他早在 20 世纪 20 年代中期的哲学讲座中介绍克尔凯郭尔的哲学时，已在口头上使用了"生存哲学"这一新术语。在 1931 年出版的《时代的精神状况》一书中，雅斯贝尔斯把"生存哲学"理解为从人出发进行思考的一种哲学方式。他写道："真正的生存哲学提出的是一个紧迫的问题，在这个问题中，今天的人试图重新返回到自我本身。"①1937 年，在讲座的基础上，雅斯贝尔斯又出版了《生存哲学》一书，详尽地论述了这种新哲学的内涵。他虽然把当代生存哲学的传统追溯到克尔凯郭尔，但并不像克尔凯郭尔那样，仅仅从主观性上来理解人的生存问题。所以，后来当萨特的存在主义哲学产生重大影响时，雅斯贝尔斯在 1956 年为《生存哲学》的第二版所写的跋中表示，他甚至愿意放弃生存哲学这一术语，因为在萨特那里，"这个术语关涉到完全不同的东西"②。雅斯贝尔斯之所以不赞同萨特的哲学，是因为萨特在对人的生存状态的描述中，把个人的主体性强调到无以复加的地步，而雅斯贝尔斯创用"生存哲学"这一术语的初衷则是要在科学技术高度发展的当代社会中达到"生存之澄明（Existenzerhellung）"，即要人们关注自己的生存状态，并凭借哲学的伟力，从科技思想的统治下解放出来，跃入到使生存获得充分意义的宗教的境界中去。雅斯贝尔斯虽然不主张生存哲学仅仅停留在对个体的主体性的分析中，但在下面这点上，他与克尔凯郭尔和萨特是共同的，即从当代社会的"孤独的个人（das isolierte Individuum）"出发来探讨人的生存状态。

雅斯贝尔斯并没有意识到，或许是不愿意意识到，真正为生存哲学

① ［德］雅斯贝尔斯：《这个时代的精神状况》，1949 年德文版，第 178 页。
② ［德］雅斯贝尔斯：《生存哲学》，1974 年德文版，第 87 页。

奠定坚实的基础的并不是克尔凯郭尔，而是马克思。沿着克尔凯郭尔的"孤独的个人"出发，虽然可以唤醒人们对生存状态的关注，但却不可能把握这种生存状态的本质，并指出一条有效地改变这种状态的道路。众所周知，费尔巴哈的人本主义哲学的出发点也是"孤独的个人"，所以马克思批评他"撇开历史的进程，孤立地观察宗教感情，并以抽象的、孤独的人类个体为前提"①。在马克思看来，费尔巴哈哲学的出发点已紧紧地限制住他的眼界，使他看不到现实的人的本质，看不到人的真实的生存状态，而仅仅停留在对市民社会的单个人的直观上。英国古典经济学家在对政治经济学的研究中之所以步入误区，也因为他们早在克尔凯郭尔和费尔巴哈之前就把"孤独的个人"作为全部研究的起点。马克思批评说，"被斯密和李嘉图当作出发点的单个的孤立的猎人和渔夫，属于十八世纪的鲁滨孙式的缺乏想象力的虚构"②。

在人们至今还未充分认识到其划时代意义的哲学巨著《德意志意识形态》中，马克思从唯物史观的基本立场出发，提出了一种新的观察人的生存状态的方式。马克思写道："这种观察方式并不是没有前提的。它从现实的前提出发，而且一刻也不离开这一前提。它的前提不是某种幻想的、与世隔绝的、离群索居的人，而是处在确定条件下的、从经验上可以直观到的发展过程中的人。只要描绘出这个能动的生活过程，历史就不再像那些抽象的经验论者所描绘的那样，是一些僵死的事实的汇集，也不再像那些唯心主义者所认为的那样，是想象的主体的想象的活动。"③在马克思看来，从"孤独的个人"出发，也就是从置身于绝望岛上的鲁滨孙式的"想象的主体（ein eingebildetes Subjekt）"出发，这是不可能

<hr/>

① 《马克思恩格斯全集》第 3 卷第 6 页，1969 年德文版。(K. Marx and F. Engels, *Werke*, Band 3, Berlin: Dietz Verlag, 1969, s. 6. ——编者注)

② 马克思：《政治经济学批判大纲（1857—1858）》第 5 页，1974 年德文版。(K. Marx, *Einleitung zur Kritik der politischen Ökonomie*, Berlin: Dietz Verlag, 1974, s. 5. ——编者注)

③ 《马克思恩格斯全集》第 3 卷第 27 页，1969 年德文版。(K. Marx and F. Engels, *Werke*, Band 3, Berlin: Dietz Verlag, 1969, s. 27. ——编者注)

对人的生存的历史状态做出科学的说明的。无论是十四—十六世纪的人文主义者、十七—十八世纪的启蒙学者，还是十九—二十世纪的哲学家，如克尔凯郭尔、费尔巴哈、叔本华、尼采、海德格尔、雅斯贝尔斯、萨特等，都没有离开"想象的主体"这个出发点，因此，归根结底，他们不是在与现实作战，而是像堂吉诃德一样，在与风车进行战斗。

马克思虽然没有创制"生存哲学"这一术语，但他的划时代的哲学创造——唯物史观乃是一种崭新的、真正深刻的生存哲学。以雅斯贝尔斯为代表的当代生存哲学由于没有认真消化马克思的思想而多少显得有些浅薄。我们在回答"什么是哲学？"的元问题时，所选择的正是马克思意义上的生存哲学。

显然，发现并复兴马克思哲学作为生存哲学的这一实质，在生存问题隐而不显的当代，具有特别重要的理论意义和现实意义。

与当代生存哲学不同，马克思研究人的生存状态的出发点不是作为"想象的主体"的"孤独的个人"，而是作为"真实的主体(wahre Subjekte)"的"现实的人(die wirkliche Menschen)"。马克思说，"在社会中从事生产的个人(In Gesells-chaft produzierende Individuen)——从而这些个人的确定的社会性的生产，当然是出发点"[①]。值得注意的是，马克思这里说的"个人"或"人"都是复数。也就是说，马克思考察生存状态的出发点不是孤零零的单个的人，而是处在现实的社会生活和社会关系中的人们。正是由于出发点不同，当代生存哲学注重的是对"孤独的个人"的精神状态的分析，马克思注重的则是对现实的个人在生活过程中的全部关系的分析，尤其注重的是对人们在物质生产的过程中必然形成起来的、不以个人的意志为转移的经济关系的分析。生存的秘密正隐藏在这些错综复杂的关系之中。

马克思说，"意识在任何时候都只能是被意识到了的存在，而人们的

---

① 马克思：《政治经济学批判大纲(1857—1858)》第 5 页，1974 年德文版。(K. Marx, *Einleitung zur Kritik der politischen Ökonomie*, Berlin：Dietz Verlag, 1974, s. 5. ——编者注)

存在(das Sein der Menschen)就是他们的现实的生活过程(Lebensprozeβ)"①。也就是说，不应该用一种静态的目光去理解人们的生存状况，生存乃是过程，乃是全部现实生活的不断复制。那么，人们的生存是如何得以延续的呢？换言之，现实生活是如何不断地复制出来的呢？马克思的回答是：人类的全部现实生活都是通过"生产(Produktion)"而复制出来的。在这个意义上我们可以说，马克思的生存哲学本质上是生产哲学。人的生存活动的秘密深藏在人的生产活动中。易言之，从对人的生产活动的分析入手，乃是破解生存之谜的一把钥匙。

在马克思那里，"生产"不仅是一个经济学的范畴，而且是一个极为重要的哲学范畴。遗憾的是，许多马克思哲学的研究者都忽略了这一点。按照马克思的看法，生产是一个广义的概念。在《1844年经济学哲学手稿》中，马克思在论述作为物质劳动的生产活动的同时，也指出："宗教、家庭、国家、法、道德、科学、艺术等，都不过是生产的特殊的方式，并且受生产的一般规律的支配。"②马克思还强调："正如社会本身生产作为人的人一样，人也生产社会。"③在这些论述中，马克思已把生产看作是人的全部生存状态，即人的现实生活的不断复制。在《德意志意识形态》中，马克思进一步阐述了他的生产理论，并区分出以下四种不同的生产类型：

第一种生产是"物质生活的生产(die Produktion des materiellen Lebens)"。马克思写道："我们首先应该确定一切人类生存(Existenz)的第一个前提，也就是一切历史的第一个前提，这个前提是：人们为了能够'创造历史'，必须能够生活。但是为了生活，首先就需要吃、喝、住、穿以及其他东西。因此第一个历史活动就是生产满足这些需要的资料，

---

① 《马克思恩格斯全集》第3卷第26页，1969年德文版。(K. Marx and F. Engels, *Werke*, *Band* 3, Berlin: Dietz Verlag, 1969, s. 26. ——编者注)

② 马克思《1844年经济学哲学手稿》第83页，1987年德文版。(K. Marx, *Ökonomisch-Philosophische Manuskripte aus dem Jahre* 1844, Berlin: Dietz Verlag, 1987, s. 83. ——编者注)

③ 同上书，第83页。

即生产物质生活本身。"①这就是说，吃、喝、住、穿乃是人类生存的最基本的内容，人类为了生存下去，就得每时每日进行物质生活的生产活动。人类所从事的其他一切历史活动都是在这一活动的基础上展开的。

第二种生产是"人的生产(die Produktion der Menschen)"。马克思认为，一开始就纳入人的生存的历史状态的另一种基本的活动是人的生产："每日都在重新生产自己生活的人们开始生产另一些人，即增殖。"②显然，没有人的生产，人类的生存也就不可能延续下去。换言之，人类是通过不断繁衍的方式来扬弃死亡对每一生存着的个体的威胁的。

第三种生产是"社会关系的生产(die Produktion des sozialen Verhältnisses)"。不管人们是从事物质生活的生产，还是从事人的生产，必定会结成一定的社会关系。所以，社会关系的生产必然构成人类全部生产活动的一个基本的、不可或缺的方面，从而也构成人的生存状态的基本部分。氏族、部落、公社、家庭、国家等都是人与人之间的社会关系发展的结晶物。马克思在《1844年经济学哲学手稿》中说的"人也生产社会"就是通过社会关系的不断生产和再生产达到的。作为当代生存哲学的出发点的"孤独的个人"就是从一切社会关系中割裂出来的"想象的主体"，而真实的主体，即现实地生存着的人的本质则表现为一切社会关系的总和③。

第四种生产是"意识的生产(die Produktion des Bewußtseins)"或"精神的生产(die geistige Produktion)"。人和其他动物之间的一个重要区别是，人具有自觉的意识。这种意识渗透到人的一切生存活动中。换言之，意识的生产或精神的生产，同样是人的整个生产活动，即整个生存

---

① 《马克思恩格斯全集》第3卷第28页，1969年德文版。(K. Marx and F. Engels, *Werke*, *Band* 3, Berlin: Dietz Verlag, 1969, s. 28. ——编者注)

② 同上书，第29页。

③ 顺便指出，当代不少治中国哲学的学者总是乐此不疲地谈论中国哲学中关于"天人合一"的观点。他们所说的"人"实际上也是以近代社会的市民为模特儿的"孤独的个人"，他们总是在这一抽掉一切社会关系的"想象的主体"的基础上来理解、解释"天人合一"关系，因而不但不能阐明中国哲学的本质，反而把它推入到更深重的黑暗之中。

活动中的不可或缺的组成部分。马克思说，"观念、表象、意识的生产最初是直接与人们的物质活动、人们的物质交往和现实生活的语言交织在一起的。表象、思维和人们的精神交往在这里还是人们的物质交往的直接产物。表现在一个民族的政治、法律、道德、宗教、形而上学等的语言中的精神生产也是如此"①。在人类诞生之初的原始社会中，人还没有从纯粹的动物状态中超拔出来。那时，自然界作为一种完全异己的、有无限威力的和不可制服的力量与人相对立，人像牲畜一样服从它的权威，因而人的意识表现为一种纯粹动物式的意识，即自然宗教。随着人的物质生产活动和分工的发展，随着精神劳动与物质劳动的分离，意识才能摆脱感性世界而去构造纯粹的理论、神学、哲学、道德等，而这些意识形式的总和则构成"意识形态（die Ideologie）"。意识形态是人类意识在有阶级存在的社会中的表现形式。在马克思看来，统治阶级的思想在每一时代都是占统治地位的思想。也就是说，"支配着物质生产资料的阶级，同时也支配着精神生产的资料，因此，那些没有精神生产资料的人的思想，一般是受统治阶级支配的"②。在这里，马克思明确地揭示了作为统治阶级精神生产的产物的意识形态的阶级特征。

马克思论述的四种类型的生产揭示了现实的人的生存活动的基本结构。这四种生产在任何社会形式中都是同时并存并交织在一起的。在人类社会的发展中，每一种生产都参与对历史进程的决定，其中物质生活的生产是人类生存结构中的最根本的生产活动，它从基础上制约着其他三种生产，并在归根结底的层次上决定着整个历史进程的发展。马克思写道："这种活动、这种连续不断的感性劳动和创造，这种生产，是整个现存的感性世界的基础，只要它哪怕停顿一年，费尔巴哈就会看到，不仅自然界将发生巨大的变化，而且整个人类世界及他自己的直观能

---

① 《马克思恩格斯全集》第 3 卷第 26 页，1969 年德文版。（K. Marx and F. Engels, *Werke*, *Band* 3, Berlin：Dietz Verlag, 1969, s. 26.——编者注）

② 同上书，第 46 页。

力，甚至他本人的生存（Existenz）也会很快地消失。"①马克思的唯物史观作为一种崭新的生存哲学，为透视人的全部生存状况提供了一条新的地平线，这条地平线就是物质生活的生产。众所周知，物质生活的生产蕴含着两个基本的方面：一是人与自然的关系，二是人与人之间的关系。所以，马克思说，"我们只知道一门唯一的科学，即历史科学。历史可以从两方面来考察，可以把它划分为自然史和人类史。但这两方面是密切相关的；只要人生存着，自然史和人类史就彼此相互制约。"②在一般情况下，孤零零的一个人去面对自然界是不可能的，人们总是在相互之间结成一定关系的基础上去从事改造自然的生产劳动的。所以，如果说从事物质生活生产活动的现实的人是马克思生存哲学的出发点的话，那么，人与自然的关系和人与人之间的社会关系则构成这一哲学的基本问题的两个侧面。在通常的情况下，人们总是忽视马克思哲学与以柏拉图、黑格尔为代表的知识论哲学传统的根本差异③，从而把知识论哲学的基本问题——思维与存在的关系问题当作马克思哲学的基本问题，这样一来，对马克思哲学的研究也就始终局限在与思维有关的一些问题上，如思维的过程和方法，认识的起源和本质，认识论、逻辑和方法论三者的关系等问题上，从而也必然会忽视对认识和思维活动的前提和基础——人的生存活动的探讨，随之也必然会忽视对人与自然关系和人与人之间关系的探讨。一言以蔽之，必然会忽视或弱化对马克思哲学中关于人的理论的探讨。

　　马克思的生存哲学作为广义的生产理论，特别是作为物质生活的生产理论，为我们理解人的本质、人的生存方式在不同历史时期的变换更替提供了一个崭新的视角。马克思这样写道："每一个人和每一世代当

---

　　① 《马克思恩格斯全集》第3卷第44页，1969年德文版。（K. Marx and F. Engels, *Werke*, *Band* 3, Berlin: Dietz Verlag, 1969, s. 44.——编者注）

　　② 同上书，第18页。

　　③ 参阅拙文《超越知识论：论西方哲学主导精神的根本转向》，《复旦学报》（社会科学版）1989年第4期。

作现成的东西承受下来的生产力、资金和社会交往形式的总和，是哲学家们想象为'实体'和'人的本质'的东西的现实基础，是他们神化了的并与之做斗争的东西的现实基础，这一基础虽然遭到以'自我意识'和'唯一者'的身份出现的哲学家们的反抗，但它对人的发展所起的作用和影响却并不因此而稍减。不同世代所面临的生活条件还决定，历史上周期性地重演着的革命震荡是否强大到足以摧毁一切现存事物的基础，如果还不具备实行总体转变的物质因素，也就是说，一方面还没有一定的生产力，另一方面还没有形成不仅反抗旧社会的某一方面的条件，而且反抗旧的'生活生产'本身、反抗旧社会的'总的活动'的革命群众，那么，正如共产主义的历史所证明的那样，尽管这种关于转变的观念已表达过千百次，但它对于实际发展没有任何意义。"①这就是说，现实生活的生产和再生产乃是人的一切理论、观念和人的一切其他活动之根，乃是索解人的生存的秘密和历史的一把钥匙。马克思以前和以后的许多哲学家习惯于把现实生活的生产和再生产看作是历史进程中的附带因素，而把精神的生产（如宗教的幻想的生产）看作是历史上不同阶段更替的主导性因素，从而不但没有澄明人的生存状况，反而使这一状况显得更扑朔迷离了。当代的生存哲学家虽然引入了许多新的术语来描述人的生存状态，但由于贬低乃至忽视现实生活的生产和再生产，在马克思的生存哲学面前仍然显得苍白无力。

关于东方社会的停滞不前和东方人的特殊的生存方式，是使许多哲学家感到头痛的哑谜之一。马克思的生存—生产哲学同样照亮了这块幽深的土地。马克思在分析印度公社时指出："这些自给自足的公社不断地按照同一形式把自己再生产出来，当它们偶尔遭到破坏时，会在同一地点以同一名称再建立起来，这种公社的简单的生产机体，为揭示下面这一秘密提供了一把钥匙：亚洲各国不断瓦解、不断重建和经常改朝换

---

① 《马克思恩格斯全集》第 3 卷第 38—39 页，1969 年德文版。(K. Marx and F. Engels, *Werke*, *Band* 3, Berlin: Dietz Verlag, 1969, ss. 38-39.——编者注)

代，与此相反，亚洲的社会却没有变化。这种社会的基本经济要素的结构，不为政治领域中的风暴所触动。"①也就是说，只要作为东方社会基础和细胞的农村公社不断地按同一形式被生产出来，东方社会及东方人的生存方式就不会有实质性的变化。

从上面的论述可以看出，马克思的生存哲学乃是对人的本质、人的生存的历史状态和生存的结构的最透彻的说明，乃是对哲学元问题的科学的解答。然而，马克思的生存哲学的划时代的贡献还远不止此。马克思还以生产理论为媒介，深入地探讨了人的异化问题。正是这个问题，在马克思青年时期的重要著作《1844年经济学哲学手稿》于1932年面世后，成了当代哲学，特别是当代生存哲学思考的焦点。

由于黑格尔的哲学以追求"绝对知识"为最高的目的，所以，从总体上看，他的哲学是从属于苏格拉底、柏拉图所开创的知识论哲学的传统的，他本人则被当代西方哲学家公认为这一传统的最后一名伟大的代表。然而，这并不排除这样的一种可能性，即他对人的生存问题作了深入的思考。当代法国的有些学者甚至把黑格尔青年时期写下的巨著《精神现象学》看作是存在主义思潮的源头之一。黑格尔关于生存问题的深入思考，尤其表现在他关于"异化（Entfremdung）"和"教化（Bildung）"问题的论述中。在《精神现象学》的第四个阶段，即"精神"阶段，黑格尔论述了绝对精神在社会历史中的展开和发展。黑格尔认为，人最初生活在以血缘关系为纽带的原始伦理实体中，因而处在一种至高无上的伦理精神的规约之下："在伦理世界里，个别人只在他作为家庭的普遍血缘时才有校准，才是现实的。在这种情况下的个别的人，乃是无自我的、死亡了的精神。"②随着个体的自我意识的不断觉醒，随着个体和伦理实体之间的冲突的不断加剧，这种渗透了原始的和谐精神的伦理实体逐渐消

---

① 《马克思恩格斯全集》第23卷第379页，1973年德文版。（K. Marx and F. Engels, *Werke*, Band 23, Berlin: Dietz Verlag, 1973, s. 379.——编者注）

② 《黑格尔全集》第3卷第355页，1986年德文版。（G. W. F. Hegel, *Gesammelte Werke*, vol. 3, Berlin: Suhrkamp Verlag, 1986, s. 355.——编者注）

亡，过渡到以平等的、原子式的个人为基础的法权状态的社会中。黑格尔把这一状态的社会理解为精神异化的产物，并认为，个体在这样的社会中要生存下去，就必须通过教化，扬弃自己的自然存在，和异化了的现实世界合而为一。黑格尔说，"个体在这里可以获得客观校准和现实性的手段是教化。个体的真正的原始的本性和实体乃是使其自然存在发生异化的那种精神"①。在黑格尔看来，正是精神自身向前运动和发展的那种力量迫使个人异化到这种法权状态的社会中去，而教化所赋予个体的正是个体在这样的社会中的生存法则。人们通常说某某人是有教养的，这里说的"有教养的（Kultiviert）"这个词正表明了某某人已接受了充分的教化，因而比起那些缺乏教养的人来说，能更自如地生存在社会中，特别是上流社会中。因此，黑格尔强调个体"有多少教化，也就有多少现实性和力量"②。

黑格尔认为，教化的本质乃是精神上的普遍的颠倒和欺骗："精神的有关它自己本身的话语的内容是一切概念和一切实在的颠倒，是对它自己和别人的普遍欺骗；因此，说出这种恬不知耻的欺骗乃是最大的真理。"③宗教就是教化世界中的信仰，是一种异化了的意识。这种信仰意识一方面肯定异化了的现象世界的存在，并参与教化世界的精神的构成；另一方面又与它自己的现实相对立，视现实为虚幻的东西，并且本身就是扬弃虚幻的现实的一种努力。但这种努力至多只能使精神停留在"苦恼的意识（das unglückliche Bewußtsein）"之中，即看破了现实世界的混乱和虚无性，向往一个真实的彼岸世界。黑格尔认定，启蒙运动批判信仰，传播理性和科学，积极地从事对现实世界的改造，乃是扬弃精神的异化的开端，但由于它囿于外在目的，并不能真正扬弃精神的异化，而要逐步达到这一点，精神运动必须返回到自身，过渡到道德世界中。

---

① 《黑格尔全集》第 3 卷第 364 页，1986 年德文版。（G. W. F. Hegel, *Gesammelte Werke*, *vol.* 3, Berlin: Suhrkamp Verlag, 1986, s. 364.——编者注）

② 同上书，第 364 页。

③ 同上书，第 387 页。

然而，道德世界是一个主观性的、形式主义的世界，仍然不能彻底地扬弃精神的异化，只有经过宗教阶段而达到"绝对知识"的阶段，才能真正扬弃精神的异化，实现主观世界与客观世界之间的和解。

黑格尔对精神异化，特别是宗教意识异化的分析和批判虽然充满了思辨的、神秘主义的成分，但仍具有重要的理论意义。正如马克思所指出的："《现象学》是一种暗含着的、自身还不清晰的、神秘化的批判；但是由于它紧紧地抓住了人的异化（die Entfremdung des Menschen）——尽管这里的人仅仅是以精神的形式出现的——所以在它里面已经潜藏着批判的一切要素，并且这些要素往往已经以远远超过黑格尔观点的方式准备好和加工过了。关于'苦恼的意识''诚实的意识''高贵的意识和卑贱的意识'的斗争等的各节，包含着——尽管还是以异化的形式——对宗教、国家、市民生活等整个领域的批判要素。"①

黑格尔对精神异化，特别是宗教异化的批判对费尔巴哈产生了重大的影响。费尔巴哈把黑格尔的"绝对精神"理解为人，从而把作为精神异化的重要形式——宗教理解为人的本质的异化。费尔巴哈告诉我们，一切宗教虽然都致力于对彼岸世界的描绘，但宗教的本质却不能脱离现世的人的本质而得到解决。归根结底，一切宗教都是人的想象力的产物，都是人的本质外化并独立化的结果："宗教抽去了人的本质规定中的力量和特征，把他们神化为独立的本质。"②人类最初的宗教是自然宗教，其特征是把自然力（如风、雨、雷、电、水、火等）和自然物（如各种植物、动物和无机物）作为直接崇拜的对象。在自然宗教中，人的本质异化在一个个的自然物上。这种异化是具体的、零星的、部分的，实际上是对自然界这一感性对象的人化和神化。在基督教中，人的本质不再附着于具体的、可以感觉到的自然物中，而是脱离了任何具体的对象，独

---

① 马克思《1844年经济学哲学手稿》第119页，1987年德文版。（K. Marx, *Ökonomisch-Philosophische Manuskripte aus dem Jahre* 1844，Berlin：Dietz Verlag, 1987, s. 119.——编者注）

② 《费尔巴哈全集》，1903—1911年德文版，第4卷第4页。

立化为上帝。上帝是人的想象力的纯粹的虚构物。在《基督教的本质》(1841)这部划时代的著作中，费尔巴哈写道："宗教，至少是基督教，是人对自身的关系，或者说得更确切一些，是人对自己的本质的关系。但是，他是把自己的本质当另一个本质来对待的。神的本质不外是人的本质，或者说得更恰当一些，正是人的本质突破了个体的，即现实的、肉体的人的局限，被对象化为一个外在的、不同于他的独立的本质，并受到仰望和崇拜。因此，神的本质的一切规定就是人的本质的规定。"①既然人的对象不外是他的对象化的本质，神的本质不外是人的本质，人们关于上帝的认识不外是对自我的认识，这就表明，神与人的对立、属神的东西与属人的东西的对立是虚幻的，归根结底，在这里表现出来的是人的本质与人的个体之间的对立。

　　费尔巴哈还认为，宗教并不是人超越于自己的本质之外，而是人的本质在外化为一种异己的、独立的东西后，这种东西又倒过来支配人、统治人："宗教是关于那跟人的本质同一的世界和人生的本质的观念。但是，并不是人超越于自己本质的观念，而是自己的本质的观念超越于他；它激励他，规定他，并统治他。"②这就是说，人使自己的本质对象化，又使自己成为这个对象化了的、转化为主体的、具有人格的本质，即上帝的对象。人把自己看作为对象，实际上是对象的对象。人越是敬仰和崇拜上帝，也就越是贬斥和蔑视自己；人对上帝肯定得越多，对自己的否定也就越多。对上帝的虔诚和对教会的服从不仅取消了人们的思想自由和意识自由，而且剥夺了人们在尘世生活中的乐趣和享受，人们甚至不惜采用禁欲主义和种种自我摧残的方式来取悦于上帝。在有些宗教中，人不仅成了神的附庸和工具，甚至成了向神献祭的牺牲品。在宗教中，人的生存的异化以非常尖锐的形式表现出来。当然，费尔巴哈强调，人并不是从一开始就意识到上帝的本质是人的本质的异化，只有宗

----

① K. 兰克编：《意识形态》，1984 年德文版，第 62 页。
② 同上书，第 66 页。

教发展到相当完善的程度时，与之相应地发展起来的人的思想才有可能揭示出这一真理，而一旦人们认识到这一真理，神学实际上也就被取消了，代之而起的则是人学。

在对宗教异化的批判中，费尔巴哈把神学还原为人学，这是他的伟大的历史贡献。但由于他的思想基础——直观唯物主义的局限性，在达到这一步之后，他又主张建立以"爱（Liebe）"为核心的新宗教来取代传统的宗教思想，从而实际上把人学再度转化为神学。也就是说，费尔巴哈虽然揭示了人的幻想的生存状态的秘密，但并没有从对宗教异化的批判入手，揭示出人的真实的生存状态。正如马克思所说的："费尔巴哈是从宗教上的自我异化，从世界被两重化为宗教的、想象的世界和世俗世界这一事实出发的。他的工作在于把宗教世界归结为它的世俗基础。但是，他没有注意到做完这一工作后，主要的事情还没有做。世俗的基础使自己和自己本身分离，并使自己成为云霄中的独立王国，这一事实只能用这个世俗基础的自我分裂和自我矛盾来说明。"①在马克思看来，重要的是在费尔巴哈停步不前的地方继续往前走，以便揭示出人在世俗生活中的异化了的生存状态。

费尔巴哈的唯物主义立场，特别是他对宗教异化的振聋发聩的批判，对马克思的世界观的转变产生了巨大的影响。这是促使马克思转向对人的现实的生存状态，尤其是对经济生活进行研究的理论酵素之一。在系统地契入对政治经济学的研究前，马克思已注意到异化的两种基本的形式：一是发生在人的心灵深处的精神上的异化，如法的异化、宗教的异化、哲学的异化等，其中影响最大的是宗教的异化。所以马克思说："在所谓基督教国家中，实际上起作用的不是人，而是人的异化。唯一起作用的人，即国王，是与众不同的存在物，而且还是被宗教神化了的、和天国与上帝直接联系着的存在物。这里占统治的关系

---

① 《马克思恩格斯全集》第 3 卷第 6 页，1969 年德文版。（K. Marx and F. Engels, *Werke*, *Band* 3, Berlin: Dietz Verlag, 1969, s. 6.——编者注）

还是宗教关系。"①二是现实生活中的异化，主要是政治权力上的异化。在《黑格尔法哲学批判》中，马克思这样写道："就现代的意义来说，政治生活就是人民生活的经院哲学。君主制是这种异化的完整的表现，共和制则是这种异化在它自己的领域内的否定。"②为什么君主制是人的政治生活的异化的最完整的表现呢？因为高高在上的君主的主权乃是人民主权的一种典型的异化形式，它作为一种不可抗拒的异己的力量支配着人们的现实生活。

当时，马克思对各种异化现象的批判虽然比费尔巴哈更富于现实感，但在理论上还未从费尔巴哈的思想框架中完全超拔出来。直到马克思契入政治经济学的研究，他对人的生存和异化的探讨才产生了新的飞跃。这一飞跃集中体现在对异化劳动（die entfremdete Arbeit）的探讨中。如前所述，马克思把生产劳动看作是人的全部生存活动中的基础部分，那么，在资本主义社会中，作为人的基本生存形式的生产劳动的本质又是什么呢？马克思说，"在国民经济学的状态中，劳动的实现表现为劳动者的非现实化，对象化表现为对象的丧失和为对象所奴役，占有表现为异化、外化"③。也就是说，在资本主义生产方式中，劳动必然表现为异化劳动。

马克思进而认为，异化劳动有以下四种表现形式：

第一种是劳动本身的异化。对劳动者来说，劳动是外在的东西，也就是说，是不属于他的本质的东西。劳动者在自己的劳动中并不感到幸福，而是感到不幸；他的劳动不是自愿的，而是被迫的和强制的，换言之，劳动不是需要的满足，而只是满足劳动以外的其他各种需要的手段。马克思强调，"劳动的异化性的一个显著的表现是：只要对劳动的

---

① 《马克思恩格斯全集》第 1 卷第 360 页，1970 年德文版。(K. Marx and F. Engels, *Werke*, *Band* 1, Berlin: Dietz Verlag, 1970, s. 360. ——编者注)

② 同上书，第 233 页。

③ 马克思《1844 年经济学哲学手稿》第 58 页，1987 年德文版。(K. Marx, *Ökonomisch-Philosophische Manuskripte aus dem Jahre* 1844, Berlin: Dietz Verlag, 1987, s. 58. ——编者注)

肉体强制和其他强制不再存在，人们就会像逃避鼠疫一样地逃避劳动"①。劳动本身的异化是如此剧烈地影响着人的生存，以致人只有在执行自己的动物机能，即饮食男女时，才是自由的，而在执行自己的人类机能，即劳动时，却觉得自己不过是动物。要言之，动物的东西成了人的东西，而人的东西则成了动物的东西。

第二种是物的异化，即劳动产物的异化。这种异化不过是劳动本身异化的结果。马克思说，"劳动者把自己外化在他的产品中，这不仅意味着他的劳动成为对象，成为外部的存在，而且还意味着他的劳动作为一种异己的东西不依赖于他而在他之外存在着，并成为与他相对立的独立力量；意味着他贯注到对象中去的生命作为敌对的和异己的力量同他相对抗"②。所以，劳动者生产得越多，他能够消费的就越少；他越是创造价值，他自己就越是贬值；他的产品越完美，他自己就越是畸形；他所创造的物品越文明，他自己就越野蛮。一言以蔽之，随着实物世界的涨价，人类世界也按反比例落价。

第三种是人的类的本质的异化。马克思认为，动物是和它的生命活动直接同一的，人则把生命活动本身变成自己的意志和意识的对象。也就是说，他的生命活动是有意识的，正是这一点把人与动物区别开来了，也正因为人是有意识的，他才是类的存在物，他的活动才是自由的活动。然而，"异化劳动颠倒了这种关系：正因为人是有意识的存在物，人才把自己的生命活动、自己的本质仅仅变成维持自己生存的手段"③。也就是说，生活本身仅仅表现为生活的手段，这尤其表现在人的生产上。具体地说，劳动者的生存和繁衍不是目的，而是商品生产得以延续和发展的手段与前提："像其他一切商品的生产一样，对人的需求必然

---

① 马克思《1844 年经济学哲学手稿》第 60 页，1987 年德文版。（K. Marx, *Ökonomisch-Philosophische Manuskripte aus dem Jahre* 1844，Berlin：Dietz Verlag, 1987, s. 60.——编者注）

② 同上书，第 58 页。

③ 同上书，第 62 页。

调节着人的生产。如果供给大大超过需求，那么一部分劳动者就要沦为乞丐或者饿死。因此，劳动者的生存被贬低为其他一切商品的存在的条件。"①根据马克思的看法，人的类的本质的异化乃是劳动本身的异化和劳动产物异化的必然结果。

第四种是人与人之间的异化。说人从他的类的本质异化出去这一命题已经蕴含着下面的结果，即一个人从其他人那里异化出去。马克思说，"人的异化主要是指人同自己本身的任何关系只有通过人同其他人的关系才能实现和显露出来"②。也就是说，人本质上是社会存在物，人只有通过同其他人的关系，他同自己本身的关系才能成为客观的现实的关系。如果说人的劳动的产物作为一种异己的、敌对的、强有力的力量与人相对立，那么，他所以同这一对象发生这种关系，是因为有另一个异己的、敌对的、强有力的、不依赖于他的人是这一对象的主人。如果说，人自己的活动对人说来是一种不由自主的活动，那么，这是因为人本身的活动是替别人服务的，是受别人支配和强制的。

通过对异化劳动的种种表现形式的分析，马克思深刻地揭示了资本主义生产方式下劳动者的真实的、非人的生存状况。那么，马克思的这些论述是否表明，异化现象仅仅是对劳动者说来才存在的一种现象呢？我们的回答是否定的。马克思告诉我们："异化既表现为我的生活资料属于别人，我的欲望的对象是我所不可染指的、别人的所有物；也表现为每个事物本身都是不同于它本身的另一个东西，我的活动是另一个东西，而最后——这也适用于资本家——则表现为一种非人的力量统治着一切。"③对于资本家来说，一方面，享受那些仅仅用于享乐的财富，过醉生梦死的放荡的生活，把别人的奴隶劳动和血汗看作自己情欲的俘获

---

① 马克思《1844年经济学哲学手稿》第15页，1987年德文版。（K. Marx, *Ökonomisch-Philosophische Manuskripte aus dem Jahre* 1844，Berlin：Dietz Verlag, 1987, s. 15.——编者注）

② 同上书，第64页。

③ 同上书，第100页。

物，从而必然把人本身——也把自己本身——看作毫无价值的牺牲品；另一方面，他们既是财富的主人，又是财富的奴隶，他们满足于把财富看作是本身的力量，并没有体会到财富也是一种凌驾于他们之上的异己的力量。比如，工业资本家虽然不愿意退回到违反自然的清心寡欲上去，他们也渴望享乐，但他们的享乐仅仅是次要的事情，是服从于生产的休息；同时，他们的享乐也是瞻前顾后的，精打细算的，因而不过是经济的享乐。易言之，在资本家那里，享乐仅仅是资本的费用。这表明，资本家归根结底也是某种强大的、异己的力量的玩物。当然，在人的生存状态异化的总的氛围中，资本家所处的地位和工人是不同的。在《神圣家族》中，马克思指出："有产阶级和无产阶级同是人的自我异化。但有产阶级在这种自我异化中感到自己是被满足的和被巩固的，他把这种异化看作是自身力量的证明，并在这种异化中获得人的生存的外观（den Schein einer menschlichen Existenz）。而无产阶级在这种异化中感到自己是被毁灭的，并在其中看到自己的无力和非人的生存的现实（einer unmenschlichen Existenz）。"①在这里，马克思既揭示了异化的普遍性，又揭示了异化的特殊性。一方面，异化是资本主义社会的普遍现实，是每个人都无法回避的基本事实，有产阶级的生存状态虽然是好的，但在马克思看来，这不过是"人的生存的外观"而已，这种外观并不能掩饰这样的窘境，即有产阶级仍然是某种强大的异己的力量——财富的奴隶，在资本面前，他们的生存同样是微不足道的。另一方面，异化对于资本主义社会中的不同的阶级来说，又具有不同的意义。至少从外观上来看，有产者是获益的，无产者则是受摧残的，因而前者是保守的，后者则是革命的。无产阶级之所以要诉诸革命，其目的是推翻资产阶级的统治，从根本上改变自己的非人的生存状况。

在认识了资本主义社会中人的生存状态中普遍存在的异化现象后，

---

① 《马克思恩格斯全集》第 2 卷第 37 页，1970 年德文版。（K. Marx and F. Engels, *Werke*, *Band* 2, Berlin: Dietz Verlag, 1970, s. 37.——编者注）

我们仍然要折回到诸多异化现象的基础——异化劳动上来，特别是要认识异化劳动和私有财产之间的内在联系。国民经济学家认为，私有财产是异化劳动的原因。马克思则认为，应当把这种见解倒过来，即异化劳动才是私有财产的直接根源。正像神灵本来不是人类理性迷误的原因，而是人类理性迷误的结果一样。当然，在资本主义社会中，私有财产和异化劳动已交织成错综复杂的相互作用：一方面，私有财产是异化劳动的产物；另一方面，它又是异化劳动得以实现的手段。马克思还进一步分析了作为财富和私有财产的普遍的表现形式的货币，认为它的神力乃是异化了的人的能力的集中表现："当我需要一种食物的时候，或当我身体虚弱，不能步行，想坐邮车的时候，货币就给我弄到食物和邮车，也就是说，它把我的愿望从存在于观念中的东西，从它们的想象的、表象的、期望的存在，转化成它们的感性的、现实的存在，从观念转化成生活，从想象的存在转化成现实的存在。作为这样的媒介，货币是真正的创造力。"①于是，货币成了一种有无限力量的独立的东西，它剥夺了整个世界——人类世界和自然界——本身的价值，它把人的全部生存都置于自己的统治之下。拜金主义成了异化劳动在观念上创造的最重要的偶像之一。

从黑格尔对精神异化的批判到费尔巴哈对宗教异化的批判再到马克思对异化劳动的批判，乃是探讨人的生存问题上的重大的进步。但是，我们也必须看到，在《1844年经济学哲学手稿》中，马克思还没有形成自己的新的、划时代的世界观以及表述这一世界观的新的范畴体系。马克思对"异化"这一概念的频繁地使用，一方面表明他抓住了黑格尔、费尔巴哈哲学中的核心的问题，并创造性地把这一概念运用到对社会现实，特别是经济生活的分析中，从而揭示出资本主义生产方式下人的真实的生存状态。这既是马克思对异化理论的新发展，又体现出他对近代社会

---

① 马克思《1844年经济学哲学手稿》第111页，1987年德文版。（K. Marx, *Ökonomisch-Philosophische Manuskripte aus dem Jahre* 1844，Berlin：Dietz Verlag, 1987, s. 111.——编者注）

基本矛盾的深刻领悟；另一方面表明，马克思虽然扭转了异化理论研究的根本方向并赋予这一概念以新的内涵，但只要他仍在运用这一概念表述自己的基本思想，他仍然没有从黑格尔，尤其是费尔巴哈思想的影响下完全摆脱出来。

在《关于费尔巴哈的提纲》以及稍后的《德意志意识形态》中，马克思已形成了自己崭新的世界观——唯物史观，他这样写道："这种历史观在于，从直接生活的物质生产出发来考察现实的生产过程，并把与该生产方式相联系的、它所产生的交往形式，即各个不同阶段上的市民社会理解为整个历史的基础；然后必须在国家生活的范围内描述市民社会的活动，同时从市民社会出发来阐明各种不同的理论产物和意识形式，如宗教、哲学、道德等，并在这个基础上追溯它们产生的过程。"①在这里，马克思已形成了表述自己的新世界观的范畴体系，如"直接生活""物质生产""生产方式"等。随着这些新术语的出现，"异化"这一带有神秘的思辨色彩的哲学用语也渐渐减少了。马克思在批判麦克斯·施蒂纳滥用"异化"概念来表述自己的思想体系时指出："我们在这里已经看到，桑乔只是把一切现实关系和现实的个人都预先宣布为异化的（如果暂时还用一下这个哲学术语），把这些关系和个人都变成关于异化的完全抽象的词句。这就是说，他的任务不是从现实个人的现实异化和这种异化的经验条件中来描绘现实的个人，他的做法不过是：用关于异化、异物、圣物的空洞思想来取代一切纯经验关系的发展。偷用异化这个范畴（这个范畴又是反思的规定，它可以被理解为对立、差别、非同一等）的最新和最高的表现是：'异物'又变成了'圣物'，异化又变成了我对作为圣物的任何一种事物的关系了。"②在马克思看来，异化是反思的规定，其哲学含义是指主体和客体之间的对立、差别、非同一的关系等。重要的是探讨现实个人的现实异化，特别是异化劳动的现象，而不是把

① 《马克思恩格斯全集》第 3 卷第 37—38 页，1969 年德文版。(K. Marx and F. Engels, *Werke*, *Band* 3, Berlin: Dietz Verlag, 1969, ss. 37-38. ——编者注)

② 同上书，第 262—263 页。

现实的经验关系转变成关于异化的完全抽象的词句，并进而在这些词句上罩上宗教的灵光圈。马克思在这里批判的虽是施蒂纳对异化概念的滥用，但这一批判也涵盖着一个重要的思想，即没有必要用异化这个词来说明那些本来就已十分明朗的经验事实，使之复杂化、神秘化。在《共产党宣言》中，马克思进一步批判了德国作家对法国的不信神的作品所采取的迂腐的态度："他们在法文的原文下面掺进了自己的一套哲学学说。例如，他们在批评货币关系的法文原稿下面添上了'人性的异化'，在批评资产阶级国家的法文原文下面添上了所谓'抽象普遍物的统治的废除'等。"①在马克思看来，当时意识形态批判的根本任务是使人们从思想王国下降到现实王国，而不是运用异化、普遍抽象物这样的概念再度把现实王国思辨化、神秘化。

在某种意义上，马克思的新世界观的形成史也是他消化并扬弃以黑格尔和费尔巴哈为代表的异化理论的历史。诚然，马克思在他的成熟时期的代表作《资本论》中仍然使用异化概念，在为《资本论》的写作做准备的大量经济学笔记中，也常常出现这一概念，但这里有一个前提，即马克思是在运用自己的新的范畴体系表述自己的基本理论的基础上，有时才使用异化这个概念的。更何况，马克思在谈论异化问题时，已越来越多地转向具有异化内涵的"物化（Verdinglichung）"概念和"拜物教（Fetischismus）"概念。

一般而言，物化是一个中性的概念。无论在怎样的社会中，产品总是人的劳动物化的结果。换言之，产品体现为物化劳动的凝结。马克思主要论述的是私有制社会中的劳动的物化。在这样的社会形态中，物化同时也是异化。正如我们在前面论述马克思的异化劳动的思想时所指出的那样，劳动者创造了劳动产品，这些产品构成了巨大的物的权力，但这种权力不但不归劳动者所有，反而倒过来支配劳动者。也就是说，物

---

① 《马克思恩格斯选集》第 1 卷第 443 页，1989 年德文版。（K. Marx and F. Engels, *Ausgewählte Schriften*, *Band 1*, Berlin: Dietz Verlag, 1989, s. 443. ——编者注）

主体化，人客体化，物成为人的主宰，人成为物的臣仆。资本主义生产的目的不是为了人，相反，人的生存倒是为了生产，为了财富，为了物。物化无疑是资本主义社会的普遍现象，这种现象在观念上的表现就是拜物教。

马克思首先分析了商品拜物教的性质和秘密。乍看上去，商品是一种很简单平凡的东西，但分析下去，它却是一种很古怪的东西，充满了形而上学的微妙和神学的怪诞："例如，用木头做桌子，木头的形状就改变了。可是桌子还是木头，还是一个普通的可以感觉的物。但是桌子一旦作为商品出现，就变成一个可感觉而又超感觉的物了。它不仅用它的脚站在地上，而且在对其他一切商品的关系上用头倒立着，从它的木脑袋里生出比它自动跳舞还奇怪得多的狂想。"[①]马克思认为，商品的神秘性不是来源于商品的使用价值，而是来源于它的交换价值。商品形式把人们本身劳动的社会性质反映成劳动产品本身的物的性质，反映成这些物的天然的社会属性，从而把生产者同总劳动的社会关系反映成存在于生产者之外的物与物之间的社会关系。"这只是人们自己的一定的社会关系，但它在人们面前采取了物与物的关系的虚幻形式。因此，要找一个比喻，我们就得逃到宗教世界的幻境中去。在那里，人脑的产物表现为赋有生命的、彼此发生关系并同人发生关系的独立存在的东西。在商品世界里，人手的产物也是这样。我把这称作拜物教，劳动产品一旦作为商品来生产，就带上拜物教的特征，所以拜物教是同商品生产分不开的。"[②]如果我们离开这种生产形式，商品世界的神秘性就会自行消失。

马克思还分析了货币拜物教的现象。货币作为一般等价物乃是商品交换的媒介物，它进一步用物与物之间的关系掩盖了人与人之间的社会关系。人们对货币，尤其是对金银的崇拜，归根结底是对商品崇拜的结果，因为货币乃是获得任何商品的前提，换言之，货币乃是任何商品的

---

① 《资本论》第 1 卷第 85 页，1973 年德文版。（K. Marx, *Das Kapital*, *vol.* 1, Berlin: Dietz Verlag, 1973, s. 85.——编者注）

② 同上书，第 86—87 页。

潜在形式。所以马克思说，"货币拜物教的谜就是商品拜物教的谜，只不过变得明显了，耀眼了"①。

最后，马克思还分析了资本拜物教的现象。国民经济学家常有的幻觉之一是把资本看作自行增殖的东西。比如，土地是自然物，它会给土地所有者带来地租，只要他把土地出租的话；又如，生息资本既不需要投入生产过程，也不需要投入流通过程，就能直接地获得利息，仿佛它是神秘的自行创造、自行增殖的源泉。

资本主义社会普遍存在的物化现象以及在这一现象的基础上形成起来的拜物教观念，成了人们的日常生活的宗教，它掩盖了人的生存状态的秘密，掩盖了人与人之间的真实的社会关系。马克思告诉我们，资本能带来利息或利润，土地能带来货币地租，这并不是永远如此的，而仅仅是在资本主义生产方式的特定历史条件下。资本主义生产的秘密是无偿地占有劳动者所创造的剩余价值。通过对剩余价值的起源的揭露，马克思粉碎了种种拜物教的观念，揭示了物的关系掩盖下的真实的人的关系。

马克思关于异化、物化和拜物教观念的批判无疑是其生存哲学形成和发展中的一条基本的线索，它对当代西方哲学，特别是生存哲学的发展产生了极为重要的影响。乔治·卢卡奇作为西方马克思主义的创始人，其一生的思考也正是围绕这些基本问题而展开的。在《历史与阶级意识》这部划时代的著作中，卢卡奇全面地探索了资本主义社会内的物化现象，指出："物化是生活在资本主义社会中的每一个人的必然的、直接的现实。"②物化并不是偶然的现象，而是资本主义社会中每个人，特别是无产者的生存模式："无产阶级作为资本主义的产物，必然隶属于它的创造者的生存模式。这一生存模式（This mode of existence）就是

---

① 《资本论》第 1 卷第 108 页，1973 年德文版。（K. Marx，*Das Kapital*，*vol.* 1，Berlin：Dietz Verlag，1973，s. 108.——编者注）
② 《历史与阶级意识》第 197 页，麻省理工学院出版社 1971 年英文版。（G. Lukacs，*History and Class Consciousness*，Cambridge：The MIT Press，1971，p. 197.——编者注）

非人性和物化。"①卢卡奇还进一步分析了在物化现象的基础上形成起来的"物化意识(reified consciousness)"的种种表现，主张通过对以总体性范畴为核心的辩证法的恢复来超越物化意识。当时，卢卡奇虽然还未把物化和异化在含义上严格地区分开来，但他对物化问题的重视表明，马克思的生存哲学并没有过时，物化仍然是现代人不可逃避的生存模式。在《青年黑格尔》(1948)这部重要的理论著作中，卢卡奇进一步认识到了黑格尔的异化理论的巨大意义："在理解黑格尔的历史哲学时，最重要之点是，辩证法的现象不是一般的生活的一种功能，而是社会和个人生活的资本主义的'外化'和异化的产物。"②也就是说，人们不应该泛泛地谈论黑格尔的辩证法，应该看到，资本主义社会的异化乃是黑格尔辩证法的社会历史内涵之所在。当然，在黑格尔那里，一切都是头足倒置的，马克思才真正开辟了研究资本主义社会的现实异化的道路，从而为历史辩证法找到了坚实的起点。卢卡奇在晚年巨著《关于社会存在的本体论》(1971)中，从新的视角探索了异化和物化的问题。他认为，在资本主义社会中，异化和物化乃是本体论的现象，异化的最集中的表现是作为劳动产物的商品对人的统治，也就是物的主体化和人的客体化，要言之，即物化。在普遍存在的物化现象的基础上形成了"物化的意识形态(diese Verdinglichende Ideologie)"。这种意识形态不仅规约着人的行为、人的日常生活，而且也规约着人对未来的追求，人的希望和理想。更为严重的是，"当这种物化的意识形态控制了一个帝国主义的垄断资本主义的经济基础时，它会导致法西斯制度这种尽人皆知的异化"③。

① 《历史与阶级意识》第 76 页，麻省理工学院出版社 1971 年英文版。(G. Lukacs, *History and Class Consciousness*, Cambridge：The MIT Press, 1971, p. 76.——编者注)

② 《青年黑格尔》第 497 页，麻省理工学院出版社 1976 年英文版。(G. Lukacs, *The Young Hegel：Studies in the Relations Between Dialectics and Economics*, Cambridge：The MIT Press, 1976, p. 497.——编者注)

③ 《关于社会存在的本体论》第 2 卷第 599 页，1986 年德文版。(G. Lukacs, *Zur Ontologie des Gesellschaftlichen Seins Parte Ⅱ*, Darmstadt：Luchterhand Verlag, 1986, s. 599.——编者注)

卢卡奇还分析了物化的意识形态对社会主义社会的侵蚀，指出："斯大林主义的意识形态已经导致这样的状况，即把马克思主义本身物化了（den Marxismus selbst verdinglichea）。"①这就告诉我们，对物化的意识形态的批判不仅对资本主义社会有意义，而且对从根本上未超出资产阶级权利眼界的社会主义社会来说，也是有重要意义的。卢卡奇一生对异化、物化问题的思索显示出他卓越的理论眼光，这也是他被 20 世纪的许多思想家尊为理论先驱的重要原因之一。后来的一些马克思主义者，如马尔库塞、弗洛姆、列斐伏尔、阿尔都塞等，都在一定程度上受到卢卡奇的影响，对异化、物化问题做出了新的探索。

异化与物化问题不仅是西方马克思主义者思考的一个中心问题，也是在 20 世纪产生广泛社会影响的存在主义思潮关注的根本问题。在存在主义的经典著作《存在与时间》(1927)中，海德格尔对人的日常生活的异化做出了深刻的分析。他认为，作为"人之在"的"此在（Dasein）"的日常生活就是"沉沦（Verfallan）"，而"引诱（Versuchung）、安宁（Beruhigung）和异化（Entfremdung）则标志着沉沦的存在方式"②。在他看来，异化并不是此在与自身相分离，而这种分离出来的东西又作为一种外在的、独立的东西倒过来支配此在；也不是把此在交付给本身不是此在的"在者（Seiende）"摆布，"而是把此在挤压入其非本真性中，挤压入它本身的一种可能的存在方式之中。沉沦的起引诱作用和安宁作用的异化在它自己的动荡不安中导致的结果是：此在自拘其于本身中了"③。也就是说，异化在这里表现为此在对自己的日常生活的满足，此在自以为把一切都安排得很好，自以为其生存是真实的、完满的、敞开的，实际上乃是盲目的自我拘执，是沉溺于非本真的日常生活的无根基状态中。用

---

① 《关于社会存在的本体论》第 2 卷第 599 页，1986 年德文版。(G. Lukacs, *Zur Ontologie des Gesellschaftlichen Seins Parte* Ⅱ, Darmstadt：Luchterhand Verlag, 1986, s. 599.——编者注)

② 《存在与时间》第 254 页，1986 年图宾根德文版。(M. Heidegger, *Sein Und Zeit*, Tubingen：Max Niemeyer Verlag, 1986, s. 254.——编者注)

③ 同上书，第 158 页。

我们通常的语言来说，乃是真正的自我的失落。在《林中路》这部重要的论文集中，海德格尔论述了技术的统治所引起的普遍的物化现象："技术的统治不仅把一切在者都设定为生产过程中可制造的东西，而且通过市场把生产的产品提供出来。人的人性与物的物性都在贯彻意图的制造的范围之内分化为一个市场的计算出来的市场价值……。"①他还认为，人虽然是制造者，但却处在无保护的状态之中："人本身及其事物都面临着一种日益增长的危险，就是要变成单纯的材料以及变成对象化的功能。贯彻意图者的上层地位又更扩大了危险的范围，人有在无条件的制造这回事上失掉他自己的危险。"②在海德格尔看来，人被物化或对象化的威胁并不是偶然的，而是从人的本质中生发并增长起来的，但技术的发展在各门科学中形成了"一种知（eine art des Wissens）"，这种知既不能领悟技术的本质，也不能领悟人的本质在其发展中所面临着的危险。海德格尔对异化和物化的思考对后来的存在主义者，如马塞尔、加缪、萨特等都产生了重大的影响。

总起来看，关于异化、物化和拜物教的批判既构成了马克思生存哲学的一个基本方面，也是我们理解当代哲学，特别是当代生存哲学的一把钥匙。马克思的伟大贡献在于，他不仅揭示了现实异化这个重大的理论课题，而且指明了扬弃异化的根本途径。

异化作为资本主义社会的普遍的生存方式，尤其对劳动者来说，是空前的灾难。马克思这样写道："人又退回到洞穴中，不过这洞穴现在已被窒息人的文明的空气所污染；他不能踏踏实实地住在这洞穴中，仿佛它是一个每天都可能从他身旁脱走的异己力量，因为如果他缴不起房租，他就每天都可能被赶出洞穴。劳动者必须为这停尸房支付租金。光亮的居室，这曾被埃斯库罗斯笔下的普罗米修斯称为使野蛮人变成人的

---

① 《林中路》第 288 页，法兰克福 1980 年德文版。（Martin Heidegger, *Holzwege*, Frankfurt：Vittorio Klostermann, 1980，s. 288. ——编者注）

② 同上书，第 289 页。

伟大的天赐之一，现在对劳动者说来已不再存在了。光、空气等，甚至动物所固有的简单的洁癖，都不再成为人的需要了。"①涵括在异化生活中的苦难如同悬挂在劳动者头上的达摩克利斯之剑，它留给他们的是没有终结的烦恼、忧愁和绝望。如前所述，劳动者不仅处在现实的异化中，而且也处在精神的异化，尤其是宗教的异化中。种种虚假的观念，尤其是上帝的观念统治着他们的大脑。这种异化的两重性已经蕴含着异化之扬弃的双重任务。

马克思说，"宗教的异化本身只是发生在人内心深处的意识领域中，而经济的异化则是现实生活的异化——因此异化的扬弃包括两个方面"②。至于异化的扬弃究竟从哪个领域开始，这取决于不同民族的实际生活的需要。人所共知，无神论是对宗教异化的一种扬弃，其结果则是"理论的人本主义（das theoretische Humanismns）"的生成。那么，扬弃经济异化，特别是异化劳动的又是什么呢？这正是各种关于异化之扬弃的学说所乐此不疲地争论的一个焦点。

对于黑格尔来说，人不过是自我意识，所以人的异化了的对象、人的异化了的本质的现实性，不外是异化的意识，是异化之抽象的，因而是无内容的和非现实的表现——否定。"因此，异化之扬弃也不外是对这种无内容的抽象之抽象的、无内容的扬弃——否定之否定。"③无论是黑格尔的《精神现象学》还是《哲学全书》所追求的不过是"绝对知识"，所以，扬弃了的宗教即宗教哲学，扬弃了的国家即国家哲学，扬弃了的艺术即艺术哲学等。也就是说，所有的扬弃都只是在知识中进行的，因而实际上什么也没有发生。正是由于这种情况，费尔巴哈得出了如下的结论，即黑格尔的哲学不仅不能扬弃异化，相反，它本身就是精神异化的

---

① 马克思《1844 年经济学哲学手稿》第 94 页，1987 年德文版。（K. Marx, *Ökonomisch-Philosophische Manuskripte aus dem Jahre* 1844，Berlin：Dietz Verlag，1987，s. 94.——编者注）

② 同上书，第 83 页。

③ 同上书，第 130—131 页。

一种表现形式。费尔巴哈虽然通过对宗教异化的批判扬弃了这种异化，但他并没有触及现实的异化，当然也不可能为现实的异化的扬弃指出一条有效的道路。至于以卢梭、蒲鲁东、傅立叶、圣西门等人为代表的粗陋的共产主义者，虽然在不同程度上看到了现实的异化问题，并把私有财产看作是人的自我异化，从而或者以非历史的态度主张退回到尚无私有财产的原始的自然状态中，或者主张把普遍的私有财产同私有财产对立起来，例如把使妇女成为公共的财产的共妻制同婚姻（实际上是排他的私有财产的一种形式）对立起来，从而形成了一种否定人的人格的共产主义。在马克思看来，这种共产主义是不成熟的共产主义，它既未弄清私有财产的历史本质，也根本未从私有财产的狭隘眼界中解放出来。在此意义上，自我异化的扬弃跟自我异化实际上走的是同一条道路。归根结底，粗陋的共产主义也不能为现实异化的扬弃指出一条科学的道路。

马克思把扬弃现实的异化的希望寄托于他所理解的共产主义，他指出："共产主义是私有财产即人的自我异化的积极的扬弃，因而也是通过人并且为了人而对人的本质的真正占有；因此，它是人向作为社会的人即合乎人的本性的人的自身的复归，这种复归是彻底地、自觉地保存了以往发展的全部丰富成果的。"①在这段话中，马克思阐明了以下三层意思：第一，共产主义对私有财产的扬弃意味着把私有财产转化为社会财产，而不是换一种方式，让另一些人来占有私有财产；第二，对现实异化的扬弃的根本目的是为了人，为了人性的健康而全面的发展，为了使人达到一种合乎人性的生存状态；第三，这种扬弃并不是非历史的或反历史的，并不是使人退回到以前的历史状态，甚至自然状态中去，而是在资本主义社会已达到的物质文明和精神文明的基础上，使社会进入到更高的理想状态中去。

那么，马克思所倡导的共产主义对现实的异化，特别是对这种异化

---

① 马克思《1844 年经济学哲学手稿》第 82 页，1987 年德文版。（K. Marx, *Ökonomisch-Philosophische Manuskripte aus dem Jahre* 1844，Berlin：Dietz Verlag，1987，s. 82.——编者注）

的最根本的表现形式——私有财产的异化的扬弃又是通过怎样的途径来实现的呢？要回答这个问题，就必须先弄明白，异化是通过怎样的方式形成起来的。马克思说，"在实践的、现实的世界中，自我异化只有通过同他人的实践的、现实的关系才能表现出来。异化借以实现的那个手段本身就是实践的"①。与黑格尔一直停留在对精神异化的分析的这种学究式的态度不同，马克思注重的是对人的真实的生存状态的分析，而人的生存状态本质上是实践的，其最基本的形式则是生产劳动，这也正是马克思注重分析、批判异化劳动的一个根本理由。正因为异化借以实现的手段是实践的，所以，异化之扬弃不仅是一种思想运动、精神运动，更重要的是一种实践活动。马克思强调："有了共产主义思想，就完全足以扬弃私有财产思想。而为了消灭现实的私有财产，则必然有现实的共产主义的行动。"②而通过现实的共产主义行动生成的则是与上面提到的"理论的人本主义"相对应的"实践的人本主义(das praktische Humanismus)"。

要言之，马克思关于异化之扬弃的学说包括两个方面：一是从理论上扬弃异化，即诉诸理论上的批判；二是从实践上扬弃异化，即诉诸革命的改造。由于以布·鲍威尔、麦克斯·施蒂纳等人为代表的青年黑格尔主义者只满足于理论上的批判，马克思嘲弄他们不是为改变人的现存的生存状态而斗争，而只是同这种生存状态的影子(即观念)做斗争："有一个好汉一天忽然想到，人们之所以溺死，是因为他们被关于重力的思想迷住了。如果他们从头脑中抛掉这个观念，比方说，宣称它是宗教迷信的观念，那么他们就会避免任何溺死的危险。他一生都在同重力的幻想做斗争，统计学给他提供了越来越多的有关这种幻想的有害后果的证明。这位好汉就是现代德国革命哲学家们的标本。"③在马克思看

---

① 马克思《1844 年经济学哲学手稿》第 65 页，1987 年德文版。（K. Marx, *Ökonomisch-Philosophische Manuskripte aus dem Jahre* 1844，Berlin：Dietz Verlag，1987，s. 65.——编者注）

② 同上书，第 99 页。

③ 《马克思恩格斯全集》第 3 卷第 13—14 页，1969 年德文版。（K. Marx and F. Engels，*Werke*，*Band* 3，Berlin：Dietz Verlag，1969，ss. 13-14.——编者注）

来，所有这些哲学家都在黑格尔的思想世界中迷失了方向。他们天真地以为思想、概念、观念统治着整个世界，只要推翻了这种思想的统治，也就改变了人的实际的生存状态。这种幻想当然是十分荒唐可笑的。从马克思的唯物史观的基本立场出发，引申出来的结论恰好是相反的："意识的一切形式和产物不是可以用精神的批判来消灭的，也不是可以通过把它们消融在'自我意识'中或化为'幽灵''怪影''怪想'等来消灭的，而只有实际地推翻产生这一切唯心主义谬论的现实的社会关系，才能把它们消灭；历史的动力以及宗教、哲学和任何其他理论的动力是革命，而不是批判。"①这就告诉我们，理论的批判虽然有一定的历史作用，在一定的条件下这种作用甚至是十分重要的，但是，单纯的理论批判既不能从总体上彻底地摧毁旧的观念，更不可能去改变人的实际生存状态。在马克思看来，通过革命途径推翻现存的社会关系才是扬弃现实的异化并进而扬弃精神的异化，即扬弃各种传统观念的根本途径。"……实际上和对实践的唯物主义者（den praktischen Materialisten），即共产主义者说来，全部问题都在于使现存世界革命化，实际地反对和改变事物的现状。"②那么，马克思在这里说的革命的实践活动是不是任意的，是不是在任何时候都可能发生的呢？马克思本人的回答显然是否定的。

马克思认为，历史并不是自由意志的玩物，并不是伟大人物，如国家元首、政治家的游乐场所，构成人们历史活动的现实基础的乃是他们实际上归属的物质生活条件。这种物质生活条件不仅从根本上制约着人们（包括伟大人物）的生存方式、活动范围和作用的大小，而且也从根本上制约着以推翻现存的社会关系为宗旨的革命实践活动的可能性以及可能导致的结果。马克思说道："各代所面临的生活条件还决定着这样一些状况：历史上周期性地重演着的革命震荡是否强大到足以摧毁一切现

---

① 《马克思恩格斯全集》第 3 卷第 38 页，1969 年德文版。（K. Marx and F. Engels, *Werke*, *Band* 3, Berlin: Dietz Verlag, 1969, s. 38. ——编者注）

② 同上书，第 42 页。

存的东西的基础，如果还没有具备这些实行全面变革的物质因素，也就是说，一方面还没有一定的生产力，另一方面还没有形成不仅反抗旧社会的某种个别方面，而且反抗旧的'生活生产'本身、反抗旧社会所依据的'综合活动'的革命群众，那么，正如共产主义的历史所证明的，尽管这种变革的思想已经表达过千百次，但这一点对于实际发展没有任何意义。"①从唯物史观的基本立场出发，我们发现，人并不能随意地选择自己的生存状况，人的生存活动总是在世代相传的既定的历史条件、既定的生产方式中展开的。无论哪一种社会形态，在它所能容纳的全部生产力发挥出来之前，是决不会灭亡的；而新的更高的生产关系在它存在的物质条件在旧社会的胎胞里成熟以前，是决不会出现的。所以，人类始终只能提出自己能够解决的任务，因为任务本身，只有在解决它的物质条件已经存在或者至少是在形成过程中的时候，才会产生。

　　总括起来看，马克思的生存哲学从人类最基本的生存活动——生产劳动出发，通过对资本主义生产方式下的异化劳动的分析，特别是通过对商品拜物教的批判、对剩余价值和资本原始积累的秘密的揭露，指出了一条扬弃异化的现实的道路。纵观西方哲学文化史，许许多多的哲学家、艺术家、文学家、心理学家、伦理学家和神学家等都从不同的角度探索了人的生存的奥秘，尤其是当代的存在主义哲学家形成了完整的生存哲学的体系。他们思考的结晶不失为人类文化史的重要遗产，然而，在马克思的生存哲学之前，这些迥然各异的生存理论都显得黯然失色。它们或视生存为享乐，从而导向伊壁鸠鲁式的快乐主义；或视生存和欲望为罪恶，从而导向斯多葛主义式的禁欲主义；或视生存为虚无，从而导向与上帝的直接交流；或视生存为荒诞，从而导向悲观主义。如此等等，不一而足。一言以蔽之，由于它们不能正确地、全面地认识人

---

① 《马克思恩格斯全集》第 3 卷第 38—39 页，1969 年德文版。(K. Marx and F. Engels, *Werke*, *Band* 3, Berlin: Dietz Verlag, 1969, ss. 38-39.——编者注)

的生存状况，当然也就不可能为人的生存状况的真正的、合理的改善指出明确的方向。在某种意义上，马克思的生存哲学是一个参照系，它为我们分析、解剖西方哲学文化史上形形色色的生存理论提供了指南。

第一篇　从自然世界到
　　　　观念世界

我们越往前追溯人的生存状况，就越是发现，人最初直接地就是自然界的一部分。人是自然界的产物，但又不仅仅是自然界的产物，严格意义上的人是在具有社会性质的生产劳动和语言的发展过程中诞生出来的。

　　人起初屈服于异己的、具有巨大力量的自然界，随着生产工具、分工、交往关系和语言的发展，特别是随着手工业和以手工业为基础的艺术的发展，人从艺术所创造的灿烂夺目的世界中发现了自己的力量，于是，从自然界中抽回了战战兢兢的目光，开始审视自己，认识自己。起初，这种认识仅仅停留在感觉的范围内，人赋予自己的感觉以最高的地位。然而感觉世界毕竟是不稳定的，变动不居的。人于是转而诉诸理性，诉诸理性所创造的观念世界。可是，观念世界的统治一经确立起来，现实的、以人的生存活动为基础的生活世界就在西方哲学文化传统中失去了它应有的地位。所以，从自然世界发展到观念世界，既是西方哲学文化的诞生之路，又是它不自觉地陷入的一条迷津。苏格拉底、柏拉图和亚里士多德既是古代希腊哲学文化的伟大代表，又是希腊精神的真正的误导者。西方人认识这个真理并不是轻而易举的，而是花了整整20 多个世纪。

第一章　希腊神话的启示

　　犹如任何一个民族的早期生活和历史发展都淹没在神话传说中一样，古代西方世界的生活和智慧也在脍炙人口的希腊神话中闪烁着朴实而纯真的光华。100 多年前，人们还普遍地认为，古代希腊的神话传说（包括荷马史诗）不过是美丽的、富有诗意的幻想，是没有实际历史根据的美妙的故事。可是，始于 19 世纪末的考古发掘在几千年来堆积起来的沙土层下，发现了古城、柱廊、水池和彩色壁画，在人们面前展现出一个曾经存在过的华丽宏伟的世界。在迈锡尼发现了豪华的国王陵墓，专家们认为它是特洛伊战争中阿该亚军队的统帅阿伽门农和他的家属的墓；在特洛伊遗址上甚至发掘出一个藏有许多黄金饰物的宝库，显然，它是属于当时的国王普利安的。正如奥林匹斯山上的众神与古代人生活在同一个世界中一样，希腊神话也与古代的现实生活交织在一起，到了难分难舍的地步。

　　我们不是考古学家，我们完全从不同的角度来认识希腊神话。在我们看来，希腊神话充满了种种富有哲理的隐喻。这些隐喻显示出古代人对人的生存状况的不倦的思索。这些思索在今天看来虽然显得幼稚、天真，却是值得玩味的，在某些方面甚至是高不可及的范本。正如马克思所说的："一个成人不可能再成为儿童，否则就变得稚气了。但是，儿童的天真不使成人感到愉快吗？他自己不该努力在一个更高的阶梯上把儿童的真实再现出来吗？每一个时代的固有的特征不是纯真地活跃在儿童的天性中吗？为什么历史上的人类儿童时代，在它发展得最完美的地方，不该作为永不复返的阶段而显示出永久的魅力呢？"①西方生存哲学的源头正隐藏在扑朔迷离的希腊神话故事中。

第一节　人类的创生

在希腊神话中，关于人类的创生有诸多不同的说法，其中最引人注目的是以下三种说法：

第一种说法是，人类是由被宙斯放逐的神祇的后裔普罗米修斯所创造的。普罗米修斯知道天神的种子隐藏在泥土里，所以他撮起一些泥土，按照神祇的形象，捏出一些泥块，为了给这些泥块以生命，他又从各种动物的心中取出善和恶，使之封闭在人的胸膛里，智慧女神雅典娜惊异于这些创造物，又把灵魂和神圣的呼吸吹送给他们，于是，最初的人类就被创造出来了。不久以后，他们就充满了大地。据说，最初的人类是什么也不懂的，正是普罗米修斯，这人类的创造者，教会他们观察星辰的升起和降落；教会他们用符号进行计算并交流思想；教会他们制造车、船，驾驭牲畜，使之分担人类的劳动；教会他们解释梦和异象，预见未来等。

普罗米修斯创造人类的故事也可以在《伊索寓言》中读到，但在那里又增添了新的内容，我们不妨将涉及这一主题的两则有趣的寓言抄录下来：

---

① 《马克思恩格斯全集》第 10 卷第 36 页，1974 年德文版。（K. Marx and F. Engels, *Werke*, *Band* 10, Berlin: Dietz Verlag, 1974, s. 36.——编者注）

普罗米修斯和人

普罗米修斯奉宙斯之命造人和野兽。宙斯见野兽太多了，就命令普罗米修斯毁掉一些，改作成人。普罗米修斯执行了命令。结果，这样造出来的人却是人面兽心。

这故事适用于愚蠢而野蛮的人。

两只口袋

普罗米修斯造人，给每个人挂上两只口袋，一只装别人的恶行，另一只装自己的。他把那只装有别人恶行的口袋挂在前面，把另一只挂在后面。因此人们老远就看见了别人的恶行，自己的却瞧不见。

这故事适用于好管闲事的人，这种人对于自己的事视而不见，却去管不相干的事。①

如果说，在希腊神话中，最初被创生的人类是无知无识、无忧无虑的话，那么，在伊索的寓言中，他们从被创生的时候起，就是"人面兽心"的，就是某种"恶"的东西。要说明这个差异并不是很困难的。希腊神话主要反映的是希腊氏族社会的不同发展阶段（包括它的解体），正如恩格斯所说的："从古代雅利安人的传统的对自然的崇拜而来的全部希腊神话，其发展本身，实质上也是由氏族及胞族所制约并在它们内部进行的。"②而伊索则生活在公元前 6 世纪，他本身是萨摩斯岛的雅德蒙家的奴隶。其时，希腊氏族社会已经解体，奴隶制城邦的发展正方兴未艾，所以，伊索寓言虽然讲的是普罗米修斯创造人类的老故事，但却把奴隶社会形成过程中人性"恶"的一面融入最初的人类中。

第二种说法是，人类是由神祇，特别是众神之王宙斯创造的。神祇

---

① 《伊索寓言》，人民文学出版社 1981 年版，第 106—107 页。

② 《马克思恩格斯选集》第 6 卷第 119 页，1990 年德文版。（K. Marx and F. Engels, *Ausgewählte Schriften*, Band 6, Berlin: Dietz Verlag, 1990, s. 119. ——编者注）

创造的第一纪的人类是黄金的人类。这时，克洛诺斯是天国的统治者，人类无忧无虑地生活着，大地为他们长出丰富的果实，神祇们对他们也倍加爱护，他们的生活十分幸福。神祇创造的第二纪人类是白银的人类。他们的生命是短暂的，因为他们不能节制自己的感情，他们粗野而傲慢，不再对神祇表示敬意。这时，宙斯已放逐他的父亲克洛诺斯，并成为天国的最高统治者，他恼怒第二纪人类对神的不敬而把他们消灭了。于是，宙斯创造了第三纪的人类，即青铜的人类。他们穿着青铜的甲胄，住着青铜的房间，使用着青铜的刀剑和工具，他们的性格残忍而粗暴，战争乃是他们的嗜好。当这一纪的人类完全死灭之后，宙斯又创造了第四纪的人类，他们依靠大地上的出产来生活，比起以前各纪的人类来，他们显得更高贵和公正，他们乃是古代的半神的英雄，但最后他们也陷于战争和仇杀，在战争和灾祸中结束了生存。宙斯创造的第五纪的人类，是黑铁的人类。这时的人类全然是罪恶的，父子反目，宾主仇恨，朋友敌视，正如古代诗人赫西俄德所叹息的：

啊，无情的人类哟！难道你们忘记了神祇将给与的裁判，敢于辜负高年父母的抚育之恩么？处处都是强权者得势，人们毁灭他们邻近的城市。守约，良善，公正的人得不到好报应，而为恶和硬心肠的渎神者则备受光荣。善和文雅不再被人尊敬。恶人被许可伤害善良，说谎话，赌假咒。这就是这些人所以这么不幸福的原因。不睦和恶意的嫉妒追袭着他们，并使他们双眉紧锁。直到此时还常来地上的至善和尊严的女神们，如今也悲哀地以白袍遮蒙着她们的美丽的肢体，回到永恒的神祇中去。留给人类的除了悲惨以外没有别的，而这种悲惨且是看不见边际的。[①]

①　[德]斯威布：《希腊的神话和传说》，楚图南译，人民文学出版社1959年版，第18—21页。

这种说法与第一种说法的差异在于引入了早期人类发展的某种历史感，但各个世纪的人类之间似乎没有什么内在联系，他们的诞生与灭亡都服从于宙斯的神奇的权杖。

第三种说法并不具有普遍的意义，但却包含着同样重要的隐喻的价值。欧罗巴受到宙斯的引诱而出走，她的哥哥卡德摩斯寻找她未果，杀死了毒龙。按照雅典娜女神的命令，他在地上种下了龙牙，于是，从地下长出了成队的武装的战士，他们相互残杀，最后只剩下五个人，按照雅典娜的吩咐放下武器，成了忒拜人的祖先。

在第一种说法和第三种说法中，都提到人是从泥土和其他动物中产生的。这个隐喻说出了人与自然之间的直接的联系：人和其他动物一样是自然界的产物并且必须依赖于自然界才能获得生存和发展。从表面上看，人是由神祇创造的，正如马克思所分析的那样，"由于血族联系（尤其是在偶婚制发生后）已经湮远，而过去的现实看来是反映在神话的幻想中，于是老实的庸人们便做出了而且还在继续做着一种结论，即幻想的系谱创造了现实的氏族！"[1]实际上，不是神祇创造了人类，而是人类创造了神祇，就像法国艺术哲学家丹纳告诉我们的，奥林匹斯山上的众神不过是人间的一个家族而已。当然，人类要认识这样的真理在当时是不可能的，这需要几十个世纪的反省和思考。在这里，重要的是，即使神祇创造人，也不能凭空地创造，而必须从泥土和其他动物中创造出来。这就是说，借助神祇的创造所表现出来的人类的高贵仍然是虚幻的，人与自然，特别是自然界的动物，还处在混沌未分的状态中。

第二节　生存的苦难

希腊神话不仅以神奇的方式叙述了人类的诞生，而且以同样的方式

---

① 《马克思恩格斯选集》第 45 卷第 504 页，1990 年德文版。（K. Marx and F. Engels, *Ausgewählte Schriften*, Band 45, Berlin: Dietz Verlag, 1990, s. 504. ——编者注）

显示出人类生存的苦难。普罗米修斯既是人类的创造者，又是人类生存的积极的维护者。为替人类争得应有的权利，特别是为给人类带来火种，普罗米修斯受到了宙斯的严厉的惩罚。他被囚禁在高加索的危岩上，每天都有一只鹫鹰啄食他的肝脏。在古希腊悲剧作家埃斯库罗斯的《被锁链锁住的普罗米修斯》中，普罗米修斯对众神的侍者海尔梅斯说：

> 你好好听着，我绝不会用自己的痛苦
> 去换取奴隶的服役：
> 我宁肯被缚在崖石上，
> 也不愿作宙斯的忠顺奴仆。①

普罗米修斯的生存的痛苦乃是为人类争取自由所付出的代价，所以马克思把他称作哲学日历上最高的圣者和殉道者。宙斯的报复不仅落到了这个叛逆的神祇的身上，而且落到了整个人类的身上。他命令火神赫淮斯托斯创造了一个美丽的少女的形象——潘多拉，她把各种各样的灾祸都藏在一个盒子里，作为赠礼带到了人类中间。从这只突然被打开的盒子里飞出了一大群灾害，它们迅速地散布到各地，于是，疾病和痛苦日夜在人世间徘徊，死神贪婪地吞噬着人类的生命，大地上充满了悲惨和苦难。在这里，潘多拉的盒子只是一个隐喻，实际上，生存的苦难并不是神祇给人类的赠礼，而是内在于人类生存活动的本身的。

希腊神话中关于生存的苦难的暗示特别表现在坦塔罗斯和西绪福斯的故事中。坦塔罗斯由于对神祇的种种犯罪和欺诈的行为而受到众神的惩罚：在地狱中，他站在大湖中间，湖水没到他的下颌，他却焦渴的不能有滴水沾唇。当他俯身饮水时，水顷刻间全部退去，脚下只剩一片焦土。他还得忍受饥饿的痛苦。在湖边的果树上长着各种熟透了的果实，

---

① 转引自《马克思恩格斯全集》第 40 卷第 190 页，1990 年德文版。(K. Marx and F. Engels，*Werke*，*Band* 40，Berlin：Dietz Verlag，1990，s. 190.——编者注)

每当他想去摘取时，大风就把树枝吹到云中去。最后，他的最可怕的痛苦来自对于死神的永无休止的恐惧。一块大石悬挂在他的头上，随时威胁着他的生命。其实，坦塔罗斯所受的三种苦刑——渴、饥和死亡，不正是普通人生存中所面临的苦难吗？据说西绪福斯是所有人类中最好猾的人，由于他的恶行，他被罚在地府里用手脚将一块巨大的岩石从平地滚到山顶上去。每当他即将到达山顶时，岩石突然又滑落下来。所以，他永远弓着身子，汗滴如雨地滚转着沉重的岩石。西绪福斯的劳作乃是一个深刻的隐喻，它显示了每天都为生存而重复着的同样的劳动的荒谬性和单调性。

坦塔罗斯和西绪福斯之所以遭受苦难，似乎是由他们的恶行引起的。事实上，所谓恶行在这里也仅仅是一种隐喻，它实际上是人的各种欲望，如发财欲、权势欲等的代名词。人的各种欲望的实现必然会与被习惯所神圣化了的传统发生冲突。在希腊神话中，这种欲望和传统之间的冲突是通过人类和神祇之间的冲突来展开的，实际上，这正是植根于人类生存活动中的根本性的冲突。恩格斯写道："在黑格尔那里，恶是历史发展的动力借以表现出来的形式。这里有双重的意思，一方面，每一种新的进步都必然表现为对某一神圣事物的亵渎，表现为对陈旧的、日渐衰亡的、但为习惯所崇奉的秩序的叛逆，另一方面，自从阶级对立产生以来，正是人的恶劣的情欲——贪欲和权势欲成了历史发展的杠杆。"①这就是说，人类追求并实现自己的各种欲望和需要的过程也就是生存的过程，也就是创造历史的过程。生存之所以是痛苦的，乃是因为人的欲望和需要是不断增长的、无限的，而它们之间又是相互冲突的，只可能在非常有限的范围内得到满足和实现。欲求的无限性和实际满足的有限性乃是人类生存活动的永恒的悲剧性的主题。这一主题只有到叔本华那里才充分展现出来。在希腊神话中，它不过是一个朦胧的暗示。

---

① 《马克思恩格斯选集》第 6 卷第 290—291 页，1990 年德文版。(K. Marx and F. Engels, *Ausgewählte Schriften*, Band 6, Berlin: Dietz Verlag, 1990, ss. 290-291. ——编者注)

第三节　超越自然界

　　希腊神话既表现出人与自然的混沌未分的状态，又用种种隐喻力图表明人努力从自然界中超拔出来的意向，其中最有名的隐喻是司芬克斯的故事。司芬克斯有美女的头、狮子的身体，她蹲在忒拜城外的一座悬崖上，以智慧女神缪斯教给她的各种隐谜询问忒拜人。如果过路的人猜不出她的谜语，她就将其撕成碎片并吞噬掉。当俄狄浦斯经过忒拜城的时候，司芬克斯问他，早晨用四只脚走路，中午用两只脚走路，晚上用三只脚走路的生物是什么，俄狄浦斯回答人，因为人在幼年时用两手两脚爬行，在壮年时用两脚走路，在老年时拄杖而行。由于俄狄浦斯猜出了谜底，司芬克斯跳崖自尽了。黑格尔认为，这个神奇的故事告诉我们：

　　第一，在司芬克斯的形象中，人首象征精神，狮身象征自然界的物质力量。人首和狮身连在一起，一方面象征精神要摆脱物质力量，另一方面也象征精神还没有完全摆脱物质力量，达到自由的境界："人的精神仿佛努力从动物体的沉闷的气力中冲出，但是未能充分表达出精神自己的自由和活动的形象，因为精神还和跟它不同质的东西牵连在一起。"[1]

　　第二，希腊神话中的司芬克斯与埃及的狮身人面像不同之处在于，司芬克斯并不是沉默的，她是一个善于提出谜语的怪物："这个象征性谜语的解释就在于显示出一种自在自为的意义，在于向精神呼吁说：认识你自己（Erkenne dich selbst）！就像著名的希腊谚语向人呼吁的那样。意识的光辉就是这样一种明亮的光：它使自己的具体内容通过属于自己

---

　　[1]　《黑格尔全集》第 13 卷第 465 页，1989 年德文版。(G. W. F. Hegel, *Gesammelte Werke*, band 13, Berlin: Suhrkamp Verlag, 1989, s. 465. ——编者注)

而且适合于自己的形象，清晰地显现出来，而且在它的这种客观存在里所显现出来的就只是它自己。"①

黑格尔从客观唯心主义的立场出发，强调司芬克斯的谜语是比她的形象具有更深的象征意义的，这当然是无可厚非的，因为司芬克斯的形象只是表明人从自然界里抬起了自己的高贵的头颅，人有一种从自然界中超拔出来的顽强的意向，但是司芬克斯的谜语则把人从动物世界中分离出来，因而具有抽象的哲学含义。然而，主要师承了西方理性主义传统的黑格尔却忽视了司芬克斯形象所暗示的更重要的真理。事实上，人首乃是理性、智慧和美德的象征，狮身乃是感性、本能和欲望的象征。人首狮身的形象表明的正是理性与感性、智慧与本能、美德与欲望之间的冲突。这些冲突的象征性的载体是司芬克斯，真实的载体才是司芬克斯之谜的谜底——人。在人这个高等动物身上，人性与兽性之间的冲突无时无刻不在进行着。也就是说，司芬克斯的形象和她的谜语的象征意义是一致的，显示出古代希腊精神发展中的内在冲突。这种冲突表现为酒神狄奥尼索斯和日神阿波罗、爱神阿佛洛狄忒和智慧女神雅典娜、幸福女神和美德女神之间的对立。这些对立与司芬克斯的故事一样表明了相同的主题。

酒神狄奥尼索斯或者说巴库斯，原来是从事原始的农耕生活的色雷斯人的神祇，他最初是保护丰收的神，后来随着葡萄的种植和酒的酿制，则成了酒神。酒神的象征乃是一种野蛮的、神秘的癫狂状态。在每年祭祀酒神的活动中，人们把野兽撕成一片片地生吃，特别是妇女们成群结队地整夜在荒山上狂欢歌舞，使平时受到压抑的本能和欲望得到了充分的宣泄。

酒神精神很快地在古代希腊人中间引起了共鸣。罗素写道："巴库斯在希腊的胜利并不令人惊异。正像所有开化得很快的社会一样，希腊

---

① 《黑格尔全集》第 20 卷第 466 页，1986 年德文版。(G. W. F. Hegel, *Gesammelte Werke*, band 20, Berlin: Suhrkamp Verlag, 1986, s. 466.——编者注)

人，至少是一部分希腊人，发展了一种对于原始事物的爱慕，以及一种比当时道德所裁可的生活方式更为本能的、更加热烈的生活方式的热望。对于那些由于强迫因而在行为上比在感情上来得更文明的男人或女人，理性是可厌的，道德是一种负担与奴役。"①在希腊神话中，酒神是宙斯的儿子，是果实之神，是葡萄的发现者，他的神杖点触之处，枯树可以结满果实，岩石可以流出芳香的甜酒。当他在希腊大地上传播新的教理时，当时，忒拜城的国王彭透斯试图对他和他的信徒进行迫害，结果酒神把彭透斯诱入森林中，他的狂热的信徒则把这个可怜的国王像野兽一样撕成碎片。酒神精神在古代希腊人中的广泛传播显示出与人的自然欲求相关联的人的生命本能的强大的力量，这种精神与日神阿波罗所象征的美与光明相互补充，又相互冲突地体现在古代希腊人的生活中。罗素说："巴库斯的崇拜者就是对于审慎的反动。在沉醉状态中，无论是肉体上或者是精神上，他都又恢复了那种被审慎所摧毁了的强烈感情；他觉得世界充满了欢愉和美；他的想象从日常顾虑的监狱里解放出来。举行巴库斯礼便造成了所谓的'激情状态'，这个名词在词源上指神进入了崇拜者的体内，崇拜者相信自己已经与神合而为一。人类成就中最伟大的东西大部分都包含有某种沉醉的成份，某种程度上的以热情来扫除审慎。没有这种巴库斯的成份，生活便会没有趣味；有了巴库斯的成份，生活便是危险的。审慎对热情的冲突是一场贯穿着全部历史的冲突。"②罗素对酒神精神的认识是异常深刻的，他不仅看到了这种精神存在的理由，而且看到了它的巨大的历史作用，他还饶有兴趣地引证了古希腊悲剧作家欧里庇得斯在《酒神》一剧中写下的酒神侍女的欢唱：

> 啊，欢乐啊，欢乐在高山顶上，
> 竟舞得精疲力尽使人神醉魂销，

---

① ［英］罗素：《西方哲学史》上卷，何兆武，李约瑟译，商务印书馆 1963 年版，第 38 页。

② 同上书，第 39 页。

只剩下来了神圣的鹿皮，

而其余一切都一扫精光，

这种红水奔流的快乐，

撕裂了的山羊鲜血淋漓，

拿过野兽来狼吞虎噬的光荣，

这时候山顶上已天光破晓，

向着弗里吉亚、吕底亚的高山走去，

那是布罗米欧在引着我们上路。①

这种酒神所象征的人的自然欲望和生命本能与日神所象征的光明和梦幻之间的冲突在希腊神话中随处可见。比如，赫剌克勒斯作为宙斯的儿子和人间最伟大的英雄，在刚成年并选择生命的未来旅程时，幸福女神和美德女神一起来引导他。前者希望他沉湎于快乐和享受，浑浑噩噩地度过一生，后者希望他为国家、人民和神祇而奋斗，使自己的光荣和英名永留人间。赫剌克勒斯听从了美德女神的劝告，建立了许多功勋，在死后成了奥林匹斯山上的神祇。相反，特洛亚国王普利安的儿子帕里斯在评判三位女神——宙斯的妻子赫拉、智慧女神雅典娜和爱情女神阿佛洛狄忒哪个最美丽时，他把金苹果给了阿佛洛狄忒。也就是说，他把爱情和享受看得比理性和权力更高。在爱神的帮助下，他诱拐了海伦，从而把整个特洛伊拖进了战争和毁灭之中。

　　希腊神话中的所有这些故事都表明，人从自然界中超拔出来并不是很容易的。自然不仅是人的无机的身体，是人所由产生并赖以生存的环境，也是指人的自然的欲望和本能。不管我们如何给"人"下定义，如"人是政治动物""人是理性动物""人是社会动物""人是符号动物"等，定义的最后一个词总是"动物"。从属于动物并具有动物的兽性的一面乃是

---

　　① ［英］罗素：《西方哲学史》上卷，何兆武，李约瑟译，商务印书馆1963年版，第44页。（布罗米欧即巴库斯——编者注）

人类的永恒的特征。在此意义上，司芬克斯的形象比一个真实的人的形象更深刻地暗示出人的本质。在以后的希腊哲学文化的发展中，酒神精神渐渐地衰落了，人力图完全从自然界超拔出来。于是，在希腊哲学文化出现高度繁荣的时候，它的生命力也渐渐地枯萎了，最后终于淹没在宗教的禁欲主义的狂涛之中。

第二章　希腊精神的汇聚

如前所述，在希腊神话中，人对自然界的超越还不过是一种朦朦胧胧的意向。当希腊人从奥林匹斯山的神话世界中走下来，开始摆脱他们所尊奉的神祇，进行独立思考的时候，不论是他们对自然万物的探索、对政治伦理的思考，还是对文学艺术的追求，都渐渐地汇聚到作为万物之灵的人的身上。在这里，人不再是一个隐喻、一个象征物，而是一个实实在在的、可以感觉到的、有生命的存在物。当然，在整个前苏格拉底时期，哲人们和艺术家们主要是从感觉经验出发去理解人、探讨人的。普鲁塔哥拉的名言"人是万物的尺度"很恰当地表述了这个时期的希腊哲学文化精神的基本走向。

第一节　对自然万物的探索

亚里士多德说："古今来人们开始哲理探索，都应起于对自然万物的惊异；他们先是惊异于种种迷惑的现象，逐渐积累一点一滴的解释，对一些较重大的问题，例如日月与星的运行以及宇宙之创生，做成说明。……这类学术研究的开始，都在人生的必需品以及使人快适安乐的种种事物几乎全都获得了以后。这样，显然我们不为任何其他利益而找寻智慧；只因人本自由，为自己的生存而生存，不为别人的生存而生存，所以我们认取哲学为唯一的自由学术而深加探索，这正是为学术自身而成立的唯一学术。"①从生存哲学的角度看来，亚里士多德的这段话正显示了哲学发端之初已陷入的那种悖论：一方面，哲学归根结底是对人的生存意义的探索，另一方面，哲学又诞生于人的基本生存需要得到满足之后，它一开始似乎就是一种纯粹求知的学术。尽管它发端于对自然万物的惊异，而自然万物又是人生存的前提，但哲学家们对自然的纯粹静观的探索毕竟是很少关联到人的生存问题的，人的生存的最基本的活动还是从哲学家们的眼皮下滑过去了。一直要经过20多个世纪的漫长历程，哲人们才有可能直接地提出人的生存的意义问题，在此之前，以神秘的方式探讨这个问题的只是各种各样的宗教学说。所以，把哲学理解为纯粹的求知的学术，一开始就是对哲学的误解和误导。这种误解和误导对整个希腊哲学文化精神的发展产生了深远的影响，但在当时又是不可避免的。这里所偿付的乃是历史的债务。

在前苏格拉底时期，对自然万物的哲学思考是从米利都学派的创始人泰利士（Thales，约公元前624—公元前547）开始的。梯利认为，"泰利士的重要性在于他直截了当地提出哲学问题，在回答问题时不牵涉神话中的事物。"②泰利士作为希腊"七贤"之一，把水作为自然万物的本原。他的学生阿那克西曼德（Anaximander，约公元前610—公元前546）和阿那克西米尼（Anaximenes，约公元前585—公元前525）分别把"无限者"（一种无穷无尽的充满空间的质料）和"气"作为自然万物的本原。稍后爱菲斯的哲学家赫拉克利特（Heraclitus，约公元前540—公元前480与公元前470之间）又主张把火作为自然万物的本原。他说，"这个世界

---

① ［古希腊］亚里士多德：《形而上学》，吴寿彭译，商务印书馆1959年版，第5页。
② ［美］梯利：《西方哲学史》，1925年英文版，第16页。

对一切存在物都是同一的，它不是任何神所创造的，也不是任何人所创造的；它过去、现在和未来永远是一团永恒的活火，在一定的分寸上燃烧，在一定的分寸上熄灭"①。对自然万物的本原的猜测从水、无限者、气到火，虽然都是可以直观到的某种东西，但却越来越注重自然万物之间的联系和变化。赫拉克利特的"火"把变化的观念引向极致，他甚至认为，一切皆流，无物常住，人不能两次踏进同一条河流。在他的目光中，自然万物都漂流起来，但这种漂流并不是任意的，而是服从于在冥冥中起作用的"逻各斯"的："这个'逻各斯'虽然永恒地存在着，但是人们在听到人说到它以前，以及在初次听人说到它以后，都不能了解它。虽然万物都根据这个'逻各斯'而产生，但是我在分别每一事物的本性并表明其实质时所说出的那些话语和事实，人们在加以体会时却显得毫无经验。"②赫拉克利特虽然主张万物流变，但他并不主张人们的目光仅仅停留在这些变化上，而是主张深入探讨在这些变化着的东西背后起作用的不变的东西，即规律。也就是说，感性的认识和感官的享受既是不可靠的，又是不足取的，重要的是走向理性认识，领悟那自然万物和人都不能须臾分离的逻各斯。从这样的态度出发，赫拉克利特对歌颂生命和热情的荷马、赫西俄德和酒神狄奥尼索斯都取排斥的态度。他认为荷马是星相家，应当把他从赛会中逐出去并加以鞭笞；赫西俄德似乎知道一切，实际上，他连白天和黑夜的现象也不能解释；至于酒神祭司和侍女，与波斯教士、夜游者、传授秘教者一样，乃是一些该诅咒的、不敬神的人。赫拉克利特写道："因为如果不是为了酒神，他们举行赛会和歌唱阳具颂歌，就是最无耻的行为。可是地狱之神和酒神是一样的，为了酒神，人们如醉如狂，举行祭赛。"③在他看来，人们通过酒神祭祀而获得的那种肉体的快感是一种动物式的快感，是不足道的："如果幸福

<hr />

① 北京大学哲学系外国哲学史教研室编译：《古希腊罗马哲学》，生活·读书·新知三联书店 1957 年版，第 21 页。

② 同上书，第 18 页。

③ 同上书，第 20 页。

在于肉体的快感，那么就应当说，牛找到草料吃的时候是幸福的。"①

在赫拉克利特的自然哲学中隐藏着某种容易引起误解的东西。乍看上去，他主张万物流变，太阳每天都是新的，实际上，他真正留意的，乃是对"逻各斯"——理性和规律的探求。也就是说，强调变也是为了追求不变，强调感觉世界的不可靠也是为了追求可靠的理性世界。许多近视的哲学史家只注意到他的自然哲学中强调变的一方面，因而忽略了他在希腊精神转折中的重要作用，特别是对酒神精神的排斥，与这种排斥相对应的则是对理性和美德的肯定。在这个意义上，赫拉克利特正是通向苏格拉底和柏拉图的桥梁。

在对自然界的探索中，稍晚于泰利士，又出现了萨摩斯的毕达哥拉斯（Pythagoras，约公元前 580 至公元前 570 之间—公元前 500）。他创立了与泰利士的方向不同的另一种自然哲学，主张数是自然万物的本质和基础。黑格尔在谈到毕达哥拉斯派用数来解释宇宙的构成的见解时说，"在这里，我们首先觉得这样一些话是大胆惊人的，他把一般观念认为是存在或真实的一切，都一下子打倒了，把感性的实体取消了，把它造成了思想的实体。本质被描绘成非感性的东西，于是一种与感性、与旧观念完全不同的东西被提升和说成是实体和真实的存在。"②数虽然还不是纯粹的哲学概念，但却是通向这样的概念的一个重要的过渡。毕达哥拉斯学派用数的目光来注视一切，正表明了他对感觉世界的摈弃和对永恒的灵魂与理性世界的追求。

在毕达哥拉斯稍后，爱利亚学派的创始人克塞诺芬尼（Xenophanes，约公元前 565—公元前 473）进一步把"存在"认作是自然万物的基础和本质。他对神灵怀着特别虔敬的心情，指责荷马和赫西俄德对神的不敬，因为"荷马和赫西俄德把人间认为是无耻丑行的一切都加在神灵身上：

---

① 北京大学哲学系外国哲学史教研室编译：《古希腊罗马哲学》，生活·读书·新知三联书店 1957 年版，第 18 页。

② 《黑格尔全集》第 18 卷第 235 页，1981 年德文版。（G. W. F. Hegel, *Gesammelte Werke*, *band* 18, Berlin: Suhrkamp Verlag, 1981, s. 235.——编者注）

偷盗、奸淫、彼此欺诈"①。他对荷马和赫西俄德的批判同时也蕴含着对以"癫狂状态"为标志的酒神精神的批判。他这样写道:"在人们中间,要赞美那个饮酒之后仍然清醒、心里仍然不忘记美德的人。不要歌颂坦塔诸神、巨人或半人半兽的怪物们的斗争,这些都是古代人的虚构,也不要去管那些纷乱的争吵,这里面并没有什么平安吉庆;而要时时对神灵崇敬,这才是可贵的事情。"②克塞诺芬尼对神灵是如此虔敬,以致认为任何人都不可能认识神灵,人们能达到的只是一些或然性的"意见",而不是真理。把毕达哥拉斯的"数"变为"存在",这就在对自然的哲学思考中大大地迈进了一步;同时,对荷马和赫西俄德的贬斥,也和赫拉克利特一样,是在改铸希腊的精神,即降低乃至消除其中的酒神的成分,扩大及至颂扬其中的理性的成分。

在克塞诺芬尼的学生巴门尼德(Parmenides,约公元前540—公元前480)那里,关于"存在"的学说得到了充分的阐发。他认为,存在作为存在物的总体是不变的,既不会产生,也不会消灭,所谓存在的变化只是感官产生的幻觉。所以,感官不能把握存在,只有思维才能认识存在:

> 不要遵循这条大家所习惯的道路,
> 以你茫然的眼睛、轰鸣的耳朵以及舌头为准绳,
> 而要用你的理智来解决纷争的辩论。……③

爱利亚学派的"存在"学说的形成乃是希腊哲学诞生的一个标志。从泰利士到赫拉克利特与从毕达哥拉斯到巴门尼德,看起来是对立的,实际上是殊途同归的,都否定感性世界的可靠性,否定感觉享受的意义,断定只有理性才能把握世界的本质,只有美德才能体现生活的意义。

----

① 北京大学哲学系外国哲学史教研室编译:《古希腊罗马哲学》,生活·读书·新知三联书店1957年版,第46页。

② 同上书,第45页。

③ 同上书,第49页。

在公元前5世纪，随着希波战争（公元前492—公元前449）的胜利，雅典不仅成了海上霸主，而且成了政治、商业、文化和艺术的中心。一种新的哲学精神正在悄悄地兴起，它是一种怀疑的、否定的精神：它不主张哲学的根本使命是认识自然，认为从哲学上把握政治、法律、修辞、演说、艺术、宗教等具有更重要的意义。它不赞成哲学是一种纯粹求知的学术，而是认为其赢得权力、财富、声望和成就的一种技术；它不屑于颂扬神灵和传统，而是寻求个性的发展和自由。智者普鲁塔哥拉（Protagoras，公元前481—公元前411）认为，"至于神，我既不知道他们是否存在，也不知道他们像什么东西。有许多东西是我们认识不了的；问题是晦涩的，人生是短暂的。"①据亚里士多德的记载，另一些智者认为主奴关系违反自然，"在他们看来，主人和奴隶生来没有差异，两者的分别是由律令或俗例制定的：主奴关系源于强权；这是不合正义的"②。最后，它不认为理性和传统的美德是主宰一切的，强调"感觉就是知识"，肯定感官的享受是必要的。

这一新的启蒙的精神正是以普鲁塔哥拉为首的智者派哲学家为代表的。智者们是希腊的教师，他们教授智慧、政治、修辞、辩论术等种种知识，既不盲从祭司的预言，也不听从神谕，他们主张以自己的思想和感觉经验来判断各种关系。特别值得注意的是，他们以赫拉克利特的万物演变的思想作为武器，把传统的法律、道德、习俗、宗教的种种权威的见解都弄得摇摆起来，飘浮起来。在普遍的混乱之中，究竟还有什么是最高的权威呢？普鲁塔哥拉告诉我们，这个最高的权威就是"人"。他说，"人是万物的尺度，是存在的事物存在的尺度，也是不存在的事物不存在的尺度"③。也就是说，普鲁塔哥拉既不像赫拉克利特一样去敬仰作为万物主宰的"逻各斯"，也不像巴门尼德一样，把整个世界遮蔽到

---

① 北京大学哲学系外国哲学史教研室编译：《古希腊罗马哲学》，生活·读书·新知三联书店1957年版，第138页。
② ［古希腊］亚里士多德：《政治学》，1253b20-22。
③ 北京大学哲学系外国哲学史教研室编译：《古希腊罗马哲学》，生活·读书·新知三联书店1957年版，第138页。

不动的"存在"的黑袍之下，他把"人"置于哲学的王座之上。人不仅从自然界中昂起了自己高贵的头颅，而且在神灵、宗教、道德和法律统治的社会世界中抬起了自己高贵的头颅。一切都飘浮起来了，只有人岿然不动，俨然是新世界的主宰。通过普鲁塔哥拉，前苏格拉底时期的自然哲学的发展渐渐地会合到"人"这个主题上。问题在于，在他那里，"人"这一概念的确切含义到底是什么呢？

如前所述，智者，特别是普鲁塔哥拉是主张"感觉就是知识"的，因而他视之为万物尺度的，实际上只是个人的感觉。由于个人的感觉是相对的，因而也就把衡量万物的尺度相对化了，这正是智者派被人称作"诡辩派"的一个重要理由，也是后来的苏格拉底和柏拉图蔑视感觉世界，追寻不变的理念世界的一个根本原因。普鲁塔哥拉把个人的感觉作为衡量万物的尺度，从认识论上看，当然是有局限性的，但哲学史家们大多忽视了他的见解的积极意义。实际上，普鲁塔哥拉力图阻止希腊精神向抽象的观念世界的演化，以便保存特别是通过荷马史诗所传递下来的希腊神话中蕴含的感性世界和生命的活力。当然，在普鲁塔哥拉的时代，由于商业和艺术的高度发展，五彩缤纷的感性世界已无须借助神祇表现出来，每个希腊人，尤其是雅典人自己就可以感受到，而在哲学上说出这种感受的正是普鲁塔哥拉。普鲁塔哥拉感受到并说出了健康的希腊精神的本质和活力，感受到并说出了现实的生活世界的无限重要性，从而把前苏格拉底时期的自然哲学的发展引导到新的高度和起点上。①

第二节　对政治社会的研究

关于希腊社会的有文字记载的历史，最早可以追溯到荷马时代（约公元前 11 至公元前 9 世纪）。在荷马史诗中，古代的氏族组织虽然还是

---

① 参见俞吾金：《论智者哲学的历史地位》，江淮论坛 1983 年第 1 期。

很有活力的，但是，它的瓦解已经开始。父权制的建立、私有财产在家庭中的积累和奴隶劳动的形成，都成了氏族社会瓦解的酵素。在公元前8至公元前6世纪，随着手工业和商业的发展，在希腊世界中形成了数以百计的城邦。在城邦建立之初，政权都掌握在氏族贵族奴隶主的手里，随着工商业奴隶主势力的发展，出现了推翻氏族贵族奴隶主统治的"僭主政治"，客观上有利于并推进了工商业经济的发展。在工商业奴隶主的力量进一步壮大之后，"僭主政治"失去了历史意义，渐渐为工商业奴隶主的寡头政治(如科林斯)或较广泛的奴隶主民主政治(如雅典)所取代。

公元前6世纪初，雅典还没有进入希腊先进城邦之列。正是通过希腊"七贤"之一——著名的立法者梭伦(Solon，约公元前638—公元前559)的改革，雅典的工商业的发展才获得了巨大的推动力。梭伦出身于一个家道衰落的贵族家庭，年轻时曾外出经商，在政治上比较倾向于新兴的工商业奴隶主，也比较同情平民群众的利益。他对自然哲学不感兴趣，对政治社会却十分关心。在道德上，他虽然不贬抑肉欲的享受却更崇尚美德，他在诗中写道：

> 作恶的人每每致富，而好人往往贫穷；
> 但是，我们不愿把我们的道德和他们的财富交换，
> 因为道德是永远存在的，而财富每天在更换主人。①

据希罗多德的记载，当时统治亚细亚的所有希腊人的国王克洛伊索斯拥有惊人的财富，自认是世界上最幸福的人，梭伦却并不认为是这样的，他回答这位国王说："不管在什么事情上面，我们都必须好好地注意一下它的结尾。因为神往往不过是叫许多人看到幸福的一个影子，随后便把他们推上了毁灭的道路。"②当时，克洛伊索斯认为梭伦是个怪人，根

---

① 吴于廑主编：《普鲁塔克〈传记集〉选》，吴于廑等译，商务印书馆1962年版，第9页。
② [古希腊]希罗多德：《历史》，王以铸译，商务印书馆1985年版，上卷第16页。

本不懂幸福为何物。后来，他被波斯的居鲁士击败，既失掉了国家，又被判处了火刑。当躺在即将点燃的柴堆上时，他才体会到梭伦对幸福的理解比自己高明得多。

梭伦不仅推崇美德，而且也十分重视法律的作用。他颁布了取消债务、禁止以自由民人身作债务抵押、限制土地最高占有额、按私有财产的多少确定公民的权利和义务等一系列法律，打击了以旧的血缘关系为纽带的氏族制度，扶植了工商业奴隶主的利益和平民的利益，为雅典工商业的发展和奴隶主民主制的形成创造了条件。梭伦在诗中写道：

> 我给了一般人民以恰好足够的权力，
> 也不使他们失掉尊严，也不给他们太多：
> 即使那些既有势力而又豪富的人们，
> 我也设法不使他们受到损害。
> 我手执一个有力的盾牌，站在两个阶级的前面，
> 不许他们任何一方不公平地占有优势。①

真正使梭伦不朽的并不是他的道德观念，而是他在立法和法制上所做的改革。与自然界的法则不同，社会的法是由人自己制定的。合理的法的制定以及它所产生的伟大的社会效果正是对人的历史作用的肯定。

在梭伦改革之后，克利斯提尼（Cleisthenes，约公元前 570—约公元前 507）于公元前 5 世纪初进一步取消了原来的部落，把雅典划分为 10 个选区，在此基础上建立最高权力机构五百人会议，从而使雅典彻底摆脱了氏族关系的束缚，成了新兴的奴隶制国家。在希波战争即将取得最后胜利时，奴隶主民主派的杰出代表伯利克里（Pericles，公元前 500—公元前 429）掌握了雅典的领导权，从而开创了历史上著名的"伯利克里时代"（公元前 450—公元前 429）。这个时代的风貌究竟如何呢？我们还

---

① 吴于廑主编：《普鲁塔克〈传记集〉选》，吴于廑等译，商务印书馆 1962 年版，第 26 页。

是听听伯利克里自己在伯罗奔尼撒战役（公元前431—公元前404）开始后不久在阵亡将士国葬典礼上的演说吧：

> 我们的制度之所以被称为民主政治，因为政权是在全体公民手中，而不是在少数人手中。解决私人争执的时候，每个人在法律上都是平等的，让一个人负担公职优先于他人的时候，所考虑的不是某一个特殊阶级的成员，而是他们有的真正才能。任何人，只要他能够对国家有所贡献，绝对不会因为贫穷而在政治上湮没无闻。……

> 我们的城市是全希腊的学校；我可断言，我们每个公民，在许多生活方面，能够独立自主；并且在表现独立自主的时候，能够特别地表现温文尔雅和多才多艺。……①

在这样的制度中，只要不是奴隶，就拥有充分的独立和自由；在平民之中，人与人之间的关系也是平等的；人人都关心城邦的政治和政策，有才能的人决不会被埋没。而所有这一切都是用法律来维护的，"每个人在法律上都是平等的"这句话说出了当时雅典自由民的人格尊严和在政治生活中的崇高地位。作为奴隶主民主制的代表和化身的伯利克里不仅自己具有崇高的人格和高尚的情操，而且把城邦中的每个自由民都视为目的。他在谈到战争的危险时说："我们所应当悲伤的不是房屋或土地的丧失，而是人民生命的丧失。人是第一重要的；其他一切都是人的劳动成果。"②从梭伦的改革到伯利克里时代，雅典在政治上变得空前强大，经济、文化、艺术出现了空前的繁荣，这一切并不是自然赐予雅典人的，而是雅典人的生气勃勃的创造和努力的结果，这是因为雅典的新兴的政治体制和立法调动了每个自由民的政治热情、生活情趣和艺术才华。

雅典人对城邦的热爱、对公众政治事务的如痴如狂的热情，易言

---

① ［古希腊］修昔底德：《伯罗奔尼撒战争史》，谢德风译，商务印书馆1960年版，第130、133页。

② 同上书，第103页。

之，雅典人的爱国情绪并不是出自对自然山川的热爱，也不是出自对某个杰出的政治人物（如伯利克里）的崇拜，而是出自对其民主的政治法律体制的真诚的热爱和自觉的维护。正是在雅典这个独特的政治社会中，每个人（自由民）的聪明和才智都得到了充分的发挥，每个人（自由民）的尊严和权利都得到了庄严的维护。如果说，普鲁塔哥拉的"人是万物的尺度"说出了人在自然万物中的主宰地位的话，那么，伯利克里关于"人是第一重要的"名言则说出了人的伟大的尊严和他的无穷无尽的创造力。人并不消极地适应周围的环境，相反，他是新世界的积极的创造者，由人构成的政治社会乃是对整个自然界的超越。从自然界中抬起自己高贵的头颅的并不是单个人，而是以政治社会为基本特征的人类群体。

第三节　对文化艺术的追求

绚丽多彩的希腊神话完成于荷马时代。荷马的史诗《伊利亚特》和《奥德赛》无疑是希腊神话中最优美的部分，在荷马史诗中，人和神频繁地相互交往、生息并在同一个宇宙中活动。神不仅是人的创造者，而且还预知并控制着人的命运。然而，在公元前6世纪流行的伊索寓言中，神的权威明显地降落下来了。

我们不妨读一读下面两则寓言：

赫耳墨斯和雕像者

　　赫耳墨斯想知道他在人间受到多大的尊重，就化作凡人，来到了一个雕像者的店里。他看见宙斯的雕像，问道："值多少钱?"雕像者说："一个银元。"赫耳墨斯又笑着问道："赫拉的雕像值多少钱?"雕像者说："还要贵一点。"后来，赫耳墨斯看见自己的雕像，心想他身为神使，又是商人的庇护神，人们对他会更尊重些，于是问道："这个值多少钱?"雕像者回答说："假如你买了那两个，这个算添头，白送。"①

卖神像的人

有人雕了一个赫耳墨斯木像，拿到市场上去卖。因为没有顾客上前，他想招徕买主，就大声吆喝，说有赐福招财的神出卖。有个人碰见他，对他说："喂，朋友：既然如此，你就该享受他给你的好处，为什么还要把他卖掉呢？"那人回答说："我需要的是马上到手的利益，他却是慢吞吞地生利。"②

这两则有趣的寓言表明，神在人心中的崇高地位已经动摇，人越来越重视自己的现实的利益，并把自己的生存、发展和幸福看作是世间最重要的东西。

到公元前5世纪，尤其是在伯利克里时代，雅典的文化艺术的发展出现了鼎盛的局面，正如梯利所说的："诗人、艺术家、教师和哲学家进入雅典，协助工作，使富有的公民赏心悦目并得到教导。宏伟的建筑物和雕像装饰着这个城市，剧院回荡着怡然自得的人民的掌声。"③在奇迹般涌现出来的文化艺术作品面前，雅典人深深地感受到人的创造力的伟大，从而也感受到了人的伟大。

在希腊文化中，最蔚为壮观的是一批富有天赋的戏剧作家——悲剧作家埃斯库罗斯（Aeschylos，约公元前525—公元前456）、索福克勒斯（Sophocles，约公元前496—公元前406）、欧里庇得斯（Euripidēs，约公元前480—约公元前406）和喜剧作家阿里斯托芬（Aristophanes，约公元前448—公元前380）——的出现。在他们的许多作品中，索福克勒斯的《俄狄浦斯王》和《安提戈涅》无疑最深刻地体现了当时希腊精神的内在冲突和走向。

《俄狄浦斯王》写的是俄狄浦斯与通过太阳神阿波罗的神谕而获知的

---

① 《伊索寓言》，人民文学出版社1981年版，第43—44页。
② 同上书，第49页。
③ ［美］梯利：《西方哲学史》，1925年英文版，第42—43页。

他将来的可怕的命运——杀父娶母——的冲突。作为俄狄浦斯的母亲和后来的妻子的伊俄卡斯忒在不明真情之前一直对神谕取怀疑的态度，她说："偶然控制着我们，未来的事又看不清楚，我们为什么惧怕呢？最好尽可能随随便便地生活。"①俄狄浦斯本人也力图躲开杀父娶母的命运，他从青年时期起就流落他乡，但在不知不觉之中，他仍然跌入了命运已替他安排好的陷阱之中。他痛苦地弄瞎了自己的眼睛，并表露了对太阳神的愤怒："朋友们，是阿波罗使这些凶恶的，凶恶的灾难实现的。"②这一悲剧告诉我们，虽然神谕和命运支配着人，但人不愿束手待毙，而是尽一切可能来逃避乃至抵抗它们的统治。《安提戈涅》写的是人的规律（以克瑞翁为代表）和神的规律（以安提戈涅为代表）之间的冲突，安提戈涅按照神律埋葬了死去的哥哥，违反了国王克瑞翁的禁葬令，结果被克瑞翁判处了死刑。由于对抗神律，克瑞翁一家遭到了不幸。整个剧情表明，神的力量虽然是伟大的，但人从自己和城邦的利益出发，仍然敢于与神律进行斗争。从歌队的"第一合唱歌"中可以看出人及其力量的伟大：

奇异的事物虽然多，却没有一件比人更奇异；他要在狂暴的南风下渡过灰色的海，在汹涌的波浪间冒险航行；那不朽不倦的大地，最高的女神，他要去搅扰，用变种的马耕地，犁头年年来回地犁土。

他用多网眼的网兜儿捕那快乐的飞鸟，凶猛的走兽和海里的游鱼——人真是聪明无比；他用技巧制服了居住在旷野的猛兽，驯服了鬃毛蓬松的马，使它们引颈受轭，他还把不知疲倦的山牛也养驯了。

他学会了怎样运用语言和像风一般快的思想，怎样养成社会生

---

① ［古希腊］索福克勒斯：《悲剧二种》，罗念生译，人民文学出版社1961年版，第95页。

② 同上书，第107页。

活的习性，怎样在不利于露宿的时候躲避霜箭和雨箭；什么事他都
有办法，对未来的事也样样有办法，甚至难以医治的疾病他都能设
法避免，只是无法免于死亡。

　　在技巧方面他有发明才能，想不到那样高明……①

　　虽然人在与神的抗争中常常陷入悲剧性的命运，但人的自我意识和精神上的独立性已经形成了，他已经看到了自己在自然万物和社会生活中的中心地位。

　　在希腊艺术中，最引人注目的是建筑和雕塑。在希腊的建筑艺术中，私人住宅都是很简单的，真正壮观并体现艺术美的是公共建筑，特别是神庙，其显著特征是采用多利亚、伊奥尼亚或科林斯式的柱廊。这些高大的、整整齐齐地排列着的石柱（如雅典的帕特浓神庙）作为男性生殖器的象征，既体现了人的生命力和创造力的伟大，又体现了希腊人的独立的人格和寻求自由的精神。正如黑格尔说的："柱子除支撑之外，别无其他功用，尽管以直线排列的一行石柱也可以标志界限。它却不能像墙壁那样起围绕遮蔽的作用，而是有意地被安置在离开墙壁的地方，成为自由独立的东西。"②与希腊建筑比较起来，希腊雕塑不仅是一种更完美的、更重要的艺术形式，而且更集中地体现了希腊精神的内涵，尤其是希腊的裸体人物雕像，更是体现了个体的人格的独立和完美。黑格尔说，"希腊民族性格的特点在于他们对直接呈现的而又受到精神渗透的人身的个性具有高度发达的敏感，对于自由的美的形式也是如此，这就使得他们必然要把直接呈现的人，即人所特有的受到精神渗透的躯体，作为一种独立的对象来雕塑，并且把人的形象看作高于一切其他形象的最自由的最美的形象来欣赏。所以希腊人抛开不让人看到人的自然

---

　　①　[古希腊]索福克勒斯：《悲剧二种》，罗念生译，人民文学出版社1961年版，第16—17页。

　　②　《黑格尔全集》第14卷第310页，1986年德文版。（G. W. F. Hegel, *Gesammelte Werke*, *vol.* 14, Berlin：Suhrkamp Verlag, 1986, s. 310.——编者注）

身体的那种羞耻感，并不是由于他们对精神事物漠不关心，而是由于他们要求美，就对涉及欲念的纯然感性事物漠不关心。所以有意地把许多雕像都刻成裸体。"①

怎样评价黑格尔对希腊裸体雕像的看法呢？一方面，他正确地看到了这些雕像乃是个体独立和自由的象征；另一方面，他关于希腊人"对涉及欲念的纯然感性事物漠不关心"的说法又包含着对希腊精神的误解。其实，这些雕像表明，当时的希腊人的精神还是十分健康的，还没有被后来增长起来的日益抽象化的理性思维所腐蚀，因而把肉体美看作是人格美的一个基本的象征，正如丹纳所说的："希腊人认为肉体自有肉体的庄严，不像现代人只想把肉体隶属于头脑。呼吸有力的胸脯，虎背熊腰的躯干，帮助身体飞纵的结实的腿弯：他们都感兴趣；他们不像我们特别注意沉思默想的宽广的脑门，心情不快的紧蹙的眉毛，含讥带讽的嘴唇的皱痕。"②所以，健康的希腊精神体现为肉体美和精神美的统一。

当然，应该指出，黑格尔注意到这些雕像大部分都取直立姿势的象征意义乃是卓有见地的。他说："人固然也可以像动物一样同时用手足在地上爬行，实际上婴儿就是如此；但是等到意识开了窍，人就挣脱了地面对动物的束缚，自由地站了起来。站立要凭一种意志，如果不起站立的意志，身体就会倒到地上。所以直立的姿势已经是一种精神的表现，因为把自己从地面上提起来，这要涉及意志因而也就涉及精神的内在方面。"③如果我们从更广泛的含义上来理解这些人体雕像的象征意义的话，就会发现，人不仅高于自然万物，而且也高于神祇，或者说至少可以与神祇并驾齐驱。

---

① 《黑格尔全集》第 14 卷第 404 页，1986 年德文版。(G. W. F. Hegel, *Gesammelte Werke*, *vol.* 14, Berlin: Suhrkamp Verlag, 1986, s. 404.——编者注)

② ［法］丹纳：《艺术哲学》，傅雷译，人民文学出版社 1963 版，第 47 页。

③ 《黑格尔全集》第 14 卷第 387—388 页，1986 年德文版。(G. W. F. Hegel, *Gesammelte Werke*, *vol.* 14, Berlin: Suhrkamp Verlag, 1986, ss. 387-388.——编者注)

在整个前苏格拉底时期的发展中，无论是在对自然万物的探索，还是对政治社会的研究及对文化艺术的追求，希腊精神都渐渐地汇聚到人的身上。但这里的"人"还不是仅仅服从抽象思维的苍白无力的人，而是具有坚强的体魄和生命活力的、既富于感情又富于理智的、健康的人。当时的人们主要是从感觉经验出发来体验人的伟大及其力量的，当时的希腊精神还是健康的，酒神狄奥尼索斯的精神和日神阿波罗的精神取得了某种和谐与平衡，从希腊神话中承继下来的原始而粗犷的生命力和激情与随着希腊文明的发展而增长起来的智慧和德行巧妙地结合在一起，体现着希腊精神的伟大和希腊人格的崇高。但从毕达哥拉斯、赫拉克利特、巴门尼德等人对感性和感情世界的排斥、对理性和美德世界的追求中，已经可以看出希腊精神衰落的征兆。

第三章　观念统治的开始

正如我们在前面所论述的那样，整个前苏格拉底时期希腊哲学文化的发展的基本特征是从对自然万物的兴趣转向对社会和人的兴趣。希腊城邦的繁荣，希波战争的胜利，海上霸权的形成，文化艺术的发展，都显示出人的力量的伟大。智者哲学把这种关于人的伟大力量的普遍的感受用哲学的语言表达出来了，但这种语言还不是真正的理性的语言，而是一种缺乏深思的感性的语言。他们既然认为"知识就是感觉"，而感觉又是容易变动的，因人而异的，这样一来，在肯定人是万物尺度的同时，又把人的这种伟大的作用给否定了。正如亚里士多德说的："假如对任何事物可以任意肯定或否定，同一事物将是一艘楼船，一堵墙与一个人，这理论凡是同意于普鲁塔哥拉思想的都得接受。"①智者虽然对感官所提供的周围世界抱着一种健康的常识所应有的肯定态度，但由于他们仅仅停留在变动不居的感觉世界里，把一切都弄得飘浮起来，因此，除了获得"诡辩派"的恶名之外，并没有达到对生存世界的真正有分量的思考。尽管从感觉世界出发乃是理解人的生存意义的基本途径，但这条途径在当时还是蔽而不明的。

---

① 《形而上学》，1007b20-22。

苏格拉底（Socrates，公元前469—公元前399）是智者哲学的真正的销蚀剂，扩言之，也是整个前苏格拉底时期的哲学文化发展的真正销蚀剂。如果说，普鲁塔哥拉把人的感觉作为万物尺度的话，那么，苏格拉底则把人的思维和理性作为万物的尺度。黑格尔写道："苏格拉底唤醒了这个真正的良知，因为他并不只是宣布：人是万物的尺度；而是宣布：作为思维者的人是万物的尺度。"①苏格拉底对思维与理性的重要作用的倡导为柏拉图（Plato，公元前427—公元前347）的理念世界的建立创造了条件。柏拉图贬斥变动不居的感性世界，肯定静止不动的理念世界，认为后者是唯一真实的世界。于是，希腊的哲学文化精神被导入到以日神阿波罗为象征的光辉灿烂的观念世界中，活跃在荷马史诗中的酒神精神和爱神精神遭到了否定和抛弃。逻各斯战胜了爱洛斯。在柏拉图的学生亚里士多德（Aristotle，公元前384—公元前322）那里，逻各斯又生育出逻辑，逻辑规律为观念世界的统治和扩展奠定了基础。从此以后，以苏格拉底、柏拉图和亚里士多德为代表的理性主义传统就成了西方哲学文化的主导精神。有趣的是，随着雅典城邦在伯罗奔尼撒战争中的衰落和失败，雅典精神却获得了具有世界历史意义的辉煌胜利。但我们不要忘记，这种胜利也是以巨大的代价作基础的，那就是对感性世界和酒神精神的否定。这种否定导致了希腊哲学文化精神的生命力的衰退。在这个意义上，希腊精神的胜利同时也就是它的失败。

第一节　雅典的"牛虻"

苏格拉底出生在雅典，父亲是雕刻匠，母亲是助产士，他本人是个品格高尚而又不修边幅的人，他一生的最大兴趣是孜孜不倦地追求真

---

① 《黑格尔全集》第18卷第472页，1986年德文版。（G. W. F. Hegel, *Gesammelte Werke*, *vol.* 18, Berlin：Suhrkamp Verlag，1986，s. 472.——编者注）

理。他常常一个人站着，默默地思索各种问题。据柏拉图的《会饮篇》记载："一天大清早他遇到一个问题，就在一个地点站着不动，凝神默想，想不出来，他不肯放手，仍然站着不动去默想。一直站到正午，人们看到他，都很惊奇，互相传语说：'从天亮，苏格拉底就一直站在那里默想！'到了傍晚，旁观者中有几个人吃过晚饭——当时正是夏天——就搬出他们的铺席，睡在露天里，想看他是否站着过夜。果然，他站在那里一直站到天亮，到太阳起来了，向太阳做了祷告，他才扯脚走开。"①这个故事表明，他在思考问题时，会进入一种着迷的状态。他也常常在街上行走，或是找各种各样有知识的人讨论问题，或是进行演讲。他的学生色诺芬（Xenophon，约公元前 430—公元前 354）这样描绘他："苏格拉底常出现在公共场所。他在早晨总往那里去散步并进行体育锻炼；当市场上人多起来的时候，总可以看到他在那里；在别的时候，凡是有人多的地方，多半他也会在那里；他常做演讲，凡喜欢的人都可以自由地听他。"②他兴致勃勃地与人们讨论各种问题，如战争、政治、艺术、宗教、婚姻、爱情、友谊、道德等。他熟悉人类各方面的活动，但对自然界却不感兴趣，认为从树木和石头那里学不到什么东西。苏格拉底虽然是以智者的批判者的姿态出现的，但他和智者的共同之处在于，专注人和社会的问题，对自然万物及其本原的问题取疏远的态度。

苏格拉底为什么要乐此不疲地找人们辩论各种问题呢？根据柏拉图的《申辩篇》的记载，他自己是这样解释的："……我，如果我可以用这样一种可笑的比喻的话，是一种牛虻，是神赐给这国家的；而这国家是一头伟大而高贵的牲口，就因为很大，所以动作迟缓，需要刺激来使它活跃起来。我就是神让我老叮着这国家的牛虻，整天地、到处总是紧跟着你们，鼓励你们，说服你们并且责备你们。"③苏格拉底之所以以雅典

---

① ［古希腊］柏拉图：《文艺对话集》，朱光潜译，人民文学出版社 1963 年版，第 287—288 页。
② ［古希腊］色诺芬：《回忆苏格拉底》，吴永泉译，商务印书馆 1984 年版，第 3—4 页。
③ 北京大学哲学系外国哲学史教研室编译：《古希腊罗马哲学》，生活·读书·新知三联书店 1957 年版，第 150 页。

的牛虻自居是有深意的。当时在雅典，智者哲学正盛极一时，相对主义和怀疑主义的思潮流行，传统的道德观念受到挑战，人们的思想处于动荡变易之中。苏格拉底的目的是动摇感觉的权威，运用理性的力量去寻找隐藏在变动不居的事物背后的不变的东西，即事物的本质。苏格拉底的论辩方法是先把自己装作无知的人，诱使对方就讨论的问题（如"什么是美？"）提出自己的见解，接着，在论辩中使对方的见解一个个地陷入矛盾之中，迫使对方逐一放弃自己的见解，承认自己的无知，然后，才提出自己的深思熟虑的想法，使对方接受自己的想法。凡是与苏格拉底辩论的人，当他离开苏格拉底时，实际上已变成另一个人。

苏格拉底的魅力在于他的惊人的智慧，他的思维所具有的那种无坚不摧的力量。黑格尔说："在苏格拉底身上，思维的主观性已经更确切地、更透彻地被意识到了。但是苏格拉底并不是像一棵菌子一样从土壤中生长出来的，他同他的时代有着一定的联系。他不仅是哲学史中极重要的人物——古代哲学中最饶有趣味的人物——而且是具有世界史意义的人物。他是精神本身的一个主要转折点；这个转折点是在他身上以思想的方式表现出来的。"①黑格尔正确地把握了这一点，即苏格拉底不是一个寻常的人物，他是希腊哲学文化精神转折的一个象征。他所驳斥的观点直接地或间接地几乎都来自智者，其目的正是要把仅仅停留在感性层面上的知识引导到理性的层面上。

苏格拉底不仅用理性知识取代感性知识，而且也用美德来取代肉欲。他说，"每一个人的本分岂不就是把自制看作是一切德行的基础，首先在自己心里树立起一种自制的美德来吗？有哪个不能自制的人能学会任何的好事，或者把它充分地付诸实践呢？有哪个做肉欲奴隶的人会不是在身体和灵魂双方面都处于同样恶劣的情况呢？"②苏格拉底不仅这么说，而且也这么做。他向别人传授知识，从来不收取钱物，他对雅典

---

① 《黑格尔全集》第18卷第441页，1986年德文版。（G. W. F. Hegel, *Gesammelte Werke*, vol. 18, Berlin: Suhrkamp Verlag, 1986, s. 441. ——编者注）

② ［古希腊］色诺芬：《回忆苏格拉底》，吴永泉译，商务印书馆1984年版，第33页。

风行的追求美貌青年的流俗也取排斥的态度，甚至把青春美貌斥为"毒蜘蛛"而加以防范。在他看来，美德，特别是至善才是真正的知识，所以他提出了"美德即知识"的重要命题。在这里，以寻求理性知识为目的的知识论哲学和以寻求美德为目的的伦理学结成了神圣的同盟，对西方哲学文化的发展产生了久远的影响①。

苏格拉底以雅典的"牛虻"自许，是否仅仅是为了追求理性和美德呢？至少从他自己看来还有更深沉的目的，那就是按德尔斐神庙的神谕，即日神阿波罗的神谕办事。这个神谕说苏格拉底是所有人中最聪明的人。为了证实这个神谕，苏格拉底到处奔走，找人辩论。结果，他发现，这个神谕是无法反驳的，他过去认为是非常聪明的那些人其实都是无知的。他说："雅典人啊！只有神才是聪明的；而他的回答的用意，是要指明人的智慧是很少价值或根本没有价值的；他并不是在说苏格拉底，他只是用我的名字来作个例子，好像他是说：'人们啊，一个人，就像苏格拉底那样，知道他的智慧真正说来是丝毫不值什么的，这就是最聪明的人。'"②在古代希腊社会中，求神谕乃是人们生活的一个重要的组成部分。苏格拉底为什么要把自己的哲学使命和德尔斐神庙的神谕联系在一起呢？当时不少人认为，苏格拉底只是借神谕来阐述自己的哲学观点，强调理性的觉醒，认为这是一种渎神的或擅自信奉新神的行为。这也正是他被控有罪的重要原因之一。黑格尔认为，苏格拉底借神谕唤起的正是独立不羁的自我意识和理性，所以，他当时被阿里斯托芬的喜剧《云》漫画化并被控有罪是并不奇怪的。此说不无道理，但我们也应看到，它具有很大的片面性。问题的另一面是，苏格拉底并没有亵渎神灵，他对神怀着一种真正虔敬的态度。对此，色诺芬为他的老师作过许多辩解，遗憾的是这并未引起哲学史家们的充分注意。

---

① 参阅拙文《超越知识论：论西方哲学主导精神的根本转向》，复旦学报 1989 年第 4 期。
② 北京大学哲学系外国哲学史教研室编译：《古希腊罗马哲学》，生活·读书·新知三联书店 1957 年版，第 148 页。

在色诺芬的《回忆苏格拉底》中，有一则苏格拉底与阿里斯托德莫关于神的对话。阿里斯托德莫崇拜荷马、索福克勒斯等优秀人物的天才，对神和神谕取不敬的态度。苏格拉底批评了他对神所采取的态度，强调最伟大的人物也只能创造出人的一些形象，而神则是活生生的人的创造者。神不仅以与其他动物不同的方式创造了人，赋予他以直立行走的形态，而且最重要的是，把优秀的东西——灵魂放进了人的身体。苏格拉底这样劝说阿里斯托德莫："你来试一试神，来崇拜供奉他们，看他们是否会告诉你对人隐藏着的事情，你就会发现神是有这样的权力，有这样的本性，能一下看见一切，听到一切，无处不在，并且同时照顾到一切事物。"①在苏格拉底看来，追求理性和美德，是与敬奉神灵一致的。归根结底，最有力量和最富于智慧的乃是神。与伊索、索福克勒斯、普鲁塔哥拉提高人的地位、贬抑神的作用的做法不同，苏格拉底力图重建对神和神谕的信念。之所以如此，是因为苏格拉底已处在不同的时代中。他目睹了伯罗奔尼撒战争的失败和雅典的衰落的开始，从而感到有一种巨大的力量正在冥冥中操纵着人的智慧和命运。于是，我们发现，苏格拉底作为雅典的"牛虻"，既把雅典人的智慧提升到理性的层面上，同时又恢复了神在人面前的权威地位。理性、美德和神灵的统治构成了苏格拉底所倡导的新的希腊哲学文化精神的核心。

第二节　理念世界的营造者

柏拉图作为苏格拉底的学生进一步发展并完善了苏格拉底的思想。要了解他的整个思想脉络，最好先从他在《理想国》中提出的著名的"洞穴比喻"开始。这个比喻是这样的：在一个地下洞穴里，住着一些人，

①　北京大学哲学系外国哲学史教研室编译：《古希腊罗马哲学》，生活·读书·新知三联书店1957年版，第171页。

他们从小就在那里，身上被锁链锁着，不能回过头去，目光只能向前看到前面的洞壁。在这些囚犯身后稍远处有一堆火，在火和囚犯之间有一堵矮墙，在矮墙靠近火堆的那边，躲着另一些人，手里举着各种木制的或石制的偶像。火光把这些偶像的影子投在前面的洞壁上。囚犯们能看到的只是洞壁上的影子，他们把这些影子都当作真实的东西。当他们解脱锁链，在洞穴中转过身来时才发觉，原来他们信以为真的东西不过是石制的或木制的偶像的影子。当他们走出洞穴，看到真正的事物时，才发觉洞里的偶像也不过是真实事物或人的摹本。

这个比喻乃是柏拉图基本哲学见解的形象的表达。在柏拉图看来，存在着两个世界：一个是"可见的世界"，是由两部分组成的，其中一部分是指实际的东西，即我们周围的生物以及一切自然物和人造物，另一部分是指上述实物在水和光滑的物体上反射出来的影像，这两部分的关系是原本和摹本的关系；另一个是"可知的世界"，也是由两部分组成的，其中一部分是人的心智把可见的世界中那些本身也拥有自己影像的实际事物作为影像，由假定出发进行研究，另一部分是指人的心智不运用前一部分中运用的影像来思考，而是完全依据理念来思考："在进行这种活动的时候，人的理性决不引用任何感性事物，而只引用理念。从一个理念到另一个理念，并且归结到理念。"[①]

柏拉图挨次把"可见的世界"中的实物的影像称之为"想象"，实物称之为"信念"，把"可知的世界"中的以假定为条件的知识（如几何学）称之为"理智"，把以理念为对象的知识称之为"理性"。"想象"和"信念"是相对于"可见的世界"而言的，可合称为"意见"；"理智"和"理性"是相对于"可知的世界"而言的，可合称为"知识"。柏拉图认为，"可见的世界"是变动不居的，"意见"作为对这个世界的反映也是不可靠的；反之，"可知的世界"是不变的，"知识"作为对这个世界的反映是可靠的。柏拉图

---

① 北京大学哲学系外国哲学史教研室编译：《古希腊罗马哲学》，生活·读书·新知三联书店 1957 年版，第 201 页。

说，"什么东西是永远存在而不变化的，什么东西是永远在变化而不真实的呢？我想凡是由人的理性推理所认识的东西总是真实的，永远不变的，而凡是意见和非理性的感觉的对象总是变化不居的，不真实的"①。毫无疑问，在知识中，以理念为对象的理性乃是一种最高的知识。在柏拉图那里，理念也就是概念，即事物的共相。理念的世界也就是共相的世界。在理念世界中，善的理念居于最高的位置上："这个给予认识的对象以真理并给予认识的主体以认识能力的东西，就是善的理念。……你虽然可以把它看成知识的对象，但是把它看作某种超乎真理与知识的东西才是恰当的。"②

那么，这个善的理念究竟是什么呢？柏拉图认为，它就是神，"对于至善的神来说，根本不会也不允许作出什么不是最好的事情来"③。神作为善的化身按照善的原则来创造世界和人类，并把理性放入灵魂之中，把灵魂放入人的身体之中。在柏拉图看来，不敬神乃是人类的最可怕的恶行，他在《法律篇》中驳斥了种种渎神的见解，主张实施法律来惩处种种不敬神的行为，并从灵魂不死角度出发论证了神的存在。比起苏格拉底来，柏拉图以更明确的语言论证了理性、美德和神的统治的一致性。

根据柏拉图的理念论，理念是原本，是不变的，因而是真实的存在，万事万物和人不过是理念的摹本，因为它们是变动不居的，甚至是转瞬即逝的，因而是不真实的。比如，猫的理念是永存的，但一只只具体的猫只在很短的时间内生存这个世界上。至于画家、诗人、悲剧作家、雕刻家的作品则是摹本的摹本，因而是更不真实的。在理念论的基础上，柏拉图又引入了"神创说"，强调是神创造了理想国中的三种不同的人："你们之中有些人具有统治的能力而适于统治人，在创造这些人的时候神用了金子，因此这些人也就是最珍贵的。另一些人是神用银子做成的，

---

① 北京大学哲学系外国哲学史教研室编译：《古希腊罗马哲学》，生活·读书·新知三联书店 1957 年版，第 209 页。
② 同上书，第 181 页。
③ 同上书，第 209 页。

这些人成为统治者的辅助者。再有一些人是农夫和手艺人,这些人是神用铜和铁做成的。"①第一类人是理性的象征,即哲学王;第二类人是意志的象征,即武士阶级;第三类人是情欲的象征,即劳动者阶级。

这三类人的位置是不能颠倒的。如果劳动者阶级居于统治地位,就违反了所谓"正义"的原则,国家就会衰落乃至毁灭。正如马克思所批评的,柏拉图的理想国乃是埃及种姓制度在雅典的理想化。

柏拉图的理念世界和理想国体现了希腊哲学文化精神发展中的根本性的转折。这一转折始于苏格拉底,完成于柏拉图。柏拉图关于"可知的世界"和"可见的世界"的划分乃是西方哲学文化发展史上的一个大事件。"可知的世界"也就是理念的世界、观念的世界,肯定这个世界的统治,也就是肯定理性、观念、精神、知识、美德和神的统治;"可见的世界"也就是现实的、感性的世界,易言之,也就是人的生存世界。在这个世界中发生作用的是人的需要、欲望、感觉和情欲。由于柏拉图对这个世界取贬抑的、排斥的态度,活生生的希腊人在哲学的解剖刀下失去了生命。荷马、赫西俄德、伯利克里、普鲁塔哥拉和索福克勒斯所讴歌的有血有肉的人在这里只剩下了人的大脑。大脑取代了人的全部身体,理性取代了人的全部能力。从此以后,抽象的理性活动取代了人的全部生存活动,而这种理性的活动又是在神的指导下展开的,甚至人的理性和灵魂也都是神创造的。柏拉图既使人看到了理性的伟大力量,又使人看到了理性的苍白无力。在神的智慧和神谕面前,人的理性和智慧不过是儿戏。在由哲学王统治的理想国背后不是隐藏着一个更强大的神的王国吗?从这里我们可以看到后来基督教精神兴起的某种先兆。只有明白下面这点,即活跃在柏拉图对话中的如此灵活的理性永远是与虔诚的信仰结伴的,才能真正认识古代希腊哲学文化精神的局限性。

柏拉图对希腊哲学文化精神的转变集中表现在他对以荷马为代表的

---

① 北京大学哲学系外国哲学史教研室编译:《古希腊罗马哲学》,生活·读书·新知三联书店 1957 年版,第 232—233 页。

诗人和诗的艺术所采取的不正确的态度上。伊安是荷马史诗的卓越的朗诵者，柏拉图认为，伊安之所以取得这样的成就不是因为他的技艺高超，而是因为他的灵感，并进而认为，优美的诗都是出于灵感，而灵感并不是诗人才能的一种表现，而是神凭借诗人来说话："这类优美的诗歌本质上不是人的而是神的，不是人的制作而是神的诏语；诗人只是神的代言人，由神凭附着。"①按照这样的见解，古代诗人都成了一个个抽空的胡桃壳，他们本身都是非常平庸、渺小的，他们的诗作的伟大只不过是神的伟大的一个确证。

在《理想国》中，柏拉图从谈教育问题入手，对以荷马、赫西俄德、埃斯库罗斯为代表的史诗和悲剧诗进行了更猛烈的抨击。柏拉图认为，在荷马的《伊利亚特》和《奥德赛》、赫西俄德的《神谱》和埃斯库罗斯的《尼俄珀》等作品中，充斥着大量渎神的情节：神的犯上作乱（如克洛诺斯推翻了他的父亲乌剌诺斯，宙斯又推翻了他的父亲克洛诺斯等）、神与神之间的争执和战争（如赫拉与宙斯的争吵、宙斯把赫淮斯托斯从天上抛下来等）、神给人带来了灾祸（如特洛伊战争是由神挑起的等）、神的变形（不少神变形为人到处游荡等）、神的色欲（如宙斯和赫拉在卧房外偷情、战神和爱神在私通时被火神抓住等）、人对神的不敬（如阿喀琉斯咒骂太阳神阿波罗等）等。荷马在《伊利亚特》中写过这样两句诗：

神们都哄堂大笑不止，
看见火神在宴会厅里跛来跛去。

柏拉图认为，像这样的诗也是对神的亵渎，在理想国的教育中，所有这些对神不敬的诗句都要加以删除。他还从理念论出发。把诗人的作品看作是与画家的作品（摹本的摹本）同类的东西而加以否定：

---

① ［古希腊］柏拉图：《文艺对话集》，朱光潜译，人民文学出版社1963年版，第9页。

我们现在理应抓住诗人，把他和画家摆在一个队伍里，因为他有两点类似画家：头一点是他的作品对于真理没有多少价值；其次，他逢迎人性中的低劣的部分……摧残理性的部分。一个国家的权柄落到一批坏人手里，好人就被残害。摹仿诗人对于人心也是如此，他种下恶因，逢迎人性的无理性的部分（这是不能判别大小，以为同一事物时而大、时而小的那一部分），并且制造出一些和真理相隔甚远的影像。①

在柏拉图看来，诗作为模仿的艺术，不仅是一种远离真理和理性的东西，而且也是人性中最粗鄙的部分——情欲的颂扬者：

再如性欲、忿恨以及跟我们行动走的一切欲念，快感的或痛感的，你可以看出诗的摹仿对它们也发生同样的影响。它们都理应枯萎，而诗却灌溉它们，滋养它们。如果我们不想做坏人，过苦痛生活，而想做好人，过快乐生活，这些欲念都应受我们支配，诗却让它们支配着我们了。②

在柏拉图的目光中，诗人们一个个都是歌颂情欲的奸邪之徒，因而他主张，为了使人不受诗的诱惑，应当把诗人逐出理想国。事实上，正是在荷马、赫西俄德、埃斯库罗斯、索福克勒斯等人的诗作中，希腊精神才以健康的方式展现出来，神与神、神与人、人与人之间的冲突乃是以神话的幻想的方式来表现现实世界的冲突，它充满了生命的活力和激情。柏拉图对希腊诗人的敌视，乃是对生命和激情的敌视，对酒神精神和爱神精神的敌视。他努力把希腊精神引入理念世界，上升到抽象的理性思维中。这是一个无生命的、概念的王国，在这里，人的地位不是被高扬

① ［古希腊］柏拉图：《文艺对话集》，朱光潜译，人民文学出版社 1963 年版，第 84—85 页。
② 同上书，第 87 页。

了，而是被否定了，因为这是一个由至善的神统治着的王国。乍看起来，柏拉图是希腊精神的最伟大的代表，实际上，他是健康的希腊精神的肢解者和误导者。苏格拉底和柏拉图对希腊精神的衰落负有不可推卸的责任。英国哲学家和美学家鲍桑葵这样写道："柏拉图从道德上的考虑出发，进而差不多对全部古典美的世界，都采取了公开的敌视态度。从历史上说，这必须看做是间接地证明了他自己的谬误。"[1]这种谬误所造成的影响直到 2000 多年后才受到彻底的批判和结算[2]。

第三节　形式逻辑的创始人

西方不少哲学史家都把亚里士多德的哲学看作是柏拉图哲学的对立物，理由是前者的思想体系是唯心主义的，后者的思想体系是经验主义的。诚然，我们也不否认这两位大哲学家之间的思想差异，但从根本上看，亚里士多德乃是苏格拉底、柏拉图思想路线的追随者，他剔除了柏拉图思想体系中一些显然荒谬的成分，从而最终把希腊精神导入抽象的理性思维的轨道上。他所创立的形式逻辑为柏拉图的理念世界的运作提供了一整套行之有效的规则。

作为柏拉图的学生，亚里士多德具有与他老师断然不同的气质。如果说，柏拉图沉湎于种种抽象的、不变的观念的话，那么，亚里士多德除了关注这些观念外，对变动不居的感觉世界也保持着巨大的兴趣。亚里士多德生活在希腊城邦奴隶制日渐衰微的时代，作为亚历山大大帝的老师，他的学生从事的是征服现实世界的活动，而他从事的则是征服观念世界的活动。这一活动的出发点似乎与柏拉图正相反对，结果却是殊途同归——确立了观念世界的真正的权威。

---

① ［英］鲍桑葵：《美学史》，张今译，商务印书馆 1985 年版，第 32 页。
② 参阅拙文《试论柏拉图哲学的基本特征》，《复旦学报》（社会科学版）1982 年第 2 期。

首先，亚里士多德感受到了周围事物的运动和变化，他不愿意像柏拉图那样，仅仅满足于把这些东西斥为不真实的东西而弃之不顾，他孜孜不倦地探索着事物运动变化的原因，最后导出了这样的结论："宇宙间总该有一原动者，自己不动，而使一切动变事物入于动变。"①不用说，这里的"原动者"也就是神②。

其次，也正是从对周围世界的感受出发，亚里士多德不愿像柏拉图那样对诗人和诗作取否定的态度，他写下了《诗学》，对史诗、悲剧和喜剧的来源与特征做了深入的探讨，肯定了真实的情感流露在诗作中的重要性。

> 被情感支配的人最能使人们相信他们的情感是真实的，因为人们都具有同样的天然倾向，唯有最真实的生气或忧愁的人，才能激起人们的忿怒和忧郁。（因此诗的艺术与其说是疯狂的人的事业，毋宁说是有天才的人的事业；因为前者不正常，后者很灵敏。）③

亚里士多德虽然看到了诗的艺术在社会生活中存在的必然性，但他也和柏拉图一样戴着道德的眼镜来看待诗作，特别要求悲剧能对人的感情起"净化（Katharsis）"的作用。《尼各马可伦理学》显示了亚里士多德对美德和至善的追求，他甚至把至善理解为人的一切活动的根本目的。

最后，亚里士多德虽然不像柏拉图那样，把人的感性认识看作是完全不可靠的认识，强调感觉是人的思想活动的基础，但归根结底，他看重的仍是人的理性认识。他对柏拉图的理念论进行了透彻的研究，认为它的主要缺点是：第一，把理念看作是离开个别事物独立存在的实体；第二，强调个别事物"分有"理念；第三，把理念看成是不变的形式，但

---

① 《形而上学》，1012b30-31。

② 参阅拙文《亚里士多德认识论探讨》，《复旦学报》（社会科学版）1981 年第 3 期。

③ ［古希腊］亚里士多德：《诗学》，罗念生、杨周翰译，人民文学出版社 1962 年版，第 56 页。

不变的形式怎么可能引起个别事物的变化呢？在亚里士多德看来，个别的事物乃是不依赖于其他东西而存在的"第一实体"："除第一实体外，一切事物都或者能被断言于第一实体，或者依存于第一实体，如果第一实体不存在，其他任何事物也都不可能存在。"①比如，苏格拉底是个别的人，他包括在"人"这个种内，而这个种又属于"动物"这个大类。亚里士多德把种概念和类概念都称之为"第二实体"，强调"第一实体"是"第二实体"的基础，这实际上否定了柏拉图的先于经验的、从天而降的理念，肯定理念作为共相，即作为种概念和类概念，是在作为"第一实体"的个别事物的基础上产生出来的，它们不可能离开个别事物而独立存在。

经过亚里士多德的修正，柏拉图理念学说中显然荒谬的因素被剔除了。在此基础上，亚里士多德又开创了形式逻辑，深入探讨了理念（即概念）的分类、关系，命题的形式与推理等问题，进一步完善并推进了柏拉图的理念世界的理论。

在《范畴篇》中，亚里士多德把概念分为十类，即实体、数量、性质、关系、地点、时间、姿态、状况、活动、遭受。从此以后，哲学家们不能再笼统地谈论概念，而是要考虑到概念的不同类别及其差异。在《解释篇》中，亚里士多德论述了名词的定义和格、动词的定义和时态、动名词和形容词的关系、句子的定义和命题的形式（全称、特称和单称命题）等问题，特别详尽地探讨了各种形式的肯定命题和否定命题之间的关系，并从中引出了形式逻辑的基本规律，即同一律、矛盾律和排中律。在《分析篇》中，亚里士多德论述了由大前提、小前提和结论构成的三段论推理的基本形式和规律；他研究的重点虽然在演绎法上，但也提到了归纳法，并探讨了两者之间的关系；他还探讨了证明的问题（如证明的前提、形式、构成要素等）。在《论题篇》中，亚里士多德分析了论题的来源、确切含义、论题和论据的关系等。在《辨谬篇》中，亚里士多德讨论了反驳的不同形式和构成要素。通过这些著作，亚里士多德几乎

---

① ［古希腊］亚里士多德：《工具论》，李匡武译，广东人民出版社1984年版，第13页。

论述了近代形式逻辑所已讨论的全部问题。康德甚至认为，从亚里士多德以来，形式逻辑还没有前进过一步。

"形式逻辑（formal logic）"，顾名思义，它关心的乃是思维过程的形式和规则。从词源上看，"逻辑（logic）"来源于"逻各斯（1ogos）"。在赫拉克利特那里，"逻各斯"指的是隐于变动不居的事物背后的规律，这种规律又是合乎理性的，并且也只有理性才可以探知。亚里士多德所创制的"逻辑"概念则重在探讨理性思维的一般规律，从而为柏拉图的理念世界的运作提供了一整套操作的规则。亚里士多德虽然是从感性世界中的个别事物出发来进行逻辑思维的，但这种思维的形式化倾向已显示出概念与实在分离、形式与内容分离的征兆。因而亚里士多德非但没有挽狂澜于既倒，重新确立被苏格拉底和柏拉图视之为敝屣的感性和感情世界的权威，重新滋养希腊精神的生命力，反而为观念世界的统治扫除了一切障碍。事实上，他关于神、美德（强调中庸）和理性的观念正是继承了苏格拉底和柏拉图的基本思想，他创立形式逻辑更是为观念世界对现实世界的统治奠定了基础。

经过了这三位大哲学家之手，在希腊神话，特别是荷马史诗中表现出来的淳朴的、富于感情色彩的、洋溢着顽强的生命力的希腊精神开始消散了，衰弱了。希腊人的兴趣从自然万物被引向可以感觉到的、人造的，尤其是艺术的世界，又从那充满激情的艺术世界被引向抽象的、由至善的神和道德说教支配着的灰暗的理性世界、观念世界。一旦形式逻辑为观念世界的生存和发展创造了条件，希腊精神就被彻底地改观了，柏拉图的理念世界通过逻辑和语言植入了西方人的血液之中。"逻各斯"战胜了"爱洛斯（Eros）"，理性战胜了情欲。本来，证明理性的伟大应该是为了证明人的伟大，但由于苏格拉底和柏拉图所偏爱的理性是与情欲完全对立的，而人又不能排除种种情欲的困扰，只有神才能撇开情欲，以至善的方式出现，于是，理性的伟大被移过来证明神的伟大。人则永远是渺小的、平庸的，即使是天才的人，他的天才也不过是神赐予的，他至多只不过是神的一个代言人罢了。可怜的司芬克斯，刚从自然界中抬起了人的高贵的头颅，这颗头颅里又立即被塞满了关于神的虔诚的观念。希腊精神的衰退与希腊奴隶主城邦制度的衰弱是平行的。作为希腊个性的象征的城邦一旦在现实世界中衰弱，个人也就丧失了在观念世界中的地位。公元前 2 世纪中叶，随着希腊世界并入罗马帝国的版图，希腊精神就变形为基督教精神，神的世界就吞没了人的世界。

在苏格拉底、柏拉图和亚里士多德之后，希腊哲学文化精神的发展更多地折向伦理的领域。在战争连绵不断、人民劳苦困倦的希腊化时期，"旧制度已经破坏，公私生活都伤风败俗，人生的意义问题不会不引起人们的注意。……世界上最有价值的东西是什么？一个人应该怎样生活，他想努力追求的是什么？那时同现在一样，各种思想家给予这些问题以不同的回答。"[①]当希腊城邦奴隶制的凯歌还在行进的时候，希腊哲人是无暇去思索生存的意义问题的。柏拉图视"可见的世界"即现实世界为草芥便是一例。当理想中的一切，如柏拉图的理想国被现实击得粉碎的时候，当生活的正常秩序被破坏，每个人的生存都受到威胁的时候，人生的意义问题就自然而然地浮现出来。

在希腊化时期，当著名的数学家欧几里得（Euclid，约公元前 330—公元前 260）正在当时的科学中心——亚历山大里亚，起草《几何学原理》时，以伊壁鸠鲁（Epikur，公元前 341—公元前 270）、芝诺（Zenon，公元前 336—公元前 264）和皮浪（Pyrrhon，公元前 365—公元前 275）为代表的哲学家正从不同的角度思考着生存的问题。他们的思考构成了希腊精神运动的新的轨迹。

伊壁鸠鲁倡导的是一种快乐主义的思想。他主要师承了与柏拉图同时代的原子论唯物主义者德谟克利特（Demokrit，约公元前 460—公元前 360）的学说。西方的哲学史家们常常只看到德谟克利特与柏拉图的对立，忽视了他们的学说的共同之处，那就是追求理性认识，追求不变的东西，贬低感性认识，贬低偶然的、变动的东西。伊壁鸠鲁与他的老师

---

① ［美］梯利：《西方哲学史》，1925 年英文版，第 95—96 页。

不同，他的卓越之处是：第一，肯定感性认识的重要性，强调一切感官都是真理的报道者，概念知识是以感性知识为基础的；第二，肯定原子在重量上的差别，强调偶然性的存在和原子偏斜运动的可能性；第三，肯定快乐和幸福就是至善。这就是说，伊壁鸠鲁哲学所要突出的原则是：感性、个性、自由和快乐。这乃是恢复前苏格拉底时期的健康的希腊精神的一种尝试，但这种尝试在那个充满混乱、忧伤和苦难的时代并没有激起多大的波澜。全身瘫痪而又缺乏自信心的希腊精神再也站不起来了，伊壁鸠鲁的快乐主义成了健康的希腊精神的一曲挽歌。

芝诺倡导的是一种禁欲主义的思想。如果说伊壁鸠鲁突出的是感性、个性和快乐的原则的话，那么芝诺突出的则是理性、整体和寡欲的原则。芝诺从赫拉克利特那里接过了"逻各斯"的概念，认为"逻各斯"就是世界理性，就是神，就是万事万物和人的命运的安排者，"主张人们必须盲从命运的宿命论，是斯多葛派哲学的特征"[①]。既然"逻各斯"和命运贯串于一切个别事物，特别是人的身上，那么个人就是微不足道的，他不过是宇宙整体中的一个可有可无的片段，因而至善就是节制欲望，服从命运的安排。斯多葛主义在当时产生了广泛的影响，它表明，在当时的希腊精神中，整体压倒了个性，理性压倒了情感，命运压倒了创造力。斯多葛主义乃是一种准宗教情绪，是希腊精神衰退的真正的象征。

皮浪所倡导的是一种怀疑主义。他认为，事物是不可认识的，对任何事情我们既不能做肯定的判断，又不能做否定的判断。聪明人应该像猪一样不动心，对外界事物取漠然视之的态度，以求得心理上的安宁。罗素对这派哲学的批评是十分中肯的："怀疑主义是懒人的一种安慰，因为它证明了愚昧无知的人和有名的学者是一样的有智慧。对于那些气质上要求着一种福音的人来说，它可能似乎是不能令人满意的；但是正

---

① ［苏］敦尼克等：《哲学史》（欧洲哲学史部分），生活·读书·新知三联书店 1972 年版，第 76 页。

像希腊化时期的每一种学说一样，它本身就成为了一服解忧剂而受人欢迎。为什么要忧虑未来呢？未来完全是无从捉摸的。你不妨享受目前；'未来的一切都还无从把握。'"①怀疑主义寻求安宁的心态正是当时的希腊精神缺乏进取性而陷于疲惫的一个表征。

从对自然世界的探索到对观念世界的穷究，希腊文明取得了辉煌的成果，但随着观念统治的形成和"逻各斯"崇拜的开始，刚从自然中超拔出来的人又失去了生命的活力，成了理性、"逻各斯"、命运和神灵操纵的玩偶。希腊世界的悲剧同时也是希腊精神的悲剧，取代前者的是罗马帝国，取代后者的是基督教精神，任何挣扎似乎都是徒劳的，正如雅典娜对阿喀琉斯说的：

> 现在，放弃了这场斗争，让你的手离开你的剑吧。②

---

① [英]罗素：《西方哲学史》(上)，何兆武，李约瑟译，商务印书馆 1963 年版，第297 页。

② [古希腊]荷马：《伊利亚特》，傅东华译，人民文学出版社 1958 年版，第 8 页。

第二篇　从彼岸世界到
　　　　此岸世界

正如黑格尔所说的那样，历史好比是一个舞台，不同的民族在不同的历史时期充当着舞台的主角。公元前 2 世纪中叶，希腊如同亚历山大帝国的其他属地一样并入了罗马的版图。罗马原是古代意大利人在亚平宁半岛北部拉丁平原上建立起来的一个城邦国家，统一意大利后，它从公元前 2 世纪起开始东征，逐步夺取了希腊在地中海上的霸权，建立了横跨欧、亚、非大陆的大帝国。

已经衰微了的希腊哲学精神也随之而消融在罗马的文化之中。这是一个暴力和权势欲支配一切，经济、政治、精神和道德处于普遍瓦解的时代。早在公元前 2 世纪，在犹太人的下层居民中已经流传着一种笃信"救世主"的秘密教义，即犹太教。公元前 64 年，罗马征服了巴勒斯坦后，犹太教的精神也融入罗马文化中。在罗马人的强权之下，犹太教的精神作为下层人民寻求解放的一种希望和慰藉，得到了广泛的传播。然而，犹太教的精神本身还是粗糙的，并不具备完整的理论形式，这样，它与希腊哲学精神的合流便成了一个时代性的要求。这一要求是通过出身犹太教士家庭的学者斐洛（Philon，约公元前 30—约公元 45）得以实现的。正如梯利说的："斐洛借助于亚历山大里亚通用的比喻法，给犹太教经典注入了希腊哲学，特别是柏拉图主义和斯多葛主义的精神。"①

斐洛提出了三个重要概念：一是"上帝（Gott）"，他是绝对超验的存在物，是至善，我们无法认识和规定他；二是"创造（Schöpfung）"，世

---

① ［美］梯利：《西方哲学史》，1925 年英文版，第 123 页。

界和人是由上帝从无中创造出来的；三是"逻各斯（Logos）"，它是上帝的智慧，是一切观念的源泉，是"第二个上帝（der zweite Gott）"①，这三个重要的概念已勾勒出基督教的基本精神。在这里，如果我们撇开一些枝节因素不论的话，就会发现，希腊精神主要是通过"逻各斯"的概念溶解在基督教中的。新约圣经中的《约翰福音》开头是这样的：

> 太初有道，道与上帝同在，道就是上帝。……道成了肉身，住在我们中间，充满恩典和真理，我们已经见过他的荣耀，正是父独生子的荣耀。②

这里的"道"在德文中是 das Wort，在希腊文中的意思即 Logos。关于"逻各斯"和"上帝"的关系问题，后来成了经院哲学争论的一个中心课题。在今天，深入地探讨这些无谓的争论是毫无趣味的，我们注意到的只是下面这个重要的事实，即由赫拉克利特提出的"逻各斯"的概念作为希腊精神的化身，已成了基督教教义的一个基本的组成部分。在逻各斯成为上帝的智慧和工具的同时，哲学也就交出了自己的皇冠，心甘情愿地成了神学的婢女。正如柏拉图从理想国中赶走了诗人一样，基督教也抛弃了作为希腊精神的生命力象征的"爱洛斯"，用严酷的禁欲主义压制人的种种情欲。它竭力使人相信，在神性面前，人性是微不足道的，人若不否定自己、摧毁自己，就不可能走向上帝、走向天国。

如果说，早期基督教还带有下层人民的反抗因素的话，那么，随着罗马统治者对基督教态度的改变，特别是罗马皇帝君士坦丁在公元 313 年颁布了"米兰敕令"，改迫害基督教的政策为支持基督教的政策，基督教遂成了罗马帝国的国教。由此，进一步把基督教的信条理论化和系统化的"教父学"也应运而生。教父们提出了"创世说""原罪说""救赎说"和

---

① J. 赫希伯格《哲学简史》第 56 页，1983 年德文版。（J. Hirschberger, *Geschichte der Philosophie*，Freiburg：Herder Verlage，1983，s. 56.——编者注）

② 《圣经》，1989 年德文版，新约部分第 114 页。

"报应说"等理论，使基督教教义成了一种完整的学说。

在教父中，奥古斯丁（Augustinus，354—430）是最大的权威。奥古斯丁是早期基督教世界的柏拉图，他的思想在相当程度上是柏拉图的抄本。在柏拉图那里，世界分裂为"可见的世界"和"可知的世界"，"可知的世界"作为理念的世界，乃是唯一真实的世界；在奥古斯丁那里，世界分裂为"上帝之城（Gottesstaat）"和"世俗之城（Erdenstaat）"，"世俗之城"和"可见的世界"一样是微不足道的，而"上帝之城"则与"可知的世界"一样是真实的、至善的。从这里我们可以看到基督教精神和柏拉图精神之间的内在联系。《忏悔录》表明，奥古斯丁的一生就是从"世俗之城"走向"上帝之城"的过程。

在《忏悔录》中，他提到在自己少年时代发生的一件事。有一次，他和一伙年岁相仿的同伴偷摘了邻居树上的梨，当时，他并不饿，而且自己家中还有更好的梨，后来他认为，这是他一生难以忘怀的邪恶。他花了大量的篇幅来忏悔这件事，谴责自己的灵魂落到了地狱的底层。在现代人看来，这简直是一种病态。他还提到他在情欲上犯下的罪恶。他说，从十六岁起，"情欲的荆棘便长得高出我头顶，没有一人来拔掉它"①，"这时我所欢喜的，不过是爱与被爱。但我并不以精神与精神之间的联系为满足，不越出友谊的光明途径；从我粪土般的肉欲中，从我勃发的青春中，吹起阵阵浓雾，笼罩并蒙蔽了我的心，以致分不清什么是晴朗的爱、什么是阴沉的情欲。两者混杂地燃烧着，把我软弱的青年时代拖到私欲的悬崖，推进罪恶的深渊"②。奥古斯丁不仅忏悔他曾经有过的行为上的过失，甚至还谴责自己思想上的过失。他写道："我是谁？我是怎样一个人？什么坏事我没有做过？即使不做，至少说过；即使不说，至少想过。"③

《忏悔录》的这种极其虔诚的口气在当时看来或许是很自然的，但在

---

① ［古罗马］奥古斯丁：《忏悔录》，周士良译，商务印书馆1963年版，第27页。
② 同上书，第25页。
③ 同上书，第160页。

今天看来，却是一个扭曲的灵魂的呻吟。它是对人性的否定，也是对神性的肯定。人的青春的热情、自然的欲望、健康的人性，统统被斥为邪恶，人不仅不能做他愿意做的事情，甚至不能想他愿意想的东西。这种严酷的逻辑已经为未来的宗教裁判铺平了道路。

公元476年，西罗马帝国灭亡，欧洲进入了长达1000年的中世纪发展时期。在这个时期中，神学乃是一切知识的皇冠，教会乃是一切权力的化身，基督教的经典乃是一切精神事务的裁判者。经院哲学家们不是煞费苦心地为上帝的存在提供种种证明，就是乐此不疲地争论诸如"天堂里的玫瑰花有没有刺？""一根针尖上能站多少天使？"之类的无聊问题。哲学成了语言游戏，反过来说，语言游戏成了哲学。西罗马帝国灭亡后，古代希腊罗马的文化典籍毁损很多，13世纪前，欧洲人能看到的亚里士多德的著作寥若晨星，从13世纪起，亚里士多德的著作通过阿拉伯人的传播而进入欧洲，对欧洲的宗教文化产生了重大的影响。意大利神学家和哲学家托马斯·阿奎那（Tommaso d'Aquino，1225—1274）以亚里士多德的著作为导引，撰写了《神学大全》，从而把基督教神学由奥古斯丁铺设的柏拉图轨道（在种种异教和异端的攻击下已经摇摇欲坠）嫁接到亚里士多德的轨道上。正像奥古斯丁是早期基督教世界的柏拉图一样，托马斯·阿奎那则是中世纪晚期的基督教世界的亚里士多德。尽管奥古斯丁和托马斯·阿奎那以僧侣主义的热情扼杀了柏拉图和亚里士多德哲学中某些有价值的东西，但理念世界之变形为"上帝之城"，《形而上学》之变形为《神学大全》，毕竟也使我们看到了隐藏在柏拉图和亚里士多德哲学中的不少消极因素。这些因素既是瓦解希腊精神的酵素，又是支撑基督教信仰世界的灰色台柱。

不管基督教神学家把"上帝之城"描绘得多么壮丽辉煌，也不管教会对人们思想的控制有多么严密，把思想定于一尊是不可能长久的，事实上，与基督教的发展史相伴随的则是异教和异端的发展史。对上帝的狂热导致对上帝的虔敬，对上帝的虔敬又导致对异教或异端的狂热迫害。据吉本在《罗马帝国衰亡史》中的记载，公元5世纪，亚历山大里亚的大主教赛瑞利曾唆使教民把具有异端倾向的女哲学家和数学家希帕蒂亚"从二轮马车上拖将下来，剥光了衣服，拉进教堂，遭到读经者彼得和一群野蛮、残忍的狂信分子的无情杀害。他们用尖锐的蚝壳把她的肉一片片地从骨骼上剥掉，然后把她尚在颤动的四肢投进熊熊的烈火"①。13世纪初，在教皇英诺森三世和格里高利九世的支持下，法国、比利时、意大利、西班牙等国先后设立异端裁判所，对异端分子和有自由思想的人进行残酷迫害。在罗马的鲜花广场和西班牙的火刑柱上焚烧着的是成千上万的活人，受难者的凄切的叫喊声似乎再也唤不醒虔诚的基督教徒的麻木的心灵了。

在基督教教会的淫威下，欧洲人的生活枯萎了，人的生命枯萎了，艺术枯萎了。海涅在《论浪漫派》（1833）中谈到中世纪的艺术时这样写道：

> 因而在雕塑和绘画中就出现了那些令人望而生厌的主题：殉难图，钉十字架，垂死的圣人，肉身的毁灭。这种任务本身就是雕塑的一次殉难。那些丑化的雕像上，人头微斜，满脸虔诚，双臂瘦长，两腿干瘪，身上的衣衫拘谨笨拙，它们应该表现出基督教六根清净的禁欲思想。我一看到这些雕像，心里不由地对那时的艺术家产生不可名状的同情。画家大概比较幸运，因为他们的表现材料——颜色，不可捉摸，虚无缥缈，不像雕刻家的材料那样和唯灵主义水火不容。尽管如此，画家也不得不把最令人反感的受苦受难的形象涂到画布上去，致使画布呻吟悲叹。的确，看到有些藏画表现的尽是流血的场面，鞭笞、斩首，简直要以为古代的大师是为一个刽子手的画廊作这些画的。②

---

① 转引自［英］罗素《西方哲学史》（上），何兆武、李约瑟译，商务印书馆1963年版，第452页。

② 张玉书编选：《海涅选集》，人民文学出版社1983年版，第21页。

海涅认为，基督教的敌视生命和肉欲的禁欲主义精神不仅表现在中世纪的雕塑和绘画上，也表现在建筑上，特别是哥特式的教堂的建筑上：

> 我们在教堂里感到精神逐渐飞升，肉身遭到践踏。教堂内部就是一个空心的十字架，我们就在这刑具里走动；五颜六色的窗户把血滴和脓汁似的红红绿绿的光线投到我们身上；我们身边呜呜地唱着丧歌；我们脚下满是墓碑和尸骸，精神沿着高耸笔立的巨柱凌空而起，痛苦地和肉身分裂，肉身则像一袭空乏的长袍扑落地上。从外面来看，这些哥特式的教堂，这些宏伟无比的建筑物，造得那样的空灵、优美、精致、透明，简直叫人要把它当作大理石的布拉邦特花边了：你这才体验到那个时代的巨大威力，它甚至能把石头都弄得服服帖帖，石头看来都鬼气森然地通灵会意似的，连这最顽强的物质也宣扬着基督教的唯灵主义。①

海涅这两段话形象地勾勒出当时基督教世界的文化精神的状态。空幻的彼岸世界压得真实的此岸世界喘不过气来，这个彼岸世界原本也是人创造的，但被创造物倒过来压迫创造者，把生命钉上了十字架。虔诚的基督徒生活在此岸世界，他的灵魂却为彼岸世界而跳动，他战战兢兢地生活在十字架的阴影下，用敌视的目光注视着周围的一切：自然、鲜花、嫩叶，甚至自己的肉体。当他听见夜莺歌唱时，赶紧在身上划十字，以便这种"罪恶"的声音不至于诱惑了自己的心灵。

在基督教教会的统治下，此岸世界成了死气沉沉的墓地，只要哪里发出了不同的声音，哪里就竖起了火刑柱。然而，基督教的死亡之火和十字军的死亡之剑最终都不可能扑灭生命和追求自由的热情。从 14 世纪下半叶起，随着新的生产关系——资本主义关系的萌芽，欧洲掀起了声势浩大的文艺复兴运动，与这场运动相伴随的则是 15、16 世纪的宗

---

① 张玉书编选：《海涅选集》，人民文学出版社 1983 年版，第 22—23 页。

教改革运动。17、18世纪，当自然科学从神学的袈裟下挣脱出来，走上独立发展的道路时，与之相随的则是振聋发聩的启蒙运动。一度稳如磐石的彼岸世界和它在此岸世界的代理者——基督教教会成了众矢之的，陷入了风雨飘摇、岌岌可危的状态中。一旦彼岸世界的重负被卸去了，人们便欣喜若狂地回到此岸世界，通过古希腊罗马文化折射过来的耀眼光芒，它重新发现了自然、生命、人和尘世的生活。从彼岸世界走向此岸世界，是经历了中世纪的漫漫长夜以后欧洲精神的根本走向。透视这一走向的不同的表现形式，会引出许多发人深省的思索。

第四章 人性与神性的冲突

新时期的文化运动，尤其是文艺复兴和启蒙运动的一个基本特征是重新发现人，这里说的人不再是中世纪的虔诚的基督徒，而是活生生的、肯定自己的生命本能和热情的人。重新发现人性并加以歌颂，也就是对神性的否定和贬斥。

第一节 《十日谈》的魔力

在延续几个世纪之久的文艺复兴运动中，作为文学作品而产生巨大影响的大概莫过于薄伽丘（Boccaccio，1313—1375）的《十日谈》了。这部著作大约写于1350—1353年，印刷术传入欧洲后，在15世纪印行了10版以上，在16世纪又印行了77版，足见这部著作在当时受欢迎的程度。《十日谈》完整地透视了基督教中世纪的生活世界，从国王僧侣到贩夫走卒，无不栩栩如生，跃然纸上。全书贯串着作者对人性的歌颂和对神性的贬斥。也许是这个缘故吧，西方人把《十日谈》称为"人曲（Human Comedy）"，以和但丁的《神曲

(Divine Comedy)》相呼应①。

在薄伽丘看来，人性，特别是人的自然属性（即饮食男女）乃是一种天赋的东西，是禁欲主义所无法扼杀的。《十日谈》充分地表达了这一主题思想。在第四天的故事中，斐洛特拉多一开始讲了一个有趣的插曲：一个男子，在妻子死后，发誓抛弃红尘，进山去修炼。他把全部家产捐给了慈善团体，带着将近两岁的小孩上了阿西那奥山，在一间孤零零的小茅屋里住了下来，靠着别人的施舍，斋戒祈祷过日子。儿子一天天长大，他从不给他谈世俗的事，只教他背诵祈祷文，唯恐扰乱了他侍奉天主的心思。他的儿子从未走出茅屋一步，除了他的父亲之外，没有见过第二个人。儿子十八岁那年，随父亲下山到佛罗伦萨去讨些施舍。在这个令人眼花缭乱的新世界里，最使儿子欢喜的却是他所见到的那些美丽的姑娘，尽管他的父亲把这些姑娘称作"绿鹅"，但儿子的唯一要求是要父亲允许他带一只"绿鹅"上山。这时，他的父亲才发觉，潜伏在人性中的自然的力量是任何思想和信念都无法抗拒的。讲完这个插曲后，斐洛特拉多说出了一番耐人寻味的话：

> 谁要是想阻挡人类的天性，那可得好好儿拿点本领出来呢。如果你非要跟它作对不可，那只怕不但枉费心机，到头来还要弄得头破血流。我自认没有这种本领，也不愿意有。就算我有这种本领，我也宁可借给他人，绝不愿意自己使用。那班批评我的人可以闭口了；要是他们的身体里缺热血，那么就让他们冰冷冷地过一辈子吧。他们可以去找他们自己的乐趣——或者不如说，他们的腐败的

---

① 但丁（Dante，1265—1321）当然也是文艺复兴运动最早的先驱之一，恩格斯认为，"他是中世纪的最后一位诗人，同时又是新时代的最初一位诗人。"（《马克思恩格斯选集》第1卷，第249页）与《神曲》比较起来，《十日谈》的特点是直接写人，直接描绘中世纪的生活画面。另外，Comedy 一词，我主张按原意译为"喜剧"，"曲"反而是一个模糊的概念。在这个意义上，《神曲》应改译为《神的喜剧》，《十日谈》作为"人曲"应译为《人的喜剧》。这样的改译更有利于我们把握西方文化的精神。

嗜好；让我也利用这短促的人生，追求我的乐趣吧。①

这番话既是声讨禁欲主义的檄文，又是颂扬人文主义的宣言。薄伽丘认为，人性中最基本的东西——情欲，不仅为贩夫走卒所有，而且也为修士、修女、修道院院长、主教、教皇所有。虽然黑色的袈裟严严实实地遮盖着肉体，但它并不能取消肉体所固有的情欲。相反，压抑得越厉害，情欲的爆发就越厉害。因此，与禁欲主义相补充的正是一种相反的东西，那就是荒淫和纵欲。在第一天的聚会中，第奥纽讲了下面这个故事：在一个修道院里，"有一个血气方刚的小修士，斋戒和夜祷都克制不了他的情欲"，于是，他偷偷地把一个姑娘带回房间，此事被院长发现了，院长本来准备严惩这个小修士。可是，院长自己在询问这个姑娘时，也情不自禁地落入了"罗网"。修士们越是装得道貌岸然，搏动在他们内心的情欲就越是炽热，这种冲突必然表现为道德上的伪善，表现为普遍的虚伪。《十日谈》中有许多故事揭露了修士和修女们的虚伪，在无情地揶揄神性的同时，作者也热情地歌颂了人性和爱情的伟大力量。

在第五天的聚会中，潘斐洛讲了一个有趣的故事：富家子弟西蒙本来愚鲁无知，怎么也训导不好。后来，他对一位美丽的姑娘产生爱情之后，他天赋的聪明被解放出来，成了一个才艺出众的年轻绅士。这个故事表明，健康的情欲不仅不应扼杀，而且正是成为健康的人的必要条件。富有深意的是，薄伽丘在每一天的故事后面都附上一首爱情诗，比如，在第二天的故事讲完后，潘比妮亚领唱了下面这首诗歌：

> 啊，爱神，你来吧！
> 你带给了我一切的快乐和希望，
> 给我开辟出幸福的泉源，

---

① ［意］卜伽丘(今译薄伽丘)：《十日谈》，方平、王科一译，上海译文出版社 1980 年版，第 260 页。

让我们一起来唱歌吧，

别再提起过去的哀怨和苦恼

——苦恼的过去只为了衬托出欢乐的今朝，

让我们只是歌颂那灿烂的火焰，

我在火里燃烧，我在火里逍遥，

爱情呀，我永远奉你作神道！①

从这首热情洋溢的诗歌中我们能发现什么呢？我们发现，植根于希腊文化精神中的"逻各斯"和"爱洛斯"的冲突，即使是基督教神学也是无法掩盖起来的。如果说，教会已把逻各斯圣化为彼岸世界的神律的话，那么，爱洛斯则始终是此岸世界的人律，它内在于人性之中，是一种不可掩蔽、不可阻挡的驱动力。《十日谈》告诉我们，那种违背自然的神性归根结底是虚假的、伪善的。在希腊神话中，奥林匹斯山上的众神和人一样有喜怒哀乐、七情六欲，当时，神性和人性是相通的，自从柏拉图在《理想国》中提出对荷马史诗的批评并主张驱逐诗人以来，神性和人性就渐渐分离，在基督教世界里成了敌对的东西。其实神性被描绘得越完美，它就越失去其真实性，反之，人性越遭贬抑，它就越表明自己是一种真实的、现实地起作用的力量。

第二节 "维纳斯的腰肢"

在文艺复兴的大潮中，绘画和雕塑的主题也是对人性的肯定和颂扬。米开朗琪罗(Michelangelo，1475—1564)的雕塑《大卫像》、拉斐尔(Raphael，1483—1520)的绘画《奥尔良圣母》和提香(Titian，约1489—1576)的绘画

---

① ［意］卜伽丘(今译薄伽丘)：《十日谈》，方平、王科一译，上海译文出版社1980年版，第167页。

《人间的爱与天上的爱》等作品中涉及的虽然大多是希腊神话和圣经中的人物形象，但他们健美的人体、自然流露出来的感情，显示的并不是虚假的、苍白的神性，而是世俗的、真实的人性。海涅这样写道：

> 提香油画里的鲜艳夺目的肉体，也都是在宣扬新教。他的维纳斯的腰肢是比德国修士张贴在威丁堡教堂门口的檄文更加彻底的檄文。——当时人们真像突然从千年的重轭下解放出来；尤其是艺术家，又重新自由呼吸，仿佛基督教这座大山从他们胸口滚落；他们热情洋溢地跳入希腊欢乐的大海之中，美神又从海水的泡沫里向他们现出妙相。①

在绘画中，许多画家都把圣母作为对象，而在艺术领域里，教会只要碰到是与圣母有关的事，也不得不对唯感主义做出让步，正如海涅说的：

> 因为圣母像是一块硕大无朋的磁石，能把一大批人吸引到基督教的怀抱里来。圣母玛利亚仿佛是基督教会美貌的 dame du comptoir（法文：女招待），满脸堆着天仙般的微笑，招徕顾客，尤其吸引并留住北方的蛮子。②

人文主义的艺术家的作品，实际上完成了一个把神性还原为人性的过程，神话和传说中的幻想的存在物在他们的作品里露出了世俗的微笑。至于达·芬奇（Leonardo de Vinci，1452—1519）的绘画《蒙娜·丽莎》、鲁本斯（Peter Paul Rubens，1577—1640）的绘画《海伦·芙尔曼肖像》和米开朗琪罗的雕塑《被缚的奴隶——垂死的奴隶》等作品，则直接地把此岸世界中的世俗的人作为主题用艺术的手法加以表现。蒙娜·丽莎的神

---

① 张玉书编选：《海涅选集》，人民文学出版社1983年版，第24页。
② 同上书，第22页。

秘的微笑、海伦·芙尔曼的充满感情力量的双眸和被缚的奴隶与垂死的奴隶的健全的体魄及对自由和解放的渴望，与中世纪的那些肉体萎缩、脸部毫无生气的艺术品形成鲜明的对照，显露出人性的巨大力量。

第三节　人性的尊严

在启蒙时代，人性不仅成了文学艺术表现的普遍的主题，而且也越来越成为哲学家们思考的主题。哲学家们都肯定了人性的尊严，但他们在理解人性的内涵及基本特征时却见仁见智，各不相同。英国哲学家托马斯·霍布斯（Thomas Hobbes，1588—1679）在《利维坦》（1651）一书中提出了他对人性的看法。他认为，人是有欲望的，这一点决定了人性乃是一种恶的东西，在原始状态中，人与人之间就像狼一样，处在不断的战争状态中。"人性竟然会使人们如此彼此互相离异、易于互相侵犯摧毁，这在一个没有好好考虑这些事物的人看来是很奇怪的。"[1]霍布斯关于人性的看法后来遭到了法国哲学家让·雅克·卢梭（Jean Jacques Rousseau，1712—1778）的批评。卢梭在《论人类不平等的起源和基础》（1753）一书中认为，在原始状态中，人是生而平等的，只是由于生产力的发展和私有财产的形成，人与人之间才出现了不平等，出现了霍布斯说的那种战争状态。卢梭虽然不主张废除私有财产以恢复健康的人性，但他毕竟表达了希望人们生活在平等和自由状态中的殷切的希望。

法国另一位著名的启蒙学者孟德斯鸠（Charles de Montesquieu，1689—1755）在《波斯人信札》（1721）中强烈地呼吁人们起来维护人的尊严和人性。波斯贵族郁斯贝克离家远游，日子一久，禁闭于后院中的妻妾不安于室。管理后院的黑阉奴总管想叫另一名名叫法仑的黑奴，充实

---

① ［英］托马斯·霍布斯：《利维坦》，黎思复、黎廷弼译，商务印书馆 1985 年版，第 95 页。

到阉奴的队伍中去。法仑坚决不干，他在给主人郁斯贝克的信中写道：

> 前几天，他(指黑阉奴总管)自作主张，命令我献身于看守你那
> 些神圣女人的工作，也就是要我遭受对于我比死亡还残酷千倍的腐
> 刑。……有人要把我从人的地位排挤出去，要剥夺我的人性，如果
> 我不死于这野蛮举动，亦不免悲痛而死。①

法仑虽然是奴隶，但已认识到，维护自己的人性、维护自己做人的尊
严，比自己的生命更为重要。在郁斯贝克的命令下，黑阉奴总管采取种
种措施来防范后院造反，甚至杀死了郁斯贝克的妻子之一——洛克莎娜
的情夫，最后，洛克莎娜毒死了所有的黑阉奴和她自己。在临死前，她
在写给郁斯贝克的信中说：

> 你如何会这样想：我是这么轻信，以为我活在世上仅仅为了尊
> 敬你的苛求？以为你自己可以放任恣肆，但你却有权利戕贼我的欲
> 望？不！我虽一直生活在奴役中，但是我一直是自由的：我将你的
> 法律按自然的规律加以改造，而我的精神，一直保持着独立。②

洛克莎娜同样把自己的独立、自由和爱情看得高于自己的生命。比起人
文主义者来，启蒙思想家们更勇敢地为健康的人性而奋斗。

如果说，孟德斯鸠借用波斯人的故事来说明人性问题的重要性的
话，那么，英国哲学家大卫·休谟(David Hume，1711—1776)在《人性
论》(1739)中则直接点明了人性问题乃是哲学的中心问题：

> 在我们的哲学研究中，我们可以希望借以获得成功的唯一途

---

① [法]孟德斯鸠：《波斯人信札》，罗大冈译，人民文学出版社1958年版，第68页。
② 同上书，第274页。

径，即是抛开我们一向所采用的那种可厌的迂回曲折的老方法，不再在边界上一会儿攻取一个城堡，一会儿占领一个村落，而是直捣这些科学的首都或心脏，即人性本身；一旦被掌握了人性以后，我们在其他各方面就有希望轻而易举地取得胜利了。①

在从彼岸世界到此岸世界的回归中，人性问题受到普遍的重视是十分自然的。但由于时代的局限，当时的思想家们在人性问题上还存在着种种不正确的见解：他们或是走向唯感主义和自然主义的极端，把人性仅仅理解为人的自然属性，理解为情欲范围内的东西；或是凭想象虚构出"自然状态"，满足于对人性的抽象的解释；或是停留在机械力学的角度来观察人，把人仅仅看作是一架复杂的机器。

在笛卡尔（René Descartes，1596—1650)说出"动物是机器"这句著名的格言之后，"人是机器"就成了当时欧洲的学者普遍接受的一种观念，这尤其表现在法国哲学家拉美特里（Julien Offray de Lamettrie，1709—1751)的著作《人是机器》(1748)中。在这部著作中，拉美特里非常认真地写道：

> 人体是一架会自己发动自己的机器：一架永动机的活生生的模型。体温推动它，食料支持它。没有食料，心灵就渐渐瘫痪下去，突然疯狂地挣扎一下，终于倒下，死去。这是一支蜡烛，烛光在熄灭的刹那又会疯狂地跳动一下。②

这种把人和人性机械化的倾向，在霍布斯那里已得到了系统的表现。所以，马克思认为：

---

① ［英］休谟：《人性论》，关文运译，商务印书馆1980年版，第7页。
② 北京大学哲学系外国哲学史教研室编译：《十八世纪法国哲学》，商务印书馆1963年版，第244页。

唯物主义在以后的发展中变得片面了。霍布斯把培根的唯物主义系统化了。感性失去了它的鲜明的色彩而变成了几何学家的抽象的感性。物理运动成为机械运动或数学运动的牺牲品；几何学被宣布为主要的科学。唯物主义变得敌视人了（der Materialismus wird menschenfeindlich）。①

也就是说，从宗教和神学的枷锁下挣脱出来的人，重新又陷入了新的枷锁之中。启蒙学者在对人的尊重中同时包含着对人的贬低和漠视，但这个时代的偏见在当时还无法治疗，解决这样的问题乃是以后的时代的任务。

---

① 《马克思恩格斯全集》第 2 卷第 136 页，1970 年德文版。（K. Marx and F. Engels，*Werke*，*Band* 2，Berlin：Dietz Verlag，1970，s. 136.——编者注）

第五章　知识对信仰的挑战

从彼岸世界回到此岸世界的过程，也是从对宗教和神学的信仰回到对自然和社会的知识的探索的过程。人的真实的生存之谜并不隐藏在彼岸世界中，而是隐藏在此岸世界中，以后我们会知道，人对此岸世界的知识的寻求，既是新时代的生存方式的一个重要内容，又从根本上改变着人的生存状况。在抛弃信仰，追求知识这一新时代的时尚中，英国哲学家培根(Francis Bacon，1561—1626)和法国哲学家笛卡尔起着特别重要的作用。

第一节　自然科学的崛起

培根在《新工具》中批判了那些竭力把哲学与神学信仰调和起来的哲学家："他们由于对神学与传统思想的信仰和崇敬而把他们的哲学和这些东西混合起来。在他们中间，有一些人竟听任其幻想驰骋，要想在神灵鬼怪中去寻求科学的起源。"①在培根看来，要寻求真正的知识，必须在逻辑方法上另辟蹊径，即不是停留在亚里士多德

---

① 北京大学哲学系外国哲学史教研室编译：《十六—十八世纪西欧各国哲学》，商务印书馆 1975 年版，第 23 页。

式的三段论演绎法上，而是要诉诸归纳法，诉诸对自然界的观察和实验。"人的知识和人的力量结合为一，因为原因如果没有知道，结果也就不能产生。要命令自然就必须服从自然。在思考中作为原因的东西，在行动中便构成规则。"①培根关于知识的呼吁对他同时代的和以后时代的自然科学家和哲学家产生了巨大的影响。

我们先来看自然科学研究中知识与信仰的冲突。在自然科学的凯歌行进中，天文学担任了"第一小提琴"的角色。波兰天文学家哥白尼（Nicolaus Copernicus，1473—1543）最早提出了"日心说"与亚里士多德和托勒密的"地心说"相抗衡。在《天体运行》(1543)一书中，哥白尼写道：

> 太阳在万物的中心统驭着；在这座最美的神庙里，另外还有什么更好的地点能安置这个发光体，使它能一下子照亮整个宇宙呢？……事实上，太阳是坐在宝座上率领着它周围的星体家族……地球由于太阳而受孕，并通过太阳每年怀胎、结果。②

哥白尼的"日心说"乃是对宗教和神学的挑战，《天体运行》出版后不久就被教会宣布为禁书。意大利哲学家布鲁诺（Giordano Bruno，1548—1600）起来捍卫、宣传"日心说"，被宗教裁判所活活烧死在罗马鲜花广场上。在此之后，开普勒（Johannes Kepler，1571—1630）进一步发展了哥白尼的学说，提出行星运动的轨道不是正圆形，而是椭圆形的，并发现了行星运动的三大规律。在 1618—1621 年写下的《哥白尼天文学概要》一书中，开普勒写道：

> 如果至高无上的上帝要一个物质居所，并选择一个地方和他那

---

① 北京大学哲学系外国哲学史教研室编译：《十六—十八世纪西欧各国哲学》，商务印书馆 1975 年版，第 9 页。

② ［英］斯蒂芬·F. 梅森：《自然科学史》，上海外国自然科学哲学著作编译组译，上海人民出版社 1977 年版，第 123 页。

些有福的天使住在一起的话，在我们看来，只有太阳才配得上上帝居住。①

他认为，整个宇宙是三位一体的结构：圣父是中心，圣子是环绕中心的星球，而圣灵则是宇宙间的那许多复杂关系。这里，知识和信仰以奇妙的方式结合在一起。

伽利略（Galileo Galilei，1564—1642）作为开普勒的同时代人，在《关于托勒密和哥白尼两大世界体系的对话》（1632）中，利用他用望远镜看到的新的事实，坚定不移地支持了哥白尼的学说，他在该书手稿的序页上写道：

> 神学家们，请注意，在你们企图把关于太阳和地球是固定不动的命题说成是有关信仰的问题时，这就存在着你们总会有一天判定某些人为异端分子的危险。那些人声称，地球不动，而太阳在改变位置；我说，终于会有一天在物理上或在逻辑上证明地球是在运动而太阳则是不动的。②

果然，1633 年，伽利略又一次被押到罗马宗教法庭受审，被迫在下列誓词上签字：

> 本人名伽利略，年七十岁，亲自到法庭，双膝下跪，双目注视神圣福音书，双手按捺书上，并本于正直的心和真实信仰，发誓否认、憎恨、诅咒地球运转的学说，这是不合理的、错误的、异端的学说……③

---

① ［英］斯蒂芬·F. 梅森：《自然科学史》，上海外国自然科学哲学著作编译组译，上海人民出版社 1977 年版，第 126 页。

② ［意］伽利略：《关于托勒密和哥白尼两大世界体系的对话》，上海外国自然科学哲学著作编译组译，上海人民出版社 1974 年版，手稿序言注。

③ 引自《黑格尔全集》第 7 卷第 426 页，1986 年德文版。（G. W. F. Hegel, *Gesammelte Werke*, vol. 7, Berlin: Suhrkamp Verlag, 1986, s. 426, note. ——编者注）

尽管伽利略让了步，他还是被宗教法庭判为无期徒刑，可见知识与信仰斗争的激烈性。牛顿（Isaac Newton，1642—1727）建立了经典力学的体系，进一步使天文学和物理学摆脱了宗教神学的羁绊，但在天体运行的最初动力的分析上，牛顿像亚里士多德一样诉诸超自然的力量。在完成于1686年的《数学原理》一书中，牛顿写道：

> 上帝永远存在而且到处都有，并凭自己的永远和普遍存在构成时间和空间……[上帝]统驭万物，熟悉万物，并懂得一切可做的事……我们靠自己意志挪动自己的肢体，上帝由于无所不在，更能靠自己的意志挪动处在他的无边而统一的感官内的物体，从而形成并改造宇宙的那些部分。①

由于时代的局限，即使像牛顿这样伟大的天才，还是不得不给科学与知识涂上一层信仰的油彩。艾迪生（Joseph Addison）在一首诗中表达了牛顿在知识和信仰之间的矛盾心理：

> 高高苍天，
> 蓝蓝太空，
> 群星灿然，
> 宣布它们本源所在：
>
> 就算全都围绕着黑暗的天球
> 静肃地旋转，
> 那又有何妨？
> 就算在它们的发光的天球之间，

---

① ［英］斯蒂芬・F. 梅森：《自然科学史》，上海外国自然科学哲学著作编译组译，上海人民出版社1977年版，第190页。

既找不到真正的人语，也找不到声音，

那又有何妨？

在理性的耳中，

它们发出光荣的声音，

它们永久歌唱：

"我等乃造物所生。"①

尽管宗教信仰竭力束缚科学知识的发展，但人类求知的本性是无法抑制的。法国天文学家拉普拉斯（Pierre Simon de Laplace，1749—1827）在进一步完善牛顿体系的《天体力学》一书（1799—1805）中一次也未提到上帝。拿破仑问他："拉普拉斯先生，有人告诉我，你写了这部讨论宇宙体系的大著作，但从不提到它的创造者。"拉普拉斯以殉道者的坚强不屈的气概回答说："陛下，我用不着那样的假设。"拿破仑觉得这个回答很有趣，把它告诉了当时著名的数学家拉格朗日（Joseph Louis Lagrange，1736—1813），拉格朗日回答说："那是一个美妙的假设，它可以解释很多东西。"②拉普拉斯和拉格朗日的态度表明，在18世纪，科学知识已作为一种独立的文化力量登上思想舞台。到1835年，教会不得不取消了从1616年开始的把哥白尼的著作列为禁书的荒谬决定。

在医学和化学的发展中，同样存在着知识与信仰的激烈冲突。西班牙医生和神学家塞尔维特（Michael Servetus，1511—1553）由于宗教上的非正统的观点和医学上关于血液循环的猜测，被加尔文作为异端焚死在日内瓦的火刑柱上。这是新教徒第一次对异端判处这种可怕的极刑：

在火焰在塞尔维特周围升起时，他发出了如此可怕的喊声，许

---

① ［英］W. C. 丹皮尔：《科学史：及其与哲学和宗教的关系》，李珩译，商务印书馆1975年版，第250页。

② 同上书，第259页。

多旁观者转过身去免得目睹那悲惨的景象。火焰立即盖住扭曲的身体。但痛苦的哀号声越来越响，直到最后变成一阵祈求的尖叫："耶稣，永恒的上帝的儿子，怜悯我吧！"同死亡的斗争持续了半小时之久。之后火灭烟散，在灼热的余烬之上，贴近烧黑的火刑柱的地方，留下一堆乌黑的、令人厌恶的、烧焦了的东西，一堆使人恶心的、已全无人形的胶状物。那曾经是一个有思想的尘世的动物，热情地向往永恒，那曾经是神圣灵魂飘动的碎片，现在缩成了一堆。如此令人作呕、如此可憎的一堆残渣！①

异端裁判所的残暴的力量虽然夺去了这个具有堂吉诃德式高傲性格的西班牙人的生命，但它并不能使血液在人体中的流动停止下来。英国医学家威廉·哈维（William Harvey，1578—1657）在《心血运动论》（1628）中系统地建立了血液循环的学说：

> 心脏是生命的开始，它是微型宇宙的太阳，正如太阳是世界的心脏一样，因为使血液发生运动，成为完善，促进营养，并且防止腐败和凝固的正是靠的心脏和脉搏；它是家神，在执行它的职能时，滋养、抚育和促进整个身体的成长，而且的确是生命的基础和一切活动的源泉。②

哈维的学说完全是建筑在生理解剖和观察、实验的基础上的，它宣告了那种认为血液静止不动的宗教迷信观念的彻底破产。在化学上，炼金术和燃素说在 18 世纪中叶仍占统治地位，18 世纪 70 年代，法国学者拉瓦锡（Antoine Laurent Lavoisier，1743—1794）通过一系列的燃烧实验否定了燃素说，肯定空气（实际上是氧气）能燃烧，从而在化学领域里实现了一场

---

① ［奥］斯·茨威格：《异端的权利：卡斯特利奥反对加尔文史实》，赵台安、赵振尧译，生活·读书·新知三联书店 1986 年版，第 143 页。
② ［英］斯蒂芬·F. 梅森：《自然科学史》，上海人民出版社 1977 年版，第 203 页。

伟大的革命。氧气取代了燃素，化学取代了炼金术，知识取代了迷信①。

第二节　社会科学的独立

　　培根关于"知识就是力量"的呼吁不仅对自然科学家产生了重大影响，而且也影响了一大批哲学家和社会科学家，寻求社会科学的独立地位成了他们共同的努力目标。霍布斯担任过培根的秘书，他沿着培根倡导的研究方向，在《利维坦》(1651)一书中深入探讨了政治学，特别是国家问题。虽然近代政治学的奠基可以追溯到意大利的马基雅维利（Niccolò Machiavelli，1469—1527)的《君主论》(1513)，但《君主论》的着眼点主要是君主如何治国，还未对国家的来源、性质做出理论上的分析和探讨。霍布斯则批判了"君权神授"的迷信和信仰，从人性、契约、自然状态、自然权利等理论出发，论述了作为政治学核心的国家问题，所以，马克思认为，霍布斯已经用人的眼光而不是用神的眼光出发来观察国家了。

　　稍后的洛克（John Locke，1632—1704)在《人类理解论》(1690)中建立了完整的知识理论，强调感觉和反省是一切观念和知识的基础。在政治上，洛克从经验知识出发，阐述了与霍布斯见解不同的自然状态、自然法、契约问题，特别是提出了"三权分立"的学说，从而把政治学、法学的研究提高到一个新的水平上。

　　培根、霍布斯和洛克的知识论与政治、法学理论成了法国启蒙学者的主要思想来源之一。孟德斯鸠在《论法的精神》(1748)一书中指出："位于这一切法之先的，是自然法，其所以称为自然法，是因为它们是

―――――――

　　① 有趣的是，拉瓦锡是化学领域里的革命者；同时又是 1789 年法国政治大革命中的反革命者，1794 年被革命法庭处死。处死前，他请求法庭给他时间去完成关于汗的实验，当时的法庭副庭长回答他说："共和国不需要学者。"见 W·C. 丹皮尔《科学史：及其与哲学和宗教的关系》，李珩等译，商务印书馆 1975 年版，第 262 页注。

唯一从我们的存在结构派生出来的。"①在原始状态中，人为了生存下去，必然会形成以下四条自然法：和平、养活自己、自然联系（如男女关系）、过社会生活的愿望。但人一进入社会，原始状态中的平等就消失了，霍布斯所说的那种战争状态就开始了。正是适应了国与国和人与人之间的战争状态的需要，法（国际法、公民法和政治法）才产生并发展起来。孟德斯鸠还从下列名言——"凡是有权力的人，总要滥用权力，非碰到限度不止"②出发，系统地发挥了洛克的分权学说，从而形成了完整的政治法学思想体系。卢梭的《社会契约论》(1762)不仅系统地发挥了霍布斯和洛克的国家起源于契约的理论，而且进一步强调了三权（立法权、司法权、行政权）中立法权的重要性和人民主权的思想，从而直接为法国大革命准备了理论基础。

法国哲学家孔狄亚克（Étienne Bonnot de Condillac，1715—1780）在《感觉论》(1754)中进一步将洛克的知识论推向极端，认为人的全部知识都来源于感觉："一方面，我们的一切知识都来自感官；另一方面，我们的各种感觉只不过是我们的存在方式。"③爱尔维修（Claude-Adrien Helvétius，1715—1771）也从这种感觉知识论出发，在《论人的理智能力和教育》(1773)一书中提出了一整套教育思想；孔狄亚克的学生托拉西（Destutt de Tracy，1754—1836）在其巨著《意识形态的要素》(1801—1815)中试图以感觉为基础，彻底否定经院哲学和神学的迷信，建立"观念学"即"意识形态（idéologie）"，使语言学、逻辑学、政治学、经济学、教育学等真正成为科学的知识④。如果说，在机智而肤浅的法国启蒙学者那里，一切知识都被归结为感觉知识的话，那么，思想深邃的英国怀疑论哲学家休谟运用感觉知识的武器不仅把宗教和神学，而且也把全部

---

① 北京大学哲学系外国哲学史教研室编译：《十八世纪法国哲学》，商务印书馆1963年版，第21页。

② 同上书，第39页。

③ 同上书，第137页。

④ 参阅拙著《意识形态论》，第一章第二节，上海人民出版社1993年版。

传统的哲学都推入了硫酸池中。他在《人类理解研究》(1748)中这样写道：

> 我们如果在手里拿起一本书来，例如神学书或经院哲学书，那我
> 们就可以问，其中包含着数和量方面的任何抽象推论么？没有。其中
> 包含着关于实在事实和存在的任何经验的推论么？没有。那么我们就
> 可以把它投在烈火里，因为它所包含的没有别的，只有诡辩的幻想。①

休谟把整个外部世界归结为感觉印象，进而又把感觉印象之间的关系理解
为心理上的习惯的联想，从而在否定信仰的时候，实际上也否定了知识。
从知识对信仰的否定到知识对自身的否定，刚从神学的淫威下抬起自己高
贵头颅的哲学重又陷入怀疑和虚无的黑暗中，正如拜伦在《唐璜》中所写：

> 我们在这世界上究竟做什么，
> 我们知道得这么少，
> 我怀疑是否怀疑本身也是怀疑。②

第三节　几何世界的扩张

在近代西方哲学文化的发展中，贬斥信仰，推动知识发展的另一个
开创者是笛卡尔。如果说，培根是经验哲学的肇始人的话，那么笛卡尔
则是唯理论哲学的奠基人。笛卡尔是解析几何的创立者，源于欧几里得
的那种从自明的公理出发来探究其他问题的演绎式的思考方法成了他最
重要的哲学方法，这种方法的起点是寻找初始的、明晰的知识，然后从

---

① ［英］休谟：《人类理解研究》，关文运译，商务印书馆 1957 年版，第 145 页。
② ［英］拜伦：《唐璜》，朱维基译，上海译文出版社 1978 年版，第 617—618 页。

中推论出一切。在沉思中，笛卡尔发现，"我思故我在"乃是第一个自明的真理，从这一真理出发，他又推论出上帝和物质世界的存在。乍看起来，他承认上帝的存在，似乎和经院哲学家一样，对信仰取保留的态度，实际上，他已改变了整个哲学思考的基础。正如黑格尔说的："他是一个彻底从头做起、带头重建哲学的基础的英雄人物，哲学在奔波了 1000 年之后，现在才回到这个基础上面。"①之所以如此，是因为经院哲学家在思考任何问题时，都把上帝的存在作为第一个前提，而在笛卡尔那里，第一个前提则是"我思"，上帝乃是被推演出来的。这一变化表明，笛卡尔脑中虽然还有传统观念的残余，但他所寻求的乃是独立的思考和科学的知识。几何学的方法的契入为笛卡尔的思想带来了明晰性，但同时也给它打上了机械论的烙印，特别是关于灵魂和肉体的机械的、二元对立的见解，对以后的西方哲学文化的发展造成了重大的影响。事实上，人的灵魂和肉体统一在人的生存活动中，把这两者割裂开来，生存的奥秘就退到无限远处去了。

斯宾诺莎（Spinoza，1632—1677）继承了笛卡尔的唯理论的思想路线，轻视感觉，肯定理性知识的重要性。他把知识分为四类：由传闻而来的知识、由泛泛的经验得来的知识、从推论中得来的知识、从事物的本质中获得的知识，并认为，"唯有第四种知识才可直接认识一物的正确本质而不致陷于错误。所以我们必须首先采用这种知识"②。在第四种知识中，最有代表性的则是几何学的知识，斯宾诺莎的哲学体系就是用几何学的论证方式表述出来的。他试图克服笛卡尔的二元论，形成以"实体（Substanz）"为中心的统一的哲学体系，但在他那里，实体乃是一个吞没一切个体的深渊，"一切都萎谢于实体之中，一切生命都凋零于自身之内；斯宾诺莎本人就死于痨疾。——这是普遍的命运"③。莱布

---

① 《黑格尔全集》第 20 卷第 123 页，1986 年德文版。（G. W. F. Hegel, *Gesammelte Werke*, *vol.* 20, Berlin: Suhrkamp Verlag, 1986, s. 123.——编者注）

② ［荷］斯宾诺莎：《知性改进论》，贺麟译，商务印书馆 1960 年版，第 27 页。

③ 《黑格尔全集》第 20 卷第 167 页，1986 年德文版。（G. W. F. Hegel, *Gesammelte Werke*, *vol.* 20, Berlin: Suhrkamp Verlag, 1986, s. 167.——编者注）

尼茨(Leibniz，1646—1716)也继承了笛卡尔的唯理论的思想路线，强调从感觉经验中得不出普遍必然的知识：

> 感觉对于我们的一切现实认识虽然是必要的，但是不足以向我们提供全部认识，因为感觉永远只能给我们提供一些例子，亦即特殊的或个别的真理。然而印证一个一般真理的全部例子，尽管数目很多，也不足以建立这个真理的普遍必然性，因为不能因此便说，过去发生过的事情，将来也会同样发生。①

莱布尼茨虽然重视理性知识，特别是几何学的知识，但他形成了一个与斯宾诺莎不同的以"单子(Monad)"为基础的哲学体系。"单子"是各自独立的，有知觉的，是自动机，但又是没有窗户的，因而只能通过上帝的媒介来达到一种"预定的和谐"，即单子之间的普遍的联系。莱布尼茨的单子实际上是新时代的市民个体的形而上学的名称，个体虽然是独立的，但他们之间的关系还是受制于冥冥中起作用的上帝。如果说，在斯宾诺莎那里，上帝只是实体或自然界的别称的话，那么，在莱布尼茨那里，上帝乃是一个真实的存在，从而信仰也是一种最高的真理；斯宾诺莎肯定实体而漠视个体，莱布尼茨肯定个体，但又把个体置于上帝的荫庇之下。这充分表明，在培根和笛卡尔的引导下，知识和人性虽然展示了新时代的灿烂的曙光，但信仰和神性并没有随之而消失，新的冲突还在酝酿着。曾一度作为法国革命的推动者的拿破仑对帝制和天主教的恢复便是一个明证。信仰就像阿里斯托芬笔下的斯瑞西阿得斯，随口说出了下面的箴言：

> 我虽是跌倒了，还不至于就爬不起来。②

---

① 北京大学哲学系外国哲学史教研室编译：《十六—十八世纪西欧各国哲学》，商务印书馆 1975 年版，第 502 页。

② 《阿里斯托芬喜剧集》，罗念生等译，人民文学出版社 1954 年版，第 182 页。

第六章　新教对传统的改铸

　　在欧洲中世纪后期，基督教教会的权力膨胀到了顶点，教会与神职人员的腐败也与日俱增，激起了人民群众越来越强烈的不满。如果说，人文主义者、启蒙主义者从外部来攻击并动摇教会的权威的话，那么，宗教改革者则从内部来改变教会的现状，强迫彼岸世界以此岸世界的尺度来改铸自己的传统面貌。

第一节　"赎罪券"神话的破灭

　　点燃宗教改革运动的熊熊大火的火把是罗马圣彼得大教堂的重建问题。重建需要大量钱款，于是，教皇利奥十世命令美因茨大主教采用推销赎罪券的方式来募集附近一些教区的钱款，大主教派出的特使特则尔鼓起如簧之舌到处游说，胡诌什么只要人们把钱一扔进捐款箱中，不管他们犯过什么罪，他们的灵魂都会免受炼狱之苦，直接飞升到天堂里去。用出售赎罪券的钱来修建教堂，乃是唯灵主义对感觉主义的妥协。正如海涅所嘲讽的：

实际上完全是罪恶在提供建筑这座教堂的资金，这样，它似乎就成了一座肉欲的纪念碑，就像埃及的一个妓女用卖淫得来的钱建立的那座金字塔一样。①

1517 年 10 月 31 日，当时还是年轻修士的马丁·路德（Martin Luther，1483—1546）在维滕堡教堂大门上贴出了九十五条论纲，公开抨击了这种推销赎罪券的无耻的行径。他指出，一个基督徒，凡已为自己的罪诚心感到内疚的，他的罪已完全得到赦免，即使没有赎罪券也一样，所以，赎罪券提供的不过是虚假的得救的保证，实际上是剥削、掠夺人民："应当告诉基督徒，如果教皇知道那些唯利是图的宣讲者的敲诈勒索，他会宁愿看到圣彼得教堂烧成灰烬，也不愿用他的羊群的皮、肉和骨将其盖成。"路德甚至把斗争的锋芒直接指向教皇："教皇今天比最富有的克拉苏家族更富有，为什么他不自己掏钱来盖建圣彼得教堂，要向穷苦的信徒伸手呢？"②

路德的论纲受到各阶层教徒的热烈响应，也引起了罗马教廷的恐慌。1520 年，教皇下令革除了路德的教籍。路德当众烧毁了教皇的谕令，并发表了《致德意志基督徒贵族书》《教会的巴比伦之囚》《论基督徒的自由》三篇重要论文，抨击罗马教廷和教皇，呼吁德意志贵族起来进行宗教改革，建立国家教会，禁止朝拜圣地活动，减少宗教节日，废除教士独身制，改革大学，维护基督徒的基本权利等。1521 年，路德又把《新约圣经》译成德语，从而为轰轰烈烈的宗教改革运动奠定了基础。海涅笔下的路德是这样的：

他不仅是他那时代的喉舌，而且也是他那时代的刀剑。他既是个冷静的、经院式的诠释家，又是一个狂热的、神灵附体的预言

---

① 张玉书编选：《海涅选集》，人民文学出版社 1983 年版，第 225 页。
② ［美］G. F. 穆尔：《基督教简史》，郭舜平等译，商务印书馆 1981 年版，第 217—218 页。

家。当他整日竭尽心力地钻研了教义上的细微差别之后，夜晚时分他便拿起横笛，仰望繁星，把自己的心情消融在旋律和祈祷之中。同是这个人，他既能像一个渔妇那样咒骂，也能像一个绰约的处子那样温柔。他有时会猛烈得像那刮倒槲树的狂风暴雨，继而又温柔得宛如那抚弄着紫罗兰的南风。他浑身充满着最令人畏惧的敬神情绪，充满对圣灵的献身精神，他能完全沉潜于纯粹的精神领域之中，然而他却又十分了解大地上的一切美好的事物，并且很会珍爱这些事物，从他的口中曾发出这样一句名言："谁若不爱美酒、女人和歌，他就终生是个傻瓜。"我可以说：他是一个完人，一个精神和物质在其内部未曾分离的绝对的人。①

路德的性格乃是典型的德意志人的性格，自从他说出了"人们必须用圣经里的话或用理性的论据来反驳他的教义"的话之后，他开辟了一个以理性和自由为象征的新时代。在这个意义上我们完全可以说，近代德国哲学和文学乃是新教精神的产物。

第二节　新耶路撒冷的兴建

在宗教改革运动中，继路德之后最负盛名的是法国的加尔文（Jean Calvin，1509—1564）。加尔文在巴黎求学时已受到宗教改革的影响，并参加巴黎新教徒的活动。由于法国政府对新教徒的迫害，他于 1535 年流亡到瑞士的巴塞尔。次年，出版了《基督教原理》这部重要的神学著作，否认罗马教会的权威，肯定福音教义的核心地位，强调人的得救与否是由上帝预定的。如果说，路德在宗教改革中还没有提供出一部新基督教的原理的话，那么，这一重要的理论使命正是加尔文所完成的。正

---

① 张玉书编选：《海涅选集》，人民文学出版社 1983 年版，第 231—232 页。

如斯·茨威格所指出的：

> 我们可以毫不夸张地说，《原理》可列为世界上决定历史进程、改变欧洲面貌十到二十部书中间的一部。它是自路德翻译《圣经》后最重要的宗教改革实绩。此书不可曲解的逻辑性和坚定的建设性立即影响了加尔文的当代人。此书的质量使得它具有决定性的影响。宗教运动需要有一个天才去发动，需要有另一个天才去结束。路德，这个煽动家，推动了宗教改革的滚石；加尔文，这个组织家，则在滚石粉碎之前使它停止。因此，在某种意义上可以这样说：如同《拿破仑法典》完成了法国革命一样，《原理》完成了宗教革命。①

加尔文倡导的新教在瑞士、荷兰、法国、英国等国家中产生了广泛的影响。从 1540 年起，加尔文成了日内瓦的政教合一的政权的最高领导人，于是，他开始按照自己钢铁般冷峻的性格，像陶工塑造黏土一样地改造日内瓦，试图把日内瓦改造成尘世上的第一个上帝的王国，改造成新的耶路撒冷。

加尔文是一个性格极其冷酷的人，正如斯·茨威格所描绘的：

> 人类有其不可接近的一面，而终加尔文的一生，就由这一面守卫着。从青少年时代起，他就穿黑色的衣服。教士的四角帽也是黑的，一直盖住前额，这头戴介于修道士的头巾和兵士的头盔之间。教士飘拂的长袍是黑色的，其长及靴。法官穿官服，他的任务是不断地惩罚人；医生穿长袍，他得永远试图治病救人。黑色，永远是黑色，永远是严肃、死亡和冷酷。除了这职务上的象征颜色外，加尔文从来没有以任何其他装束出现过。②

---

① ［奥］斯·茨威格：《异端的权利：卡斯特利奥反对加尔文史实》，赵台安、赵振尧译，生活·读书·新知三联书店 1986 年版，第 23 页。

② 同上书，第 48 页。

加尔文的严酷首先是指向自己的。他恪守着最严格的教规，只允许他的身体享受绝对的、最低限度的食物和休息，夜间只睡三四个小时，他不娱乐、不消遣，甚至不散步，把自己的一切都献给了宗教事业。如果他在走向布道台前发着高烧，他会让人用担架抬到教堂布道；如果他不能参加市行政会议，就把那些成员找到家里开会；如果卧床不起，就在床上向二三个秘书口授命令。他的近乎疯狂的严酷也指向周围的每一个人。在日内瓦，不经他的同意，任何精神事件都不可能发生，市行政会议的记录里，每天都写着这样的句子："关于此事，最好同加尔文大师商量。"加尔文敌视一切鲜艳的色彩和生命的热情，他取消了日历上的全部节日，甚至取消了复活节和圣诞节的仪式；他取消了神圣仪式中的音乐，甚至取消了教堂的钟声；他取消了戏曲、歌舞、雕塑，甚至取消了游戏。他禁止日内瓦居民进入旅社，禁止他们向国外写信，禁止谈国事，甚至禁止窃窃私语。在加尔文执政的头 5 年中，绞死 13 人，烧死 35 人，斩首 10 人，76 人被赶出家门，恐怖和死亡如同达摩克利斯剑悬挂在每个人的头上。日内瓦这个一度是自由和快乐的城市仿佛变成了坟墓，没有色彩，没有欢笑，没有歌声，没有生命。甚至在加尔文死后两个世纪，日内瓦也没有出一个世界驰名的画家、音乐家或艺术家。

历史和实践都表明，在宗教改革运动中产生的新教在近代精神的发展中起过重大的进步作用，但新教精神的局限性也是显而易见的。对于天主教徒和新教徒来说，圣经的无谬误性、三位一体、政教合一等观念都是共同的，它们对异端的迫害也是同样严酷的，加尔文把塞尔维特送上火刑柱便是一个典型的例子。至于路德，他破除了对权威的信仰，但又恢复了信仰的权威；他把僧侣变成了俗人，但又把俗人变成了僧侣；他把人从外在宗教中解救出来，但又把宗教变成了人的内在世界；他把肉体从锁链中解放出来，但又给人的心灵套上了锁链。总之，新教改铸了传统，但它的目的并不是消除传统，而是要使传统更好地在人的心灵中保存下去。马克思写道：

宗教批判摘去了装饰在锁链上的那些虚幻的花朵，但并不是要人依旧戴上这些没有任何乐趣任何慰藉的锁链，而是要人扔掉它们，伸手摘取真实的花朵。宗教批判使人摆脱了幻想，使人能够作为摆脱了幻想、具有理性的人来思想，来行动，来建立自己的现实性；使他能够围绕自身和自己现实的太阳旋转。①

如果站在宗教之内来批判宗教，这种批判仍然停留在彼岸世界中，只有走出宗教来批判宗教，这种批判的立足点才是此岸世界的。在马克思看来，彼岸世界的真理消失之后，历史的任务就是确立此岸世界的真理；人的自我异化的神圣形象被揭穿后，揭露非神圣形象中的自我异化，就成了为历史服务的哲学的迫切任务。归根结底，人的生存之谜深藏于此岸世界中，在这个意义上可以说，不了解此岸世界也就不懂得彼岸世界。应当从这样的基点出发来理解宗教改革运动的历史作用及其局限性。

---

　　① 《马克思恩格斯全集》，第 1 卷，第 379 页，1970 年德文版。(K. Marx and F. Engels, *Werke*, *Band* 1, Berlin: Dietz Verlag, 1970, s. 379.——编者注)

第七章　此岸世界的分裂

如果说，彼岸世界是幻想中的生存世界的话，那么，此岸世界则是真实的生存世界。在中世纪，彼岸世界作为"上帝之城"与此岸世界作为"世俗之城"相分离并对立，这一对立具有压倒的优势，以致此岸世界本身的分裂被掩盖起来了。随着人文主义和启蒙思潮的发展，随着整个社会生活的变化，人们的目光逐渐从超自然的客体移注到自然的客体上，从索然无味的祈祷活动移注到现实的生活中。他们发现，渴求已久的此岸世界并不是一个完美的世界，在对彼岸世界的崇拜消失之后，对此岸世界的崇拜也正在消失。内含于人的整个生存状态中的矛盾、冲突和困惑，通过一些天才的敏感的哲学家、政治家和艺术家等的思考，以各种方式表现出来。它既是新的时代精神的一个组成部分，又包含着某种超越这一精神的更为激进的因素，它将以某种必然性在历史发展的朦胧前景中逐步展现出来。

第一节　理想与现实的冲突

1535 年，英国有一位伟大的人文主义者由于在宗教问题上违抗亨利八世而被判处了死刑，这位泰然自若地走上断头台的死囚就是托马斯·莫尔（Thomas More，1478—1535）。在莫尔生活的时代，英国资本主义的发展正处于原始积累阶段，贵族的圈地运动迫使成千上万的农民家破人亡，到处流浪，这就是历史上著名的"羊吃人"运动。莫尔痛恨王公贵族的暴虐，对人民的苦难寄予深深的同情，他在《乌托邦》（1516）这部著作中以幻想的方式提出了一个理想社会的模型。

在《乌托邦》中，莫尔提出了一个影响深远的思想，那就是财产公有的思想。莫尔认为，私有财产是万恶之源，"我深信，如不彻底废除私有制，产品不可能公平分配，人类不可能获得幸福。私有制存在一天，人类中绝大的一部分也是最优秀的一部分将始终背上沉重而甩不掉的贫困灾难担子"①乌托邦人都参加劳动，主要是务农，每个人还须学会一项专门的手艺，他们的物质生活和精神生活都十分丰富，他们有广博的知识，高尚的情操，自由的宗教信仰和合理的法律，人人安居乐业，幸福快乐，这尤其表现在他们的反"拜金主义"的态度上。莫尔这样写道：

> 原来乌托邦人饮食是用陶器及玻璃器皿，制作考究而值钱无几；至于公共厅馆和私人住宅等地的粪桶溺盆之类的用具倒是由金银铸成。再则套在奴隶身上的链铐也是取材于金银。最后，因犯罪而成为可耻的人都戴着金耳环、金戒指、金项圈以及一顶金冠。乌托邦人就是这样用尽心力使金银成为可耻的标记。所以别的民族对于金银丧失，万分悲痛，好像扒出心肝一般；相反，在乌托邦，全部金银如有必要被拿走，没有人会感到损失一分钱。②

莫尔的乌托邦乃是一个理想的王国，正如他生前的好友——杰出的人文

---

① ［英］托马斯·莫尔：《乌托邦》，戴镏龄译，商务印书馆1982年版，第44页。
② 同上书，第68页。

主义者伊拉斯谟(Erasmus，1466—1536)所说："当你阅读莫尔的《乌托邦》时，你会感到仿佛突然进入另一个世界里，身边的一切都那么新鲜。"①这种新鲜感正说出了理想社会和现实社会之间的巨大差异。当然，《乌托邦》的时代局限性也是十分明显的，如书中允许每个农户有两名奴隶，虽然莫尔强调奴隶队伍是由战争俘虏和犯罪的人构成的，但在乌托邦中，人与人之间的普遍的平等关系还没有建立起来。

在莫尔之后，意大利人文主义者康帕内拉(Campanella，1568—1639)出版了《太阳城》(1623)，这也是一部著名的描绘理想社会的著作，是在狱中写成的。康帕内拉认为，太阳城的居民来自印度，是在他们的国家遭受蒙古人的掠夺和破坏的情况下逃出来的，他们过着以公有制为基础的公社生活：

> 太阳城的人断言，我们的所有制之所以能形成和保持下来，是由于每个人都有自己单独的住房，自己的妻子和儿女。自私自利就是由此而产生的；因为人们都想使自己的儿子得到很多财富和光荣地位，都想把大批的遗产留给自己的后代；我们当中的每个人为了想成为富人或显贵，总是不顾一切地掠夺国家的财产；而在他还没有势力和财产的时候，还没有成为显贵的时候，都是吝啬鬼、叛徒和伪君子。但是，如果我们能摆脱自私自利，我们就会热爱公社了。②

在莫尔和康帕内拉之后，法国无神论者梅叶(Meslier，1664—1729)在他死后出版的《遗书》(1730)中，尖锐地抨击了彼岸世界给此岸世界造成的灾难，在《遗书》手稿的包书纸上，他这样写道：

---

① [英]托马斯·莫尔：《乌托邦》，戴镏龄译，商务印书馆1982年版，第123页。
② [意]康帕内拉：《太阳城》，陈大维等译，商务印书馆1980年版，第10页。

我看见并认识人间的错误、谬见、幻想、狂妄行为和残暴行为。我厌恶并憎恨它们。我生时不敢议论它们，可是我至少在死时和死后要揭发它们。愿大家知道：我编写这部书的目的是让那些将来愿意读它的人能够把这部书作为真理的凭证。①

梅叶认为，关于上帝的一切信仰都是骗局，他主张启发人的理性，实现财产公有的、人人和睦相处的村社式的自由联盟，反映了以农民为主体的小生产者的平均主义的幻想。稍后，摩莱里（Morelly，1717—1778，本名不详）在《自然法典》（1755）和马布利（Mably，1709—1785）在《哲学家经济学家对"政治社会的自然的和必然的秩序"的疑问》（1768）等著作中进一步描绘了财产公有、人人劳动、人人平等和自由的理想社会的蓝图。

在英、法等国的资产阶级革命爆发后，资产阶级逐步掌握了领导权，并按照自己的方式整个地改铸了社会生活，它把骑士的热忱、传统的等级观念和温情脉脉的人际关系统统淹没在利己主义的冰水之中。启蒙学者和早期的空想主义学者所描绘的理性王国竟成了一幅令人失望的讽刺画，社会上的两极分化和最贫困的阶级——无产阶级的出现，使一些思想家更深刻地洞见到此岸世界的内在矛盾和分裂。法国著名空想社会主义者圣西门（Saint-Simon，1760—1825）和沙尔·傅立叶（Charles Fourier，1772—1837）对资本主义社会的人的整个生存状态进行了辛辣的讽刺和批判。资本主义社会的人际关系是以利己主义为基础的，每个人都把自己的幸福建筑在别人的痛苦之上。在这样的社会中，大部分人是贫困的，因而，"平等""自由""博爱"这样的说法都带有明显的欺骗性，文明制度实际上是"社会地狱"，是"复活的奴隶制"。在批判资本主义社会的基础上，圣西门主张建立人人有权劳动、有计划地组织社会生产的"实业制度"，傅立叶则主张成立一种名叫"法郎吉"的生产和消费的

---

① ［法］让·梅叶：《遗书》第3卷，陈太先等译，商务印书馆1985年版，第223页。

联合组织。在这种组织中，人人都要劳动，既要参加农业劳动，又要参加工业劳动，产品的分配按股份、劳动、才能三方面进行，等等。显然，在不消灭私有制的前提下，并不可能达到这样的社会，即使在某个局部内达到了，也不可能维持下去。更为激进的英国空想共产主义者罗伯特·欧文（Robert Owen，1771—1858）主张建立财产公有、按需分配的共产主义公社，他还亲自到美国去进行共产主义移民区的试验，结果失败了。

这充分表明，在人类的生存意识中，理想和希望的维度是永远不会封闭起来的。新时代的人们竭力想从基督教所营造的彼岸世界中解脱出来，但他们的脚跟一站立在此岸世界上，马上又感觉到这个世界的狭隘、丑恶和飘荡无定，于是，他们又热衷于新的彼岸世界——理想社会的营造。这种空幻的热情很容易使我们联想起公爵夫人对华伦斯坦的批评：

> 哦，我的丈夫！你总是在营造，营造，
> 已经高出了云表，依然在想更高更高，
> 全不念到这狭隘的地基不能支持
> 那眩晕飘摇的营造。[①]

从柏拉图以来，对理想社会的想象和设计成了西方文化传统的一个重要方面，这既体现了人对现存的生存状态的不断否弃，也体现了人对理想的生存状态的永恒渴求。对每一个理想社会的设计师来说，他设计的蓝图都是尽善尽美的，但对于后人说来，却通常是历史这部大著作中的一个幽默的插曲。正如恩格斯所说的：

> 历史同认识一样，永远不会把人类的某种完美的理想状态看作

---

① ［德］席勒：《华伦斯坦》，郭沫若译，人民文学出版社 1955 年版，第 317 页。

尽善尽美的，完美的社会、完美的"国家"是只有在幻想中才能存在的东西；反之，历史上依次更替的一切社会制度都只是人类社会由低级到高级的无穷发展进程中的一些暂时阶段。①

第二节　美德与知识的错位

自从苏格拉底说出"美德即知识"这一著名的命题以来，美德和知识之间就结成了神圣的同盟，基督教文明兴起后，以苏格拉底、柏拉图和亚里士多德为代表的希腊知识论哲学的传统和基督教的道德之间就结成了神圣的同盟。如果说，人文主义者和启蒙主义者在批判基督教世界的同时总是热情地颂扬并复兴古希腊罗马的文化艺术的话，那么，这样的做法既有积极的方面，又有消极的方面。从积极方面看，复兴古希腊罗马文化艺术中的那种感性、个性和激情的东西，有助于消解基督教文明内含的禁欲主义；从消极方面看，古希腊罗马的文化艺术在相当程度上受到苏格拉底、柏拉图和亚里士多德的知识论哲学思想的侵蚀。因而，如果不加分析地复兴这一传统，用非批判的态度去对待古希腊的知识论哲学的话，那就根本不可能对基督教文化做出深刻的反思和批判，因为古希腊的知识论哲学的传统正是基督教文化，特别是基督教道德的来源、后援和同盟者。简言之，不剪断联结着知识和美德的那条纽带，也就不可能在精神上真正超越基督教的道德观念。不少人文主义者和启蒙学者由于囿于基督教道德的框架，当然也就不可能去拆破这种联系。只有少数目光深邃的思想家觉察到了知识和美德之间的裂痕，卢梭便是这样的思想家。

---

① 《马克思恩格斯选集》第 6 卷第 267—268 页，1986 年德文版。（K. Marx and F. Engels, *Ausgewählte Schriften*, *Band 6*, Berlin：Dietz Verlag, 1990，ss. 267-268.——编者注）

在应第戎科学院的征文而写的《论科学和艺术的复兴是否有助于使风俗日趋纯朴》(1749)一书中，卢梭发出了振聋发聩的呼喊：

　　　　只要没有结果产生，也就没有原因可寻；可是在这里结果是确凿的，腐化是实在的；随着我们的科学和艺术进于完善，我们的灵魂败坏了。能说这是我们时代特有的一种不幸吗？不能这样说，先生们；我们那种不切实的好奇心所造成的这些苦难，是和世界同样古老的。海水每一天的涨潮和退潮受夜间照耀我们的星辰的运行支配，还比不上风俗和正直的命运受科学和艺术的进步支配那样有规律。我们已经看到美德随着科学与艺术的光芒在我们的地平线上升起而逝去，这种现象是在任何时代、任何地方都观察得到的。①

这就告诉我们，"美德即知识"乃是一个虚假的命题，与知识，特别是与科学和艺术方面的知识结伴的并不是淳朴的美德，而是欺诈、伪善、奢侈、腐化、矫揉造作和罪恶。不用说，培根关于"知识就是力量"的箴言也成了一幅幽默画，因为知识既是推动人类进步的力量，也是促使道德沦丧，使人更深地陷入罪恶的泥坑中去的力量。卢梭以嘲讽的口吻写道：

　　　　有一个古老的传说从埃及传到希腊，说科学的创立者是一个敌视人类安宁的神。……天文学生于迷信；雄辩术生于野心、憎恨、谄媚和妄语；几何学生于悭吝；物理学生于一种虚浮的好奇；所有的科学，连道德学在内，都是生于人类的傲慢。因此科学与艺术的诞生应该说是由于我们的过恶；假如它们是由于我们的美德而产生的话，我们对它们的好处所抱的怀疑就会少一些了。②

---

　　① 北京大学哲学系外国哲学史教研室编译：《十八世纪法国哲学》，商务印书馆1963年版，第146—147页。
　　② 同上书，第147页。

不用说，卢梭对科学与艺术的起源的解释是偏颇的，但他看到了与美德相反的那种力量——"恶"，在科学与艺术的诞生和发展中的作用，这却是深刻的。我们或许可以这样说，卢梭取消了知识与美德之间的联盟，但又建立了知识与恶之间的联盟，并把它作为适用于所有时代（原始状态除外）的普遍规律。确实，比起美德和善来说，恶是一种更现实的力量，基督教设置撒旦这个形象也说明恶乃是无法回避的，抽掉恶不但等于抽掉了此岸世界，也等于抽掉了彼岸世界，因为没有恶的衬托，善的本身也就失去了存在的权利。正如弥尔顿笔下的撒旦所说的：

> 行善决不是我们的任务，
> 作恶才是我们唯一的乐事，
> 这样才算是反抗我们敌对者的
> 高强意志。如果他想要
> 从我们的恶中寻找善的话，
> 我们的事业就得颠倒目标，
> 就要寻求从善到恶的途径。①

比起那些仅仅看到理性、科学和知识的光明面的启蒙学者来，卢梭的目光是更深刻的，它透入到人性的深处和生活的底层，它显示出那个时代的生存的困惑，而这样的困惑，他们同时代人还不可能加以思索，他们几乎都淹没在对知识的光明的盲目的、乐观的崇拜之中。在这个意义上可以说，卢梭不是他生活的那个时代的人，而是未来时代的人，这也正是他在那个时代中孑然一身、无比孤独的原因。他在《漫步遐想录》中写道：

> 我在世间就这样孑然一身了，既无兄弟，又无邻人，既无朋
> 友，也无可去的社交圈子。最愿跟人交往，最有爱人之心的人竟在

---

① ［英］弥尔顿：《失乐园》，朱维之译，上海译文出版社 1984 年版，第 10—11 页。

人们的一致同意下遭到排挤。他们以无所不用其极的仇恨去探索怎样才能最残酷地折磨我这颗多愁善感的心，因此把我跟他们之间的一切联系都粗暴地斩断了。①

在某种意义上可以说，卢梭不是反思到知识与美德之间的错位关系，而是凭着敏锐无比的感觉感受到、直观到这种关系。这种感觉在文艺复兴和启蒙的一片光明中发现了黑暗，从而为后人深入反思古希腊文化精神的实质提供了先导，这正是卢梭精神的伟大之处和独异之处。

第三节　高贵意识和卑贱意识的混同

在《精神现象学》中，黑格尔用"高贵意识"和"卑贱意识"这两个概念之间的关系说明了法国大革命前的精神状态。"高贵意识"是指与国家权力保持一致的意识，"卑贱意识"则是不满并反抗国家权力的意识。在通常情况下，这两种意识是明显地对立的，如果一个人用"高贵意识"对待国家权力，他就会敌视"卑贱意识"，反之亦然。可是，在法国大革命前，这两种意识常常混合在一个人的观念中，从而使自我处于分裂的状态。这种情况的出现并不是偶然的、个别的，而是普遍的，因而也充斥在当时的整个精神状态中。在黑格尔看来，这种自我或人格的分裂尤其表现在财富（即国家权力的体现）与被赐予者之间的关系上：

> 财富以为自己给人一顿饱餐就赢得了一个异己的自我，从而就使这个异己的自我的最内在的本质虚心下气，俯首帖耳，于是产生出傲慢放肆的态度；当它这样傲慢放肆的时候，它忽略了这个异己的自我的内在的激怒反抗，它忽略了他对一切现存关系的彻底否

---

① ［法］卢梭：《漫步遐想录》，徐继曾译，人民文学出版社 1986 年版，第 1 页。

定；这种彻底否定是一种纯粹崩溃，纯粹分裂，在这种纯粹分裂中既然自为存在的自身同一性或自身一致性已经成为绝对不一致的，那么一切等同一致的，一切持存不变的东西就统统归于分裂瓦解；因此这种纯粹分裂也就首先把一般人对施予者的观感和看法破坏了。财富所直接面临的是这样一种最内心的空虚，它感觉在这个无底深渊中一切依据、一切实体都消失得荡然无存，它看到在这个无底深渊中所唯一仅有的只是一种卑鄙下流的事物，一种嬉笑怒骂的游戏，一种随心所欲的发作。它的精神只落得是完全一无本质的意见，是精神丧失后遗留下来的躯壳。①

在黑格尔看来，这种俯首帖耳的高贵意识和叛逆反抗的卑贱意识在同一人格或自我中的混同，乃是人格、自我和精神普遍分裂的象征，这种普遍分裂的状态尤其表现在法国哲学家狄德罗（Diderot，1713—1784）的重要著作《拉摩的侄儿》(1773)中。在狄德罗的笔下，拉摩的侄儿是一个充满思想矛盾的人物。他是高傲和卑贱、才智与愚蠢的混合物，在他的脑海里正当的和不正当的思想杂乱地共居一处；他既有自然赋予他的优良的品质，又毫不羞耻地表露他所接受的恶劣品质；他有坚强的体魄，但又有敏感的、脆弱的神经；他在音乐上有卓越的才华，但又缺乏艺术大家那种一往无前的奋斗精神；他在几乎所有的问题上都有自己的真知灼见，但又毫无忌讳地追求肉欲和享受。总之，拉摩的侄儿是一个真正的矛盾的混合物，正如狄德罗所写的：

> 没有比他自己更不像他自己的了。有时他瘦削憔悴，像到了末期的痨病患者一样；你可以透过他的腮颊数得清他有几颗牙齿。你会说他曾经饿了好几天，或者是刚从练心会修道院里出来的。

---

① 《黑格尔全集》第 3 卷第 383—384 页，1986 年德文版。(G. W. F. Hegel, *Gesammelte Werke*, *vol.* 3, Berlin: Suhrkamp Verlag, 1986, ss. 383-384. ——编者注)

到了下一个月，他会长得肥胖丰满，好像不曾离开过一位金融家的餐桌，或者曾经被关在圣伯尔纳丁的修道院里一样。今天，他穿着脏衬衣，破裤子，衣衫褴褛，差不多光着脚，低垂着头走路，避开人们；你会打算叫住他给他一点布施。明天，他扑着粉，穿着鞋子，鬈着头发，穿着漂亮的衣服，抬起头来走路，神气十足，你几乎会相信他是一位体面的绅士。①

就像中世纪宫廷中的丑角一样，拉摩的侄儿是有产阶级手中的玩物，是体面人家家中的食客，他装疯卖傻、藏巧弄拙就是为了替那些饱食终日、无所事事的家伙消愁解闷。他原来住在一个体面人家的家里，这个家庭的所有成员都把他作为逗乐的对象。有一次，他突然恢复了常人的理智，也就是说，内心的羞耻感突然萌发了，于是，他从那里被赶出来了，只能流落街头，过有一顿没一顿的生活。在这种状态下，他常常会追恋"埃及的肉锅"，渴望再回到那个体面人家中去，于是，他叹息着说：

……我还是该去，带着这个烦恼的面容，这双迷乱的眼睛，衬衣的领口完全敞开着，头发蓬松着，在这个真正悲剧的状态里，恰恰像你现在的情形。我将自己投在女神的脚下；把脸孔贴在地上，不肯起来，用低的呜咽的声音说："请饶恕我，夫人！饶恕我吧！我是卑鄙的，下贱的。那只是一个不幸的刹那；因为你知道，我是从来不服从理智的，我应允你，在我这一生再也不会有同样的事情发生了。"②

这么说的时候，拉摩的侄儿就倒在地下，把脸孔贴在地上，双手似乎握着一只拖鞋的鞋尖，哭着，乞求着，突然，他内心的某种固有的东西又

---

① 《狄德罗哲学选集》，陈修斋等译，生活·读书·新知三联书店1957年版，第200页。

② 同上书，第215页。

苏醒过来了，于是，他站了起来，用严肃的、深沉的声调继续说，

　　……要我走去对这样一个母猴来贬低自己！在一个下贱渺小的女戏子脚下来乞求慈悲，……我，拉摩，是第雍的药剂师拉摩先生的儿子，他是一个正直的人，从来不曾在任何人的面前屈过膝的！……我，够了，我！我应该去吗？不，先生，那是不可能的！（现在把他的右手放在胸前，他继续说）这里我感觉有些什么东西在涌上来，在对我说："拉摩，你不要那样做。"一定是有某种尊严之感和人性结合着，那是没有人能够把它消灭掉的。现在无缘无故地，它一下子奋发起来了。是的，无缘无故地：因为在别的日子，我随心所欲地下流无耻，它并没有令我难过；在那些日子，为了一个铜板，我也曾经吻过小胡丝的臀部哩。①

　　这两段话把拉摩的侄儿的整个性格勾勒出来了。正如黑格尔所描绘的，一方面，在接受财富的赐予时，自我俯首帖耳，淹没在"高贵意识"中，自我实际上否定了自己，成了他人、财富和权力的附庸；另一方面，自我乃是一个独立的人格，他人赐予的一顿饱餐及他人在赐予某些财富时的傲慢放肆，都会激起这个异己的自我的激怒和反抗，从而使他卷入"卑贱意识"中。拉摩的侄儿，这个具有普遍意义的自我的化身，同时漂浮在"高贵意识"和"卑贱意识"中：

　　这样一种意识，其行为态度既然含着一种绝对分裂性，那么它作为高贵意识所赖以有别于卑贱意识的那种区别就从它的精神中消逝，而两种意识就是同一种意识了。②

---

　　① 《狄德罗哲学选集》，陈修斋等译，生活·读书·新知三联书店 1957 年版，第 216 页。
　　② 《黑格尔全集》第 3 卷第 383 页，1986 年德文版。(G. W. F. Hegel, *Gesammelte Werke*, vol. 3, Berlin: Suhrkamp Verlag, 1986, s. 383. ——编者注)

这种"高贵意识"和"卑贱意识"的混同，即自我、人格、精神的绝对分裂正是此岸世界内在分裂的一个表征。这种普遍分裂的精神状态仿佛宣告，欧洲封建王朝已处于风雨飘摇之中，作为王朝权力象征的巴士底狱的地基已经在抖动了。拉摩的侄儿说出的不仅仅是他自己的感觉，而是整个时代的感觉；他表露的不仅是他个人的痛苦，而是整个时代的痛苦；他说出的不仅是他个人的要求，而是整个时代的要求。正如席勒笔下的渔夫所期待的。

> 大风啊，狂吹吧！电光啊，疾闪吧！
> 云层啊，崩裂吧！天上的洪流啊，
> 倾泻下来把大地淹没吧！
> 把那胚胎中未萌的苗裔毁掉吧！
> 风、火、水、土啊，你们大逞神威吧！
> 熊罴啊，荒野中太古的豺狼啊！
> 归来吧，这是你们的世界！
> 没有自由，谁愿意住在这里！①

第四节　理性与情欲的两分

如果说，在文艺复兴和宗教改革运动中，理性和情欲还手携手地与宗教神学和经院哲学斗争的话，那么，在启蒙运动中，少数目光敏锐的思想家和文学家已看到了理性与情欲之间的冲突乃至对立。卢梭不仅意识到了这一点，而且他本身就是这种对立的一个化身。在《忏悔录》(1788)中，他这样写道：

有两种几乎绝对不能相容的东西，在我身上居然结合在一起，

---

① ［德］席勒：《威廉·退尔》，钱春绮译，人民文学出版社1956年版，第129页。

> 我很难想象这是怎么一回事：一方面是非常炽热的气质，热烈而好冲动的激情，另一方面却是迟钝而又混乱的思想，差不多总是事后才明白过来。简直可以说，我的心和我的头脑不是属于同一个人的。感情比闪电还快，立刻充满了我的心；但是它不仅不能照亮我的心，反而使我激动，使我发昏。我什么都感觉到，却什么也看不清。①

这种激情与理性的两分在他的作品中得到了充分的表现。比如，在《论人类不平等的起源和基础》(1753)中，他强调人性本善。主张抛弃文明，回到原始状态中去。著作出版后，他送了一本给伏尔泰(Voltaire, 1694—1778)，伏尔泰在回信中说：

> 我收到了你的反人类的新书，谢谢你。在使我们都变得愚蠢的计划上面运用这般聪明伶巧，还是从未有过的事。读尊著，人一心想望四脚走路。但是，由于我已经把那种习惯丢了六十多年，我很不幸，感到不可能再把它拣回来了。②

显然，在伏尔泰看来，卢梭的这部著作不是理性而是激情的产物，但他又不得不赞叹这部著作在理智运用上的卓绝的水平。这种理性和情感之间的对立也表现在他的生活中。1762 年，卢梭出版了《爱弥儿》和《社会契约论》，进一步招致了法国政府的迫害，他流亡到英国后，和休谟的关系很好。但由于患上了被害狂想症，又猜疑休谟是阴谋害他的人，有时，当他醒悟到这种猜疑的荒唐时，他会拥抱休谟，高叫："不，不！休谟决不是卖友的人！"被弄得十分窘迫的休谟只能回答说："什么，我亲爱的先生！"

最后，卢梭的狂想得胜了，于是，他逃走了。休谟后来在回忆与卢梭的交往时说：

---

① ［法］卢梭：《忏悔录》第 1 部，黎星译，人民文学出版社 1980 年版，第 137 页。
② ［英］罗素：《西方哲学史》(下)，何兆武、李约瑟译，商务印书馆 1963 年版，第 229 页。

他在整个一生中只是有所感觉，在这方面他的敏感性达到我从未见过任何先例的高度；然而这种敏感性给予他的，还是一种痛苦甚于快乐的尖锐的感觉。他好像这样一个人，这人不仅被剥掉了衣服，而且被剥掉了皮肤，在这情况下被赶出去和猛烈的狂风暴雨进行搏斗。①

按照休谟的看法，在卢梭身上发生的理性和情感的冲突中，情感一面常常是占上风的，因而卢梭是一个感觉无比敏锐的人。在某种意义上，拉摩的侄儿这个虚构的形象反映了卢梭性格的某个侧面，拉摩的侄儿虽然不乏真知灼见，但在大多数情况下，他的理性是熟睡着的，他的情欲则支配着他的生活，他很坦白地说：

谁能够，谁就有德行和哲学吧。谁能够，谁就保持它们吧。试想象一个贤智而懂哲理的世界；你要承认它将是非常沉闷的。请看吧，哲学万岁，所罗门的明智万岁！喝好酒，饱吃美味的菜肴，占有漂亮的女子，在柔软的床铺上睡眠；除此之外，其余一切都是无谓的事了。②

不管是在真实的卢梭还是在虚构的拉摩的侄儿身上，我们都发现了这种理性和情欲的对峙。在德国启蒙运动的伟大旗手——歌德（Johann Wolfgang von Goethe，1749—1832）的巨著《浮士德》中，这种对峙以更完美的艺术形式表现出来。靡菲斯特在与天帝的谈话中，已说出了浮士德性格中的这一矛盾：

不错！他为你服务的方式特别两样，
尘世的饮食他不爱沾尝。

---

① ［英］罗素：《西方哲学史》（下），马元德译，商务印书馆1982年版，第232页。
② 《狄德罗哲学选集》，陈修斋等译，生活·读书·新知三联书店1957年版，第234页。

他野心勃勃，老是驰骛远方，

也一半意识到自己的狂妄；

他要索取天上最美丽的星辰，

又渴望地上极端的放浪，

不管是在近处还是在远方。

都不能满足他深深激动的心肠。①

当浮士德博士坐在书斋里发奋攻读哲学、医学、神学、法学等学科时，他的心并不是平静的，对知识的怀疑和对书斋生活的厌倦已在他心中萌动。

唉！我还要在这监牢里坐待？

可诅咒的幽暗墙穴，

连可爱的天光透过有色玻璃

也黯然失色！

更有这环绕四周的书堆，

尘封虫蛀已损坏，

高高地堆到屋顶，

用烟熏的旧纸遮盖，

周围瓶罐满排，

充斥着器械，

还有祖传的家具堵塞内外——

还便是你的世界！这也算是一个世界！②

当浮士德和他的学生瓦格纳一起走出书斋，到城外去郊游时，明媚的阳

---

① 《浮士德》第 1 卷第 11 页，1971 年德文版，1986 年德文版。（Goethe, *Faust I*, Berlin：Aufbau-Verlag, 1971, s. 11.——编者注）

② 《浮士德》第 1 卷第 14 页，1971 年德文版。（Goethe, *Faust I*, Berlin：Aufbau-Verlag, 1971, s. 14.——编者注）

光、鲜花盛开的大自然和热情洋溢的人群，并没有激起瓦格纳的激情。他认为，精神的全部快乐就是逐页逐页地攻读书籍。

> 啊！要是你翻读贵重的羊皮宝卷，
> 那么，整个天宇就下降到你的身边。

浮士德驳斥道：

> 哦，你只知道一种冲动，
> 永不会把另外一种认清！
> 在我的胸中啊，盘踞着两个灵魂，
> 这一个想和那一个离分；
> 一个沉溺在强烈的爱欲中，
> 以固执的官能贴紧凡尘；
> 一个则强要脱离尘世，
> 飞向崇高的先人的灵境。①

在这里，浮士德十分明确地说出了隐藏在自己内心的理性与情欲之间的激烈的冲突。正是这种冲突使浮士德毅然决然地与靡菲斯特签订了契约，并表达了内心已经升起的那种强烈的冲动。

> 思想的线索已经中断，
> 我久已厌恶一切知识。
> 让我进入感性世界的深处，
> 以平息我燃烧般的热情！②

---

① 《浮士德》第 1 卷第 34 页，1971 年德文版。（Goethe，*Faust I*，Berlin：Aufbau-Verlag，1971，s. 34.——编者注）

② 同上书，第 51 页。

像卢梭、狄德罗、歌德这样的思想家和文学家并不是随波逐流的人物，即使他们生活的整个时代都处在对理性和知识的热烈崇拜中，他们仍未被这种现象蒙蔽，而是敏锐地预见到，理性和知识可能会取代宗教的地位而成为情欲的新的压抑者。柏拉图笔下的哲学王不是打算把诗人（作为情欲和恶的象征）逐出理想国吗？在反叛基督教神学的新时代，理性一站稳脚跟，就会回过头来清算情欲，把情欲置于自己的独裁统治之下。因而意识到理性与情欲的对立，也就窥见了潜伏在新时代文化中的对立和冲突，这一冲突总有一天会爆发成对新时代文化的全面否定。

当人们从彼岸世界走向此岸世界时，他们是兴高采烈的，但这种高兴归根结底是近视的，因为基督教的存在和发展是有其理由的。从历史上看，它乃是当时罗马盛行的纵欲主义的一个反题，正如海涅说的：

> 在这罗马人的世界里，肉身已变得如此肆无忌惮，看来需要基督教的纪律，来使它就范。吃了一顿特利马尔奇翁的盛宴之后，是需要一次基督教似的饥饿疗法的。①

当然，基督教走到了与罗马的纵欲主义相反的另一个极端——禁欲主义上，这样一来，感觉主义的复兴也就成了理所当然的事。然而感觉主义一经复兴，又会以自己独特的逻辑走向极端，即理论上的不可知主义和实践上的纵欲主义，从而又会出现某种程度上对灵化的渴求，即退回到彼岸世界去的倾向，这种倾向与理性主义的传统（即知识论哲学的传统）结盟，构成了对感觉主义的新的威胁。感觉主义、理性主义和唯灵主义构成了人的生存意识的不同侧面，它们相互纠缠、相互冲突，形成了人类精神和文化发展的跌宕起伏的历史，我们对其中的任何一个侧面都不

---

① 张玉书编选：《海涅选集》，人民文学出版社 1983 年版，第 13 页。

能取简单否定的态度，正如但丁笔下的阿奎那所说的：

> 凡是对各种场合不加辨别，
> 而轻易肯定轻易否定的人，
> 都是愚妄得无以复加的蠢汉。①

---

① ［意］但丁：《神曲·天堂篇》，朱维基译，上海译文出版社 1984 年版，第 108 页。

第三篇　从知识世界到
生存世界

与基督教中世纪对信仰的热情相反，近代西方哲学文化的基调是求知，即探索外部世界的奥秘。正如梯利告诉我们的："近代哲学由相信人类心灵能够获得知识开始，问题是如何、用什么方法得到知识，知识的范围能扩展到多远。"①在休谟之前，经验主义者和唯理论者都肯定真正的知识是普遍的和必然的，休谟从感觉主义的怀疑论出发，否定了人们关于上帝、宇宙和灵魂的知识的可靠性，他把传统形而上学之舟从水中拉到岸上，目的不是要修理它、更新它，而是要让它躺在那里腐烂掉②。

休谟的怀疑主义摧毁了传统形而上学营造的知识大厦，但有趣的是，他不但没能把知识之路给堵塞住，反而进一步激活了后来的哲学家的求知的热情。一方面，正是休谟把康德（Kant，1724—1804）从莱布尼茨—沃尔夫的独断论形而上学的迷梦中惊醒过来，使他认识到关于上帝、宇宙、灵魂的知识的不可能性；另一方面，正是牛顿在物理学研究上取得的伟大成就使康德确信，普遍的、必然的知识在物理学和数学中的可能性。于是，在"先验唯心主义"的旗帜下，康德开辟出一条全新的求知的道路：一方面，他把时空和十二个知性范畴作为先天的形式提取出来，用以整理杂乱的感觉经验资料；另一方面，他把现象（经验界）与本体（超验界）区分开来，把全部知识都限定在现象的范围之内。这样一来，休谟的怀疑主义再也无法伤害康德的知识理论了。康德以其批判哲学为工具重新修复了休谟弃置在岸上的形而上学之舟，并把它推入水

---

① ［美］梯利：《西方哲学史》第 391—392 页，1925 年英文版。
② 参见俞吾金《哲学革命的"纲要"：读康德〈导论〉有感》，载《读书》1984 年第 7 期。

中，给了它一名驾驶员、一张航海图和一个罗盘。

作为伟大的人文学者，康德虽然也受到了向苏格拉底、柏拉图和亚里士多德的知识论哲学挑战的法国哲学家卢梭的巨大影响，这一影响在《实践理性批判》中得到了充分展现，但康德思考的基本问题仍然是知识问题。正如梯利指出的："康德的基本问题是知识问题：什么是知识？知识如何可能？什么是人类理性的界限？要回答这些问题，必须审查人类理性或对它加以评判。"①《纯粹理性批判》正是康德的新的知识理论的奠基石。康德所倡导的新的知识论哲学的影响是无与伦比的。

费希特（Fichte，1762—1814）作为康德的学生，其主要哲学著作为《全部知识学的基础》。在该书中他开宗明义地指出："我们必须找出人类一切知识的绝对第一的、无条件的原理。"②这句话道出了费希特哲学研究的根本方向。一言以蔽之，知识学就是研究知识得以形成的先决条件、基本因素和发生过程的。尽管费希特的哲学也很重视行动和伦理的问题，从而对当代的存在主义思潮产生了一定的影响，但知识或认识问题依然是他的学说所关注的第一个问题。

谢林（Schelling，1775—1854）沿着康德和费希特的方向继续向前走去。他虽然十分重视对艺术和宗教的思考，但最关注的仍然是知识问题。其《先验唯心论体系》实际上是费希特意义上的知识学的一个分支。在该书中，他强调说，知识活动是主观方面与客观方面的一致，并进而发挥说，"如果一切知识都以这两者的一致为基础，那么说明此种一致的课题就无疑是一切知识的最高课题，而且像一般公认的那样，如果哲学是一切科学中至高无上的科学，那么这个课题无疑便是哲学的首要课题"③。知识问题乃是谢林全部哲学的基石。

黑格尔（Hegel，1770—1831）是德国古典哲学的集大成者，他以深邃的、批判的目光审视了前人的学说，他的许多真知灼见，尤其是关于

---

① ［美］梯利：《西方哲学史》，1925 年英文版，第 396—397 页。
② ［德］费希特：《全部知识学的基础》，王玖兴译，商务印书馆 1986 年版，第 6 页。
③ ［德］谢林：《先验唯心论体系》，梁志学、石泉译，商务印书馆 1976 年版，第 8 页。

异化和劳动的学说，本来可以引申出富有革命意义的哲学理论，然而，遗憾的是，黑格尔不但没能摆脱知识论哲学传统的束缚，反倒成了这一传统的最后的，也是最大的代表。犹如歌德的《浮士德》一样，黑格尔的《精神现象学》显示了世界历史发展的壮丽的画卷，可是，在这部划时代的巨著中，精神运动的最后一个阶段仍是"绝对知识"。他这样写道："绝对知识是在精神形态中认识着它自己的精神，换言之，是（精神对精神自身的）概念或知识。"又强调说："推动精神关于自己的知识形式向前发展的运动，就是精神所完成的作为现实的历史的工作。"①这样一来，现实的历史运动也就消解在概念知识的辩证运动中了。黑格尔的《逻辑学》更是一个抽象的概念知识的王国，在这里运动着、流转着的乃是一个接一个的概念，一切现实的东西都被放逐到注释中去了，一切有生命的东西都被窒息了，阴影取代了事物，纸币取代了真金，抽象的概念知识取代了人的活生生的存在。黑格尔对知识论哲学传统的维护尤其体现在他对柏拉图的概念辩证法学说的恢复中。黑格尔说："柏拉图的研究完全集中在纯粹思想里，对纯粹思想本身的考察他就叫辩证法。"②黑格尔融合了柏拉图、赫拉克利特等人的辩证法思想，形成了一种人们称之为辩证逻辑的特殊逻辑。亚里士多德开创的形式逻辑的狭隘空间一旦被黑格尔所开创的辩证逻辑的广阔空间所取代，知识论哲学传统就获得了更坚实、广阔的逻辑基础。

与从康德到黑格尔的新知识论哲学的发展相平行的是自然科学的凯歌行进。在 19 世纪，最引人注目的三大发现是：细胞学说、能量守恒定律和达尔文（Darwin，1809—1882）的进化学说。达尔文的进化学说是在广泛搜集经验资料的基础上阐述出来的，然而从理论上看，却是由马尔萨斯（R. Malthus，1766—1834）的生存理论所催生的。在 1798 年出版

---

① 《黑格尔全集》第 3 卷第 582，586 页，1986 年德文版。（G. W. F. Hegel, *Gesammelte Werke*, vol. 3, Berlin: Suhrkamp Verlag, 1986, pp. 582, 586.——编者注）

② 《黑格尔全集》第 19 卷第 67 页，1986 年德文版。（G. W. F. Hegel, *Gesammelte Werke*, vol. 19, Berlin: Suhrkamp Verlag, 1986, p. 67.——编者注）

的《人口原理》一书中，马尔萨斯写道：

> 我想我大致可以作出两个假定。第一，对于人类的生存，食物是必需的；第二，两性之间的情欲是必需的，并且将以近于目前的状态而持续下去。
>
> 在整个动物界和植物界，大自然用最豪爽宽大的手到处散播生命的种子。在它们成长所必需的地面和养料方面，她却是相当吝啬的。植物的种类和动物的种类在这项巨大的限制法则下减缩了。人种也不可能依靠任何理性的努力逃脱这项法则。在动植物中间，其后果是种子的浪费、疾病和死亡。在人类中间，其后果是苦难和罪恶。①

达尔文于 1838 年读到了这部著作，当即被他的理论吸引住了。他后来写道：

> 我为了消遣偶然读到了马尔萨斯的《人口原理》，而我由于长期不断地观察动植物的习惯，对这种到处都在进行着的生存斗争，思想上早就容易接受，现在读了这本书立刻使我想起，在这些情况下，有利的变异往往易于保存，而不利的变异则往往易于消灭。其结果就会形成新的物种。这样，我终于得到了一个能说明进化作用的学说了。②

达尔文接受了马尔萨斯的生存斗争的理论，但却改变了它的基调。马尔萨斯用个人之间相互竞争的观念证明人类进步是不可能的，达尔文则肯定生物界和人类都处在进化和发展的过程中。达尔文的进化学说对哲学

---

① ［英］斯蒂芬·F. 梅森：《自然科学史》，上海外国自然科学哲学著作编译组译，上海人民出版社 1977 年版，第 387—388 页。
② 同上书，第 390 页。

和其他文化分支的发展都产生了巨大的影响：首先，它揭示了人类的起源，从而从根本上粉碎了基督教的"创世说"，使披在人身上的宗教的神圣的外衣终于滑落在地下；其次，它把哲学文化研究的目光重新引回到生存以及生存斗争这一基本问题上，从而为生命哲学、人类学的兴起，为超越知识论哲学的视界提供了深刻的科学背景；第三，它在它诞生的时代中植入了一种乐观主义的、蓬勃向上的精神。

19 世纪中叶，与达尔文的进化学说的形成同步的是，热力学第二定律也被克劳胥斯（Clausius，1822—1888）等物理学家发现了，克劳胥斯于 1865 年提出了"熵（entropy）"的概念，强调宇宙的熵会趋于极大值。根据热力学第二定律，时间是一个矢量，它的流逝是不可逆的，随着熵的自发的增加，宇宙最终会在热寂状态中死灭。热力学第二定律蕴含着与达尔文进化学说的乐观主义相反的精神向度，但这一精神向度在当时自然科学的凯歌行进中并未引起学者们，尤其是哲学家们的充分注意。

与当时哲学上、自然科学上的巨大的求知热情和征服外部世界的坚定信心相对应的，是文学艺术上对光明、欢乐和野心的歌颂。法国小说家巴尔扎克（Balzac，1799—1850）在《高老头》这部名著中刻画了一个充满野心的青年人拉斯蒂涅。当他埋葬了高老头，站在拉希公墓旁远眺巴黎市区的时候，他的欲火炎炎的眼睛久久地停留在他日夜向往的上流社区，气概非凡地说：

现在咱们俩来拼一拼吧！

法国另一位著名的小说家司汤达（Stendhal，1783—1842）在其代表作《红与黑》中也塑造了一个像拿破仑或罗伯斯庇尔一样具有野心的青年人于连：

一只雄鹰从他头顶上的那些巨大岩石间飞起来，他看见它划着一个个巨大的圆圈，静悄悄地盘旋着。于连的眼睛不由自主地跟着这只猛禽转动。它的动作平稳、有力，深深地打动了他，他羡慕它的这种力量，他羡慕它的这种孤独。这就是拿破仑的命运；难道将来有一天也会是他的命运吗？①

在艺术中，这个时期的主调也是追求理性、光明与欢乐。法国艺术家罗丹（Rodin，1840—1917）的雕塑《思想者》和《巴尔扎克》都体魄坚强，目光深邃，显示出追求理性和真理的思想力度；德国音乐家贝多芬（Beethoven，1770—1827）的《第五交响乐》表露出与命运抗争的巨大力量，《第九交响乐》的结尾部分融入了席勒《欢乐颂》的精神，歌颂欢乐战胜了痛苦，欢乐解放了人类。罗曼·罗兰在倾听这一交响乐时表达了他的深切的感受：

> ……欢乐渐渐统治了万物。这是一场征服痛苦的斗争胜利。此时我们听到了进行曲的节奏，大军前进的步伐，男高音热烈而喘息的歌声，这一切令人激动的篇章似乎使人领略到贝多芬本人的气息、欢呼的节奏和发自心灵的呼唤，我们似乎看到他一边在原野上疾奔，一边进行创作，他犹如暴风雨中的老李尔王，充满着狂热的激情。战斗的欢乐之后，接着是宗教的狂热，然后是神圣的狂欢、爱情的狂悦。整个激动的人类向苍天伸出双臂，大声疾呼，奔向欢乐，紧紧地将她拥抱在怀中。②

这种洋溢在文学艺术作品中的寻求理性、光明和欢乐的进取精神是与氤氲在哲学和自然科学中的求知热情相协调的。然而，这种以从康德到黑格尔的新知识论为核心的哲学文化精神已经不知不觉地走到了它的光辉

---

① ［法］司汤达：《红与黑》，郝运译，上海译文出版社 1986 年版，第 81—82 页。
② ［法］保罗·朗多米尔：《西方音乐史》，朱少坤等译，人民音乐出版社 1989 年版，第 185 页。

行程的终点。

从哲学上看，黑格尔还在世时就已受到叔本华的挑战。叔本华的挑战虽然失败了，但他已正确地预言了黑格尔哲学在即将来临的新时代中的不幸遭遇。除了叔本华之外，克尔凯郭尔、费尔巴哈、马克思、尼采和柏格森等哲学家把以理性追求外部世界的本质的知识论哲学重新引回到人的身上，引回到人的生存问题上。在这些哲学家的影响下，20世纪的哲学家海德格尔、雅斯贝尔斯和萨特形成了系统的生存哲学理论。

从科学上看，传统的理论和见解也陷入了危机之中。19世纪末，物理学家们普遍认为，牛顿力学和麦克斯威尔（Maxwell，1831—1879）的电磁方程已经把物理学中的一切问题都解决了，留下来的只是两片乌云：一是迈克尔逊（Michelson，1852—1931）和莫雷（Morley，1836—1923）关于光的速度的实验；二是黑体辐射现象。谁知这两片乌云不但没能被物理学的经典理论所消化，反而从根本上动摇了这一理论。待到云消雾散，人们发现，牛顿力学已被爱因斯坦（Einstein，1879—1955）的相对论所取代，麦克斯威尔的电磁理论已被普朗克（Planck，1858—1947）的量子理论所取代。在数学上，当数学家们断言完全的严格性已经达到时，罗素（Russell，1872—1970）发现了集合论悖论，从而改变了数学和数理逻辑的研究方向。在生物学上，孟德尔（Mendel，1822—1884）关于遗传研究的成果被重新发现后，关于物种进化的理论获得了新的、更全面的说明。另外，在19世纪中叶，心理学也诞生了，无意识问题引起了心理学家和哲学家们的广泛兴趣，在著名的奥地利心理学家弗洛伊德开创的心理分析学说中获得了透彻的说明，从而为19世纪生存问题的探索打开了一个全新的视域。

从文学艺术上看，变化也是巨大的。法国文学家波德莱尔（Baude-laire，1821—1867），俄国文学家陀思妥耶夫斯基和奥地利文学家卡夫卡对20世纪初以来的现代派文学的发展产生了重大的影响。梵·高、高更、塞尚不仅是后印象主义画派的代表人物，而且对流派纷呈的西方现代绘画产生了巨大的影响，立体派的著名代表毕加索的绘画从根本上改造了传统，开辟了一个崭新的时代，显示了当代人的生存意义。

从宗教和伦理上看，与知识论哲学相协调的传统也被无情地破坏了，正如宾克莱所说，"我们的时代常被称为相对主义的时代。在所谓爵士式音乐的二十年代中，沃尔特·李普曼观察到'一些现代性的酸'已经使过去各种宗教式的笃信溶解了。他认为，科学方法的影响和工业都市的发展是使各种绝对的东西失去信仰的主要因素。甚至在道德领域里，我们从《旧约全书》中希伯来人那儿继承下来的戒条也正开始在一个新时代的精神里溶解了。"①

总之，以知识论为核心的西方哲学文化在 19 世纪达到了光辉的顶点，但同时，它的全面崩解也开始了。正如使徒彼得对安那亚尼说的：

　　看吧！将要抬你出去的人的脚，已经站在门口。②

---

① ［美］L.J. 宾克莱：《理想的冲突》，马元德等译，商务印书馆 1983 年版，第 6—7 页。
② 见《圣经·新约》使徒行传第五章。

第八章 人生哲学的勃兴

以苏格拉底、柏拉图和亚里士多德为肇始人的西方知识论哲学，经过以笛卡尔为奠基人的近代唯理论哲学和以培根为始作俑者的经验论哲学的洗礼，在康德那里被熔铸成一种新的、更为精巧的知识论哲学，这一哲学在黑格尔那里取得了最后的、最完备的形式。黑格尔的《逻辑学》乃是包罗万象的绝对知识的殿堂，在这个由光辉灿烂的理性所照耀着的殿堂里，有的只是概念木乃伊，只是虚幻的知识，没有生命的搏动，没有意志和力的驰骋，没有人生的悲苦或欢笑，以致费尔巴哈这样写道："我在黑格尔逻辑学的哲学面前发抖，正如生命在死亡面前发抖一样。"①

作为对黑格尔知识论哲学的一个反题。费尔巴哈建立了人本主义哲学，他深有感触地说：

> 归根到底，真理不过是活生生的人自己。正是这个缘故，在我的《神谱》里，我把自己与荷马最紧密地联系起来，就算我还不能在希腊人中间发现真正完善的人。②

---

① 苗力田译编：《黑格尔通信百封》，上海人民出版社 1981 年版，第 305 页。
② 同上书，第 309 页。

在这段话中，费尔巴哈不仅说出了他生活的那个时代的哲学的需要，而且通过对荷马的赞扬，已蕴含着对被苏格拉底、柏拉图所误导的整个希腊哲学传统的批评，这方面的工作，即对整个知识论哲学传统的批评后来是由尼采完成的。

费尔巴哈的人本主义哲学虽然说出了那个时代的心声，但与其说它是深刻的，不如说它是动听而肤浅的。我们不妨分析一下费尔巴哈在1825年写给他父亲的信中关于"人"的那段话：

> 我要把人，把整个的人，深深地铭刻在心中，它不是医生病床上和解剖刀下的人，不是律师在法庭上和审讯室里的人，不是面包匠，也不是酿酒师样的人。①

费尔巴哈在这里使用的一系列否定词"不是"表明，他所肯定的"人"仍然是一个非社会的、抽象的人。在对知识论哲学传统的反叛和对人生哲学的建设中真正产生巨大影响的是叔本华、尼采和柏格森。

第一节　意志是认识的主人

众所周知，在康德那里，自在之物是一个超验的、人的认识所无法达到的东西。这个东西究竟是什么呢？对此，康德以后的哲学家们众说纷纭，莫衷一是。叔本华（Schopenhauer，1788—1860）认为，"意志就是真正的自在之物。任何人都能看到自己就是这意志，世界的内在本质就在这意志中"②。这样一来，叔本华给哲学家们的求知热情兜头浇下一盆冷水，他干脆抹掉了他们关于上帝、灵魂和世界整体的无

---

① 苗力田译编：《黑格尔通信百封》，上海人民出版社1981年版，第272页。
② 《叔本华全集》第1卷第238页，1986年德文版。（Arthur Schopenhauer, *Sämtliche Werke*, *Band I*, Frankfurt: Suhrkamp Verlag, 1986, s. 238.——编者注）

休止的、向外的争论，直接把哲学引回到人身上，引回到对人生问题的探索上。

当然，叔本华说的"意志（Wille）"并不仅仅是人的意志，在他那里，意志是一个广义的概念，它作为世界的本质不光体现在人的身上，而且也体现在动物、植物乃至无机物上。他认为，物理学上使用的"力"的概念不过是意志的别名罢了。然而，叔本华强调，人身上表现出来的意志与动植物和无机物有本质的差别。在人之前，意志始终处在黑暗之中，它的活动完全是盲目的，随着人的出现，认识之光照亮了意志，因而在人那里就有了一个意志与认识的关系问题。这个问题是不可能在动植物或无机物那里出现的。既然意志是原初的东西，认识只是后来的、随着人的出现才发生的东西，所以叔本华得出了如下结论：

> 意志是第一性的，最原始的；认识只是后来附加的，是作为意志现象的工具而隶属于意志现象的。因此，每一个人都是由于他的意志而是他，而他的性格也是最原始的，因为欲求是他的本质的基地。①

叔本华的这一论断之所以重要，是因为它从根本上动摇了知识论哲学传统的理论基础。

在知识论哲学看来，人首先是一个认识着的东西，是一个抽象地向外求知的东西，然后才是一个欲求着的东西。也就是说，人的认识是第一性的，人的欲求和意志是第二性的。根据这种传统的见解，人之所以是他，是由于他的认识才成为他的。他是作为道德上的零而来到这世间的，是在世上认识了各种事物之后，才做出决定要这样做，要那样做的。他还可以由于新的认识而导致一种新的行为方式，从而变为另一个

---

① 《叔本华全集》第 1 卷第 401 页，1986 年德文版。（Arthur Schopenhauer, *Sämtliche Werke Band I*, Frankfurt：Suhrkamp Verlag, 1986, s. 401.——编者注）

人。在叔本华看来。所有这些见解都把实际关系搞颠倒了。他驳斥道：

> 人是随着、按着意志的本性而认识自己的；不是如旧说那样以为他是随着、按着他的认识而有所欲求的。按旧说只要他考虑他最喜是如何如何，他便是如何如何了：这就是旧说的意志自由。所以旧说的旨趣实际上是说：在认识之光的照耀下，人是他自己的创造物。我则相反，我说：在有任何认识之前，人已是他自己的创造物；认识只是后来附加以照明这创造物的。因此，人不能做出决定要做这样一个人，要做那样一个人，也不能再变为另一个人；而是他既已是他，便永无改易，然后，逐次认识自己是什么。在旧说，人是他要认识的东西，依我说，人不过是在认识他所欲求的东西。①

这样一来，叔本华把知识论哲学的基础完全颠倒过来了。不是意志和欲求围绕认识而旋转，而是认识围绕意志和欲求而旋转。这一哥白尼式的倒转为西方哲学的发展打开了一个与知识论哲学迥然不同的研究方向。正如罗素所说的："随着意志的地位上升多少等，知识的地位就下降了若干级。我认为，这是在我们这时代哲学气质所起的最显著的变化。"②

没有什么理论比叔本华揭示的道理更浅显易懂的了。如果说，原始人总是赤裸裸地面对着各种生存的困难和危险，因而从不高谈抽象的"玄理"的话，那么在文明人那里，随着认识的发展和知识的增长，一切都颠倒过来了。认识、知识成了第一性的东西，欲求和意志反倒成了认识的仆从。仿佛人一生下来的全部使命就是求知，就是认识世界，对他说来似乎从来就不存在一个生存的问题。于是，人的躯体和四肢都神奇地消失了，剩下来的只是人的思维器官——大脑，人就是大脑，大脑就

---

① 《叔本华全集》第 1 卷第 403 页，1986 年德文版。（Arthur Schopenhauer, *Sämtliche Werke Band I*，Frankfurt：Suhrkamp Verlag，1986，s. 403——编者注）

② ［英］罗素：《西方哲学史》（下），何兆武，李约瑟译，商务印书馆 1963 年版，第 310—311 页。

是人，除此之外再没有别的东西了。仿佛大脑本身就直接可以在地上行走似的。总之，生存的需要和欲求都消失得无影无踪了，认识之光普照一切，人们的思想在一个完美的、理想的知识世界中遨游。这个世界或者是柏拉图式的理念世界，或者是黑格尔式的逻辑世界，反正是一个与欲求绝缘的抽象的思想世界。

在文明人特别是哲学家那里出现这样的幻觉是不奇怪的。因为文明人生下来就要受几年甚至几十年的教育，这容易使他们产生这样的幻觉，即他们不是为生存而去认识，而是为了认识才去生存、去欲求的，要言之，认识是他们的根本的使命。他们所受的教育越多，他们的思想就越被包裹在一层坚实的知识硬壳中。于是，对原始人说来是如此紧迫的生存问题，对于文明人来说却变得无比遥远了。或者说变得蔽而不明了。知识犹如原始森林中落下来的枯叶，把象征人的生存活动的地面牢牢地遮蔽起来了。人们渐渐地习惯于这个由无数知识编织起来的华丽的世界，尤其是哲学家们，无休止地争论着各种形而上学的问题，以致黑格尔说道：

　　　　人乃是能思维的存在物，天生的形而上学家。①

叔本华哲学的宗旨是把哲学重新引回到生活中，引回到人的生存问题上，然而从意志追求的无限性出发，叔本华引申出了人生是痛苦和无聊的悲观主义结论，于是，他诉诸基督教和印度教的禁欲主义，力图用清心寡欲的办法来否定生命意志，从而使人生摆脱痛苦的折磨。这样，叔本华的哲学在做出了一番英勇的业绩之后，终于栖息在基督教的原罪说（生命意志的肯定）和解脱说（生命意志的否定）之上了。

在上述意义上，我们可以说，叔本华的哲学是一个圆圈。它的起点是肯定生命意志，即肯定意志是第一性的，认识是第二性并服务于意志

---

① 《黑格尔全集》第 8 卷第 207 页，1986 年德文版。（G. W. F. Hegel, *Gesammelte Werke*, *vol.* 8, Berlin: Suhrkamp Verlag, 1986, s. 207.——编者注）

的；它的终点是否定生命意志，即使认识摆脱为意志服务的枷锁（清心寡欲）。这样一来，他就以某种方式退回到他的哲学的起点前去了。另一方面，他对基督教教义的认可，也是间接地对基督教道德的认可，因为全部基督教道德都是以原罪为前提的。叔本华既然认同了原罪说和解脱说，他就没有理由不成为基督教道德的俘虏。于是，我们终于发现，叔本华反对知识论哲学的革命性理论竟然淹没在基督教的禁欲主义的道德中。大山分娩，生出来的却是一只老鼠。这不能不是叔本华哲学的悲剧。然而，在叔本华的洪水泛滥之后，西方的精神世界毕竟发生了根本性的变化。

第二节　传统偶像的破坏者

要彻底摆脱知识论哲学，必须有一个具备足够的力气举起铁锤，又有足够的勇气砸下去的哲学家。这个哲学家就是尼采（Nietzsche，1844—1900）。尼采与叔本华一样，把意志作为他的哲学的出发点，但他不主张像叔本华那样宽泛地去理解意志概念，认为意志和生命是不可分离地联系在一起的，他还抛弃了叔本华的陈腐的悲观主义的见解，倡导了一种肯定生命、肯定本能的积极的人生态度和人生哲学。在尼采看来，叔本华关于"生命意志（Wille zum Leben）"或"生存意志（Wille Zum Dasein）"的提法就是荒谬的，还不存在的东西不可能有意志，而已经存在的东西不用再去求存在，因此，把"生命"或"生存"的概念和"意志"的概念放在一起乃是同义反复，所以，尼采说：

> 仅仅是在有生命的地方才有意志；但不是求生的意志而是——我教你——权力意志（Wille zur Macht）！①

① 《查拉图斯特拉如是说》第 116 页，1958 年德文版。（F. Nietzsche, *Also Sprach Zarathustra：Ein Buch Für Alle und Keinen*，München：Wilhelm Goldmann，1958，s. 116.——编者注）

正是从权力意志的观点出发，尼采充分肯定了作为希腊悲剧之基调的酒神精神，认为酒神祭典中的癫狂状态正是希腊人的生命感和力感的充分体现。尼采宣布：

> 我是为了理解古老的、丰富的乃至满溢着的希腊本能而认真对待那名为酒神的奇妙现象的第一人：这种现象唯有从力的过剩的角度去加以说明。①

尼采认为，即使像温克尔曼、歌德这样的人也并不理解希腊人，因为他们把酒神精神这一根本性的因素从希腊人的文化精神中排除出去了，从而既不能正确地评价希腊的哲学文化精神，也不能找到批评知识论哲学和基督教道德的立足点。而尼采正是站在肯定生命和本能、颂扬酒神精神的立场上，提出了"重估一切价值"的振聋发聩的口号。对知识论哲学和基督教道德这两大传统的"偶像"做出了毁灭性的批判。

不少哲学家都低估了苏格拉底关于"美德就是知识"的重要命题的潜在意义。实际上，这个命题宣布了道德与知识论哲学之间的联盟。公元4世纪，当基督教蜕化为罗马统治阶级的官方宗教后，基督教的道德就成了西方传统道德中的核心部分。基督教的道德所宣扬的仁慈、善良、宽恕、顺从和退让等，都是理性在行为领域中的化身。在西方基督教道德兴起后，西方的知识论哲学就通过理性的纽带和它结成了神圣的联盟。一个哲学家只要在道德观念上屈从于基督教，他就不可能成为知识论哲学的彻底的叛逆者。文艺复兴时期以来的不少哲学家的近视之处在于：一方面，他们夸大了基督教（信仰）和古希腊知识论哲学（理性）之间的对立，忽视了两者之间的一致性，忽视了它们之间的秘密联盟；另一方面，他们又夸大了理性和情欲之间的一致性，忽视了两者

---

① 《尼采全集》第 6 卷第 158 页，1988 年德文版。(F. Nietzsch, *Friedrich Nietzsche Gesammelte Werke*, Band 6, München: Musarion Verlag, 1988, s. 158. ——编者注)

之间的冲突乃至对立。康德把意志理解为实践理性，这说明他归根结底是一个隐蔽的基督徒。叔本华虽然看到了意志、欲求与理性的对立，但最终又屈从于基督教道德，因而归根结底是一个隐蔽的康德主义者。正如我们在前面所论述的那样，卢梭的目光是比较独特的，他既发现了道德与知识（理性）之间的联盟的虚伪性，又发现了理性与情欲之间的冲突，但他对原始的自然状态的向往，在尼采看来，乃是一种矫揉造作；歌德的《浮士德》虽然也洞见了理性与情欲的对立，但他并没有找到批判西方传统文化的新的出发点，如前所述，他与酒神狄奥尼索斯失之交臂了。

尼采的目光乃是权力意志的目光，酒神的目光，在他的目光中，整个西方传统文化都为之改观了。尼采写道：

> 我把苏格拉底和柏拉图看作衰落的征兆，希腊解体的工具，伪希腊人，反希腊人。①

在尼采看来，蕴含在苏格拉底思想中的那个等式"理性（Vernunft）＝美德（Tugend）＝幸福（Gluck）"乃是同希腊人的全部本能背道而驰的。乍看上去，苏格拉底似乎是一个希腊精神的拯救者，一个医生，实际上，他是希腊精神的真正的误导者，他的劝善的道德表明他是生命和本能的反对者，是一个真正的颓废者。柏拉图继承了苏格拉底的传统，因而同样是一个反对生命和本能的颓废者。尼采写道：

> 柏拉图是令人厌倦的。——我对柏拉图的不信任是深入骨髓的：我发现他是如此地远离希腊的一切基本本能，如此道德化，如此先于基督教而基督教气味十足——他把"善"这个概念视为

---

① 《尼采全集》第 6 卷第 68 页，1988 年德文版。（F. Nietzsch, *Friedrich Nietzsche Gesammelte Werke*, *Band 6*, München: Musarion Verlag, 1988, s. 68.——编者注）

最高概念——和别的任何词比较，我宁愿用"高级诈骗"这个刺耳的词，或者，如果人们更爱听，用理想主义来说明整个柏拉图现象。①

尼采甚至认为，苏格拉底和柏拉图之所以逃入至善和理想世界中，是因为他们不敢正视现实世界，他们所倡导的知识论哲学乃是希腊精神衰退的象征，是通向基督教世界的桥梁。几千年来，经过苏格拉底、柏拉图及其追随者的手掌，一切活生生的、满溢着生之本能的东西都被剥制为"概念的木乃伊"，这些哲学家们不过是"概念偶像的侍从"，他们崇拜死亡、扼杀生命，用掘墓人式的冷漠和无情对待生活，在尼采的目光中，承继希腊知识论哲学传统的康德也是一个"概念残疾"。

尼采敏锐地发现，一方面，西方的知识论哲学传统乃是基督教道德观念的理论基础；另一方面，基督教道德又是知识论哲学传统在世俗生活中的坚强的后援，所以，尼采的铁锤不仅对准了知识论哲学，而且也对准了基督教道德。他把酒精、基督教和以瓦格纳为代表的、体现基督教的救赎精神的音乐称之为欧洲的三大麻醉剂。在《查拉图斯特拉如是说》中，尼采大声疾呼道：

上帝已死（Gott starb）：现在我们的愿望是——超人生存（der Übermensch lebe）。②

尼采又说：

---

① 《尼采全集》第 6 卷第 155—156 页，1988 年德文版。(F. Nietzsch, *Friedrich Nietzsche Gesammelte Werke*, Band 6, München: Musarion Verlag, 1988, ss. 155-156.——编者注)

② 《查拉图斯特拉如是说》第 301 页，1958 年德文版。(F. Nietzsche, *Also Sprach Zarathustra: Ein Buch Für Alle und Keinen*, München: Wilhelm Goldmann, 1958, s. 301.——编者注)

我愿意教人们，使他们知道生存的意义，那就是超人，超人乃是来自人这种黑云的闪电。①

通过对基督教道德的否定，尼采提出了关于超人的理想。他不是像康德那样宣布人是目的，而是宣布人只是手段，只是过渡，唯有超人才是真正的目的，唯有向超人的方向努力的人，才真正懂得了生存的意义。尼采在他的诗作《强权者的箴言》中这样写道：

> 决不要请求！不要啼啼哭哭！
> 夺取吧，我请你，永远去夺取！②

尼采把超人作为他所倡导的新的价值的体现者，超人不光热爱生命，而且具有积极的创造和进取精神。他是尼采竖起来的新的上帝，是新的道德观念的化身，也是尼采的积极虚无主义的最后归宿。

尼采哲学的影响是无与伦比的。然而，人们对它的评价却始终是毁誉参半的。尼采对知识论哲学传统和基督教道德观念的批判留下了巨大的价值真空。人们既可以从他的学说中汲取反对旧观念，尤其是旧道德的巨大力量，也可以把他的学说引向种族主义和极端利己主义的泥坑。这就是尼采哲学在现实世界中的遭遇。不管怎样，尼采的巨大功绩是把哲学的航船真正从知识世界引向生存世界。在尼采之后，谁也不会再停留在知识论哲学传统的框架内高谈阔论了。

---

① 《查拉图斯特拉如是说》第 15 页，1958 年德文版。（F. W. Nietzsche, *Also Sprach Zarathustra*：*Ein Büch Für Alle und Keinen*, München：Wilhelm Goldmann, 1958, s. 15.——编者注）

② 《尼采诗选》，钱春绮译，漓江出版社 1986 年版，第 84 页。

第三节　直觉对概念的超越

在德国哲学家叔本华和尼采批判知识论哲学的同时，法国哲学家柏格森（Bergson，1859—1941）也推进了同一方向的工作，并产生了重大影响。柏格森出生于 1859 年，正是达尔文的《物种起源》出版的那一年，不能说柏格森提出的"创造进化（creative evolution）"论与达尔文的进化论无关，但柏格森不主张用机械的目光来探讨进化问题是无可怀疑的。

柏格森的哲学是从对"实在（reality）"概念的重新解释出发的。在他看来："实在"并不像知识论哲学家认为的那样，是一种与人无关的、空幻的东西，而是生命之流，它处在不断的运动和发展的过程中，因而也可以被称作为"绵延（duration）"，"绵延"的原动力就是"生命冲动（élan vital）"，它乃是"实在"或"绵延"生生不息地向前发展的根本原因。正如科普斯顿指出的，"'生命冲动'的概念无论如何类似于可以在古代哲学或某些近代哲学家（如谢林）那里发现的世界灵魂的概念"①。

"生命冲动"无时无刻不在创造新的东西，因而它的进化不是机械的模仿，而是创造进化。对生生不息地运动着的实在或生命之流有两种不同的把握方式：一是"理智（intelligence）"，二是"直觉（intuition）"。前一种方式是科学家和哲学家，特别是知识论哲学家普遍采用的，可是运用这种方式根本不可能把握实在。为什么呢？因为理智的第一个特征是把实在分解为一个一个的要素和部分，这样一来，就把一个有生命的东西变成了一个诸多要素堆积而成的无生命的实体。这就好像把一首诗拆散为字母，然而，这些字母已不复是诗的有机的组成部分了；理智的第二

---

① ［英］科普斯顿：《哲学史》第 9 卷第 223 页，1994 年英文版。（Frederick Copleston, *A History of Philosophy*, Vol. 9, New York: Image Books, Doubleday, 1994, p. 223.——编者注）

个特征是抹杀了实在的变动性，把它变成了一个个静止的、凝固的点的总和：“我们的思维可以从运动的实在中引出固定的概念，但是决不能用固定的概念来重新构成实在的东西的可动性。”①理智的第三个特征是运用概念和语言这种抽象的东西来把握实在，从而丢弃了实在的全部丰富性和个别性，把它变成理智可食用的干瘪的、无生命的东西。这就是说，概念的道路并不通向实在，所以柏格森说：

> 形而上学家在实在之下掘了一条深长的地道，科学家则在实在之上架了一座高大的桥梁，然而，事物的运动之流却在这两个人工的建筑之间通过，而不与它们接触。②

总之，理智的方式只能在实在之外打转，知识论哲学的各个派别虽然提出了各种认识实在的途径，但由于未摆脱这一方式的影响，实在对于它们来说仍然是不可企及的。反之，只有直觉的方式，才是真正通到实在去的桥梁。这种方式不借用任何概念、符号或语言来把握实在，它不是分析的、论证的，而是综合的、直接的；不是相对地认知实在，而是绝对地把握实在。柏格森说：“我们的绵延只有在直觉中才能直接地显示给我们。”③在直觉中，我们的意识摆脱了哲学传统，尤其是知识论哲学传统的束缚，返回到一种纯真的天然的态度中。在这种态度中，生命的永恒创造之流清晰地呈现在我们面前。

柏格森的直觉主义主张用直觉来超越概念，自然带有某种神秘主义的因素，然而，它对知识论哲学的抨击也是十分有力的，它告诉我们：哲学不能在生命或生活之外精心编织思维之网，它必须学会理解人生，关注人的生存和创造的问题，否则，它就是一种十足乏味的语言游戏。

---

① ［法］柏格森：《形而上学导言》，刘放桐译，商务印书馆 1963 年版，第 30—31 页。
② 同上书，第 36 页。
③ 同上书，第 10 页。

第九章 "孤独的个人"的觉醒

　　在以知识论为核心的西方哲学文化的崩解过程中，充满光明、欢乐和甜蜜的愿望的幻境消失了，生存的真正的底蕴显露出来了，它揭去了文明社会的虚伪的面纱，表明了人生的痛苦、绝望、孤独和罪孽。像康德、黑格尔这样的营造体系的大师被克尔凯郭尔这样的体系破坏者所取代；像巴尔扎克、司汤达笔下的拉斯蒂涅、于连这样的野心勃勃的人物被陀思妥耶夫斯基、卡夫卡笔下的拉斯柯尔尼科夫、格里高尔·萨姆沙这样的孤独、绝望的人物所取代了。

　　在克尔凯郭尔、陀思妥耶夫斯基和卡夫卡的笔下，"孤独的个人"降生了。实际上"孤独的个人"并不是这些作家的创造物，而本来就存在着。乍看上去，人像蚂蚁或蜜蜂一样是合群的动物，人总是生活在社会中、团体中、家庭中，然而在以个体为本位的现代文明社会中，人本质上是自由的，同时也是孤独的。孤独乃是自由之代价。一个随时可以依赖他人或团体来做出决定的人，虽然是不孤独的，但同时也是不自由的。自由就是由个人自己来决定，自己来选择，自己来承担自己的决定和选择所产生的社会后果。这样的自由必然蕴含着孤独，一种深入骨髓的、无法摆脱的孤独。克尔凯郭尔、陀思妥耶夫斯基和卡夫卡的使命并不是制造"孤独"，而是把人们尚未意识到的这种"孤独"显示出来，从而使人们真正地理解生存的真谛。

第一节 "群众乃是虚妄"

1855 年 11 月 11 日，在哥本哈根的一家小教堂里，正在为一个早逝的中年男子举行葬礼。死者静静地躺在灵床上，脸上虽然留着疲倦的痕迹，但此刻却只有平和与安宁了。死者的哥哥发表了葬礼演说，接着，教长正打算讲话，死者的侄子突然打断了他，以激昂的语调抨击了死者生前对基督教的不敬和亵渎。前来参加葬礼的人们用敬畏的目光默默地注视着死者瘦小的身躯。然而，死者已经无须为自己辩护了。这不仅因为前来送葬的人群中有他的许多追随者，而且他留下了大量的著作，光是未发表的日记和文稿就有十八卷之多。它们是死者最好的见证人和辩护士。[①]

这个多产而早夭的人就是丹麦著名的神学家、唯心主义哲学家和文学家克尔凯郭尔（Søren Kierkegaard，1813—1855）。克尔凯郭尔所信奉的箴言是：群众是虚妄，个人是真理。他告诉我们：

> 有一种看法，认为群众在何处，真理亦在何处，而真理自身需要有群众站在同一边。另有一种看法，认为群众所在之处，即是虚妄所在之处，因之（请以片刻考虑一下极端的例子），即使每一个人在私下里都具有真理，然而一旦他们聚集在一起，成了一个群众——一个具备应该属之于它的每种确断意义、会投票的、喧闹

---

① 参见俞吾金：《选择你自己》，载《书林》1986 年第 6 期；《非此即彼：克尔凯郭尔的存在的辩证法》，《书林》1986 年第7 期。

的、有声有响的群众——虚妄就立刻明显可见。①

为什么克尔凯郭尔把群众视为虚妄呢？因为在他看来，群众把责任切成了碎片，使隶属于它的个人成了不负任何责任的东西。一个人不敢或不屑去做的事情，借助于"群众"的名义就敢去做，各种荒唐的事情也就随之而产生了。克尔凯郭尔还认为，上帝决不会与以群众的形式出现的人们交流，上帝总是面对面地与个人交流，把真理显示给个人。在这个意义上，"孤独的个人（isolated individual）"本身就成了宗教和时代的主题与真理。克尔凯郭尔写道：

> ……如果我能要求在我的坟墓上有一个墓志铭，我唯一的希望乃是"那个个人（that individual）"——如果这个词现在不被了解，将来总会。……我以"个人"的范畴标明我的文学作品之始，而且，这一直是一个典型公式，表示着"个人"这件事并非我后来的发明，而是我最先存的思想。我一切可能具有的伦理重要性都已包藏于此一范畴。如果此一范畴是对的，如果此一范畴是适当的，如果我对此点看得正确，并且正确地认识了唤起人们对它的注意是我的任务（当然不是一项愉快的和令人舒服的任务），如果这是赋予我必须去做的责任，纵令我忍受着极少有人忍受过的经验，并忍受不是一个人每日都能够愿意忍受的诸种牺牲，——若是如此，则我屹然站立，我的作品亦将与我一同屹然站立。②

克尔凯郭尔在批判"群众"的虚妄性时，明确地把"孤独的个人"作为他的哲学思考和文学创作的出发点。他把"孤独的个人"的生存划分为三个阶段，即审美阶段（追求肉欲的享受，如拜伦笔下的唐璜）、伦理阶段（追

---

① ［美］W. 考夫曼编著：《存在主义》，陈鼓应等译，商务印书馆 1987 年版，第89—90 页。

② 同上书，第 96—97 页。

求无限的道德原则，如苏格拉底)和宗教阶段(追求与上帝的直接交流及对上帝的信仰，如亚伯拉罕)。在每一阶段中，"孤独的个人"都面临着非此即彼的选择。这种选择的窘境特别表现在亚伯拉罕的例子中。据《圣经·旧约》的记载，上帝为了考验亚伯拉罕是否忠诚，指示他杀死自己的亲生儿子以撒，把他作为至高无上的上帝的祭品。这就把亚伯拉罕置于一个非常窘迫的悖论中。如果他杀死自己的亲生儿子，就会在道德上遭到人们的严厉的谴责；如果不杀又违背了上帝的旨意。在无可奈何与痛苦之中，他做出了非此即彼的选择：杀死以撒。后来，由于上帝将一只羊羔送到树丛中作祭品，以撒才幸免于难。

在克尔凯郭尔看来，"孤独的个人"对生存的选择绝不是轻松的，而是充满痛苦的。当个人依附于群众，按群众的宗教和伦理准则行事时，他是看不到选择的必要性和重要性的，只有当他从群众中分离出来，陷入孤独和绝望时，他才会去选择，因而这种选择具有某种神秘的性质，它不是黑格尔高谈阔论的所谓"合题"，而是突如其来的、非此即彼的跳跃。

克尔凯郭尔是他自己学说的忠实的执行者。他从小时候起，由于受到家里忧郁的气氛的影响，就是一个落落寡欢的人，长大了更是远离群众，独来独往，成了一个旷古未见的孤独者。他短暂的一生正是作为"孤独的个人"而不断做着非此即彼的选择。他一生中曾有过三次令哥本哈根市民为之瞠目结舌的选择：第一次，与一个丹麦政府官员的女儿里贾娜·奥尔森订了婚，不到一年又突然毁弃了婚约，当时哥本哈根的市民都把他看作是卑鄙无耻的浪荡子；第二次，向一家专门刊登丹麦名流丑闻的权威性报纸《海盗》公开挑起争端，这场争端持续了一年多，产生了广泛的影响；第三次，公开抨击他父亲生前的好友、刚谢世不久的主教明斯特，这一突如其来的举动也在哥本哈根掀起了轩然大波。

克尔凯郭尔的一生无疑是短暂的，然而，他对"群众"的冷漠，对"孤独的个人"的赞颂，在哲学中画出了一条新的透视人的生存问题的地平线。他的卓然独步的思想不仅改变了现代文学的发展方向，而且对现代哲学产生了巨大影响。

第二节　"人不是钢琴键"

如果说，克尔凯郭尔抨击"群众"而诉诸"孤独的个人"的话，那么，陀思妥耶夫斯基（Dostoevsky，1821—1881）就更多地抨击理性和科学对个人的影响和束缚，更多地诉诸个人的幻想、任性，甚至疯狂的举动。在《地下室手记》中，陀思妥耶夫斯基这样写道：

> 你，譬如说，要医治人们的旧习惯，并依照科学与善意来改革他们的意志，但你怎么知道，以这种方式改革人类，不但可能而且值得？究竟什么东西使你认定人类的倾向需要改革？总之一句，你如何知道这样一种改革会对人有益？把话说到底，你怎么会如此确信理性与数学，认为由它们作保不违背人类正当利益的行为就真正必定有益于人类，并且是人类的一种定律呢？你知道，这不过是你的设想。它可能是逻辑定律，但不是人性定律。①

在陀思妥耶夫斯基看来，理性和科学自然会对人的生存活动产生重要的作用，但人却并不是绝对地服从理性和科学的，人更注重的是他的任性和自由，甚至是他的独立的、然而是十分愚蠢的选择。如果我们按科学计算出某个人今后几十年的生活历程，甚至计算出他在哪一天必须向另一个人扮一个鬼脸，那么，这种计划中的、完全确定的生活对人来说又有什么意义呢？如果人的生活完全被表格化、数学化，如果一切都变成二二得四，那人的自由意志又算什么东西呢？人使用逻辑，但逻辑并不就是人，人欢喜模仿，也欢喜创造；人热衷于建设，也热衷于破坏；人追求幸福，也追求痛苦。总之，人无时无刻不在表明：

---

① ［美］W. 考夫曼编著：《存在主义》，陈鼓应等译，商务印书馆1987年版，第73页。

人终究是人而不是钢琴键。钢琴键,这种东西是自然律逼迫着要如此彻底控制的,以致它除了按照表格之外,不可能有任何其他欲望。这还不完,即使人真正仅仅是一只钢琴键,即使自然科学与数学一起向他作此证明,他仍然不会变得有理性,却要做出一些乖张行为——仅仅因为忘恩负义,仅仅是为了贯彻他自己。设若他找不到方法,他就会蓄谋破坏与制造混乱,会发明一切样式的折磨痛苦,以便贯彻他自己!他会向全世界发动咒诅,而由于只有人会咒诅(这是他的特权,是人与其他兽类的首要区分),他可能因他的咒诅而达到他的目标——这是说,他让自己相信他是一个人而不是钢琴键!①

陀思妥耶夫斯基在《罪与罚》这部巨著中刻画的拉斯柯尔尼科夫就是用科学与理性无法去规定的一个孤独的、古怪的人。他在大学里读书时,曾经慷慨地拿出自己仅有的一些钱去帮助一个穷苦的、害肺病的同学,维持他的生活几乎达半年之久,当那个同学病故时,他又热心地照顾亡友的体弱多病的父亲,后来又送那个老人进医院治病,老人死后,又替他料理了后事;有一次,当拉斯柯尔尼科夫发现一幢住宅着火时,奋不顾身地从中救出了两个幼儿,自己却被烧伤了;又有一次,当一个花花公子试图侮辱一个落魄的姑娘时,他勇敢地出来保护这个姑娘,掏出口袋中仅剩的几个钱给姑娘当路费。就是这样一个善良的、助人为乐的青年大学生,同时又是一桩谋杀案的主犯。

拉斯柯尔尼科夫一个人居住在城里,他没有工作,生活无着,十分贫困,这使他变得越来越孤独:

他毅然决然地不跟一切人来往,好比乌龟缩入了自己的硬壳里。连那个经常来服侍他的女仆有时往他的斗室里张望一下,也会

---

① [美]W. 考夫曼编著:《存在主义》,陈鼓应等译,商务印书馆1987年版,第72页。

引起他的恼怒和痉挛。①

他不得不靠到高利贷老太婆阿廖娜·伊凡诺夫娜那里去典当私人物件的办法来维持生存。于是，他突然萌发了谋杀她的念头，但这个念头一冒出来，他就对自己进行了强烈的谴责。

"天哪！这是多么可恶啊！难道，难道我……不，这是胡说八道，真是荒唐透顶！"他断然补充说。"我怎么会有这么可怕的念头？我的良心竟能干这种坏事！这到底是卑鄙的，下流的，可恶，可恶！"②

但在一个偶然的机会，当他在回家的路上无意中听见了明天晚上七点那个高利贷者独自在家的消息时——

他像个被判了死刑的囚犯，走进自己的房子里去了。他什么也不思考了，他完全丧失了思考力。可是他忽然深切地感觉到，他再没有理智的自由，再没有意志，一切都突然确定了。③

到第二天晚上出发前的最后关头，他还在犹豫，还在寻找理由反对自己，然而——

仿佛有人拉住了他的手，无法抗拒地、盲从地，用超自然的力量，不容反对地把他拉走了。仿佛他的衣服的一角被车轮轧住了，连人带衣都被拖进车子底下去了。④

---

①　[俄]陀思妥耶夫斯基：《罪与罚》，岳麟译，上海译文出版社 1979 年版，第 31 页。
②　同上书，第 9 页。
③　同上书，第 71 页。
④　同上书，第 80 页。

在谋杀那个高利贷者时，他的理智是如此迷糊，以致竟忘了关住房门。当他拿走钱袋，安全地离开现场后，他又陷入了极度的惶恐和良心的谴责之中，以致精神完全崩溃了。他几次梦游般地走向警察局，当他的朋友去探望他时，他粗暴地说："给我滚开！我要独个儿在这儿，独个儿，独个儿，独个儿！"①孤独、痛苦和罪恶感是如此强烈地折磨着他。最后，他终于走进了警察局。他在作案时抢走了那个高利贷者的钱袋，后来又把它埋了起来，竟从来没有打开过！人们简直无法理解谋杀犯拉斯柯尔尼科夫的思想和行为，然而谁都觉得，他是一个活生生的人。

拉斯柯尔尼科夫的形象确证了陀思妥耶夫斯基所发现的真理：人不是钢琴键。

第三节　人的变形

在克尔凯郭尔和陀思妥耶夫斯基的作品中，"孤独的个人"还不是绝对孤独的，他或者可以与上帝进行直接的交流，或者可以通过爱情的关系淡化这种孤独感，可是，在卡夫卡（Kafka，1883—1924）那里，"孤独的个人"是与完全的绝望联系在一起的。卡夫卡的《变形记》以冷漠的笔调写出了"孤独的个人"的可怕的归宿。

小说主人公格里高尔·萨姆沙是一家公司的旅行推销员，他长年累月在外奔波，挣钱养活一家人——

　　一天早晨，格里高尔·萨姆沙从不安的睡梦中醒来，发现自己躺在床上变成了一只巨大的甲虫。他仰卧着，那坚硬得像铁甲一般的背贴着床，他稍稍抬了抬头，便看见自己那穹顶似的棕色肚子分成了好多块弧形的硬片，被子几乎盖不住肚子尖，都快滑下来了。

---

① ［俄］陀思妥耶夫斯基：《罪与罚》，岳麟译，上海译文出版社 1979 年版，第 175 页。

比起偌大的身躯来，他那许多只腿真是细得可怜，都在他眼前无可奈何地舞动着。①

起先他还以为自己在做梦，他希望这种幻觉会逐渐消失，不料，这种变形竟是真实的，于是，他心里起了恐慌，既怕失去自己的工作，又怕无脸见人。家里人见他竟变形为一只大甲虫，惊骇万分。父亲先是愤怒，后是冷淡；母亲很悲伤；妹妹开始时怜悯他，给他送食物和替他打扫房间。后来，由于格里高尔没有了工作，家里的生活越来越困难，父亲和妹妹只得另找工作谋生。他们对格里高尔也越来越冷淡了。母亲和妹妹打算把他房间里的家具全部搬走，他出来阻拦，惊吓了母亲，被妹妹关在房间里，他十分惊慌——

> 除了等待，他没有别的事可做；他被自我谴责和忧虑折磨着，就在墙壁、家具和天花板上到处乱爬起来，最后，在绝望中，他觉得整个房间竟在他四周旋转，就掉了下来，跌落在大桌子的正中央。②

父亲得知情形后，拼命地追逐格里高尔，用苹果砸得他瘫倒在地上，并试图伤害他的生命，只是由于母亲的反对，父亲才未下毒手，但是，"格里高尔的眼光已经逐渐暗淡了"，他终于明白，在这个家里，他完全是一个多余的、异己的存在物。后来，家里住进了房客，格里高尔的遭遇更坏了，所有的杂物和垃圾都堆到他的房间里，妹妹也不再给他送吃的东西了，他生活在尘埃、饥饿、伤痛和孤独中。有一次，妹妹拉小提琴，吸引了房客，他从房间里爬出来听，引起了房客的恐慌和抗议。这时，妹妹发言了：

---

① 孙坤荣选编：《卡夫卡短篇小说选》，外国文学出版社 1985 年版，第 45 页。
② 同上书，第 80 页。

"事情不能再这样拖下去了。你们也许不明白，我可明白。对着这个怪物，我没法开口叫他哥哥，所以我的意思是：我们一定得把他弄走。我们照顾过他，对他也算是仁至义尽了，我想谁也不能责怪我们有半分不是了。"①

父亲立即表示赞同妹妹的意见，母亲用沉默来表示她不再袒护格里高尔，格里高尔的悲剧性命运已经决定了，实际上，"他消灭自己的决心比妹妹还强烈呢"②。第二天凌晨，格里高尔终于在孤独、痛苦和悲伤中死去了。父亲、母亲、妹妹如释重负，高高兴兴地出发郊游去了。

《变形记》以近乎荒诞的手法写出了资本主义社会中由异化而引起的人的变形。格里高尔的变形蕴含着双重的心态：一方面，从人到动物的退化使他产生了失去工作的恐慌；另一方面，变形为只能慢慢地爬行的甲虫本身就是对他的紧张的推销员工作的一种抗议和超越，因而这一变形又是合乎他内心的某种幻念的。而格里高尔没有深入思考的问题是，变形使他和家里人的关系发生了根本的倒转，即由他养活家里人转变为家里人养活他。正是这种关系的倒转使家里人对他的态度由怜悯到冷淡，由冷淡到嫌恶，由嫌恶到憎恨，表明了资本主义社会内人与人之间的关系（包括亲人之间的关系）的冷漠性。从作者的主观体验方面来看，《变形记》还自觉不自觉地融入了作者对他自己的父亲的专横、跋扈态度的抗议。在《致父亲的信》中，卡夫卡根据对孩童时遭遇的回忆，批评了父亲的种种不近人情的、粗暴的态度，他甚至这样写道：

　　　　有时我想象一张展开的世界地图，您伸直四肢横卧在上面。我觉得，仿佛只有在您覆盖不着的地方，或者在您达不到的地方，我才有考虑自己生存的余地。③

---

① 孙坤荣选编：《卡夫卡短篇小说选》，外国文学出版社 1985 年版，第 95 页。
② 同上书，第 98 页。
③ ［奥］卡夫卡：《诉讼》，孙坤荣译，外国文学出版社 1986 年版，第 301 页。

《变形记》表明了卡夫卡对"孤独的个人"的生存境遇的深入思考和对现代人性的深刻的剖析,正如法国文学家伽罗蒂所指出的:"卡夫卡的业绩,是在笨拙地模仿人类秩序的、社会和宗教的虚伪秩序之外,企图重新发现生活被遗忘的和已经丧失的意义。"①

---

① 〔法〕罗杰·加洛蒂(又译罗杰·伽罗蒂):《论无边的现实主义》,吴岳添译,上海文艺出版社 1986 年版,第 127 页。

第十章　与模仿的时代告别

　　在以知识论哲学为核心的西方传统文化中，绘画的基本特征是模仿，柏拉图和亚里士多德的模仿理论对西方古典绘画的影响是根深蒂固的。这当然并不奇怪，知识论哲学追问的乃是外部世界的本质，即客观的、真实的东西，这种意向表现在绘画上，必然是模仿的胜利。谁的绘画越真实，越与原作接近，它的价值就越高。在这方面，达·芬奇的《蒙娜·丽莎》堪称模仿式绘画的典范。这幅画是以佛罗伦萨一位皮货商的妻子为模特的，由于画家具有高超的绘画技术和解剖学、生理学方面的知识，这幅画显得细腻、生动、逼真，乃是模仿艺术的最高模范本。

　　19世纪下半叶，随着以知识论哲学为核心的西方传统文化的全面崩溃，西方绘画也进入了痛苦的转型过程中。以法国画家克劳德·莫奈（Claude Monet，1840—1926）为奠基人的印象派绘画的兴起，乃是这一转型过程的集中表现。印象派画家仍未完全脱离模仿的窠臼，但是他们力图忠实地加以再现的只是自然中的光色变化与空气感，莫奈的《日出·印象》描绘的是勒阿弗尔港口的一个雾气浓重的早晨，在初升的阳光照射下，橘红色的天空映照在蓝色的海面上，融化成一片橙黄和淡紫的色彩，在这片色彩的笼罩下，近处的三只小船和船上的人物，远处的大船、吊车、岸上工厂的烟囱都只不过是一些影影绰绰的、模糊的轮廓。在这幅画中，传统绘画所要模仿的对象都溶解在一片朦朦胧胧的色彩之中，印象派绘画都有这个特点，这乃是与模仿时代告别的一个信号。

必须承认，把传统绘画所要描绘的对象消解在光与色之中，乃是西方绘画的一个划时代的进步，然而，印象派的绘画仍未完全摆脱客观主义和模仿的影响。在以梵·高、塞尚和高更为代表的后期印象派的绘画作品中，创造和表现高于模仿的倾向才真正地表现出来，可是，这三位著名的画家还不就是新时代的化身，他们不过是通向新时代的桥梁，直到在立体派绘画的创始人毕加索那里，绘画才真正与模仿的时代告别，才把创造一个新的世界理解为自己存在的理由和根本的使命。

考察从梵·高、塞尚和高更的绘画思想到毕加索的绘画思想的发展，乃是我们理解从以知识论哲学为核心的西方传统文化向以生存论哲学为核心的西方现代文化发展的一个重要的侧面。

第一节 "逻辑为我存在"

荷兰画家梵·高（Vincent van Gogh，1853—1890）乃是一个最富于传奇色彩的画家。他的绘画先是受到 17 世纪荷兰画派和 19 世纪法国风景画派的影响，后来又受到 19 世纪法国印象派的重大影响，但梵·高并不是一个墨守成规的人，他的思想很快又突破了印象派的樊篱，在谈到素描时他说：

> 我现在试着夸张主要的东西，并且故意让明显的东西模糊。毕沙罗说得对：你必须大胆夸张色彩所产生的调和或不调和的效果；正确的素描，正确的色彩，不是主要的东西，因为在镜子里实物的反映能够把色彩与一切都留下来，但毕竟还不是画，而是与照片一

样的东西。①

在梵·高看来，印象派的绘画对色彩的运用过于拘谨，过于忠实于绘画对象本身的色彩，从而弱化了主体情感的表现和创造，因而不能给观赏者留下强烈的印象，梵·高问道：

> 谁是主人，是逻辑还是我？是逻辑为我存在呢，还是我为逻辑而存在？在我的不合理与缺乏理智中，真的没有理性与理智吗？②

梵·高认为，画家并不需要来自材料的美，真正的美是发自画家内心的，绘画不是重复，不是模仿，而是创造。然而，创造之路从来就不是平坦的，在他坎坷的、充满磨难的一生中，他的画几乎一直湮没无闻，他在恋爱上遭遇的不幸和痛苦也使他变得越来越孤独。1889年，他邀请高更与他合作办画展，由于他们之间发生了激烈的争论，高更不得不离去，梵·高为了惩罚自己，竟用剃须刀割下了自己的一只耳朵，并画下了《包扎着耳朵的自画像》这幅惊世之作，他的精神也随之而崩溃，第二年便自杀身亡了。

梵·高生前在纪念画家毛威时曾写下这样的词句：

> 不要以为死者是死了，
> 只要有人活着，
> 死者就会活，死者就会活。③

梵·高的新生也正是在他的死亡之后，他的绘画终于使他获得了巨大的哀荣。梵·高的绘画，特别是他的代表作《向日葵》乃是其独特的创造性

---

① 〔美〕珍妮·斯东、欧文·斯东编：《亲爱的提奥：凡高书信体自传》，平野译，四川人民出版社1983年版，第481—482页。
② 同上书，第101页。
③ 同上书，第458页。

风格的集中体现。在这幅画中，作者以淡淡的灰色为背景映衬金黄色的向日葵，向日葵的鲜艳的色彩又和花盆、桌面的金黄色相辉映，向日葵的色彩越近花蕊处则越浓烈，四周的花瓣似乎舞动着，向空间扩展着，给人以静物不静的感觉。整个画面如同一团熊熊燃烧着的火，作者似乎在把自己灼热的、满溢的热情倾泻给读者。这幅后期印象派的名作自然而然地使我们联想起作者生前说过的一番话：

> ……甚至在上流社会中，以及在最好的条件与环境之下，一个人一定要保持隐士的某种原始的性格，否则他就失去了自己的根子；一个人决不可以让自己心灵里的火熄灭掉，而要它始终不断地燃烧。[1]

《向日葵》正是梵·高心中不断地燃烧着的那团火的外溢。梵·高的这种灼热的生命之火或创造之火，也不禁使我们忆起尼采在题为《看这个人》的诗作中写下的滚烫的诗句：

> 是的！我知道我的本源！
> 我毫无满足，就像火焰
> 在燃烧着而烧毁自己。
> 我把握住的，全变成光，
> 我丢弃的，全变成灰烬一样：
> 我是火焰，确实无疑。[2]

梵·高的绘画显示出其生命本能的巨大力感，一切奠基于模仿的传统作品在他的画作之前都显得苍白无力，黯然失色。

---

① ［美］珍妮·斯东、欧文·斯东编：《亲爱的提奥：凡高书信体自传》，平野译，四川人民出版社 1983 年版，第 39 页。
② 《尼采诗选》，钱春绮译，漓江出版社 1986 年版，第 108 页。

第二节　寻求感觉的表达

与梵·高齐名的保尔·塞尚（Paul Cézanne，1839—1906）和保尔·高更（Paul Gauguin，1848—1903）也不满足于印象派绘画中表现出来的对色与光的真实性的崇拜，对于他们说来，重要的不是让绘画去传达色彩上的某种真实感，而是要传达出画家对外在事物的心理感受，传达出画家的主观感觉对绘画对象的色彩的重新协调。

塞尚是一个性格孤僻、优柔寡断的人，他从幼年起就是法国文学家左拉的朋友，左拉更多地注意到塞尚在性格上和思想上的游移不定，从而低估了他绘画中所体现的新的审美观和价值观的重要意义，认定他是绘画上的失败者。在塞尚活着的时候，他的绘画很少得到同时代人的赏识。1895 年，塞尚的画在巴黎展出，外界甚至把他的画展比作"一场糟透了的噩梦"。直到 1903 年，他的画以高于莫奈两倍的价格出售，并有一些青年画家登门向他求教，他的创作才渐渐被人们接受。1910 年，在塞尚去世后 4 年，法国绘画界就他的画作展开了激烈的争论，此后，他才成了世界公认的绘画大师。

当代英国美学家 H·里德在分析塞尚的绘画思想和风格时指出：

> 塞尚发现，要直接表现出空幻的观念是世界上最难之事。心灵不受客观模特儿的约束，在画面上自由驰骋，这样，可取得一种力量，一种活力，但却缺欠逼真以及由色彩与形式构成的和谐。在伟大的艺术之中，逼真与否无关宏旨，但和谐则至关重要。塞尚后来认识到，要取得色彩与形式间的和谐，艺术家必须凭借自己的感觉，而非视觉。表现感觉已成为塞尚的口头禅。①

---

① ［英］H·里德：《艺术的真谛》，王柯平译，辽宁人民出版社 1987 年版，第 149 页。

塞尚和梵·高一样也受到了印象派绘画的影响，但他的独创性又使他不受这种影响的束缚，他追求的是感觉中的混沌和一致，他的作品《浴女》《圣维克多山》《穿红背心的男孩》等都给人们留下了这方面的深刻印象。

高更靠自学成才，他的父亲是一个有自由主义思想倾向的新闻家，拿破仑的侄子当政时，全家被逐，迁居南美洲的秘鲁。高更对当地的风土人情十分熟悉，回巴黎后，他决定献身于绘画事业。高更不满足于印象派绘画的苍白无力和矫揉造作，力图把原始艺术所独有的粗犷和淳朴融入现代绘画中，从而表达出自己的强烈的主观感觉和力度。他的代表作之一——《塔希提妇女》，以浓郁的色彩和古代壁画的表现手法，显示出部落生活的豪放的气息和原始的美感，从而在后期印象派绘画中独树一帜。

高更还以自己的主观感觉赋予绘画对象以独特的色彩。他的著名油画《黄色的耶稣》就是一个典型的例证。从画面上看，不光钉在十字架上的耶稣的全身都是黄的，主要的背景色也是黄的，在黄色的背景（田野）里点缀着一棵棵红色的树。把耶稣的肉体画成黄色，把周围的树画成红色，这似乎都不合常识，但这些色彩在画面上显示出新的质感和活力，仿佛告诉人们，耶稣虽死，他的精神却是不朽的，充满了生机和力量。

总之，高更、塞尚和梵·高一样，都通过对色彩的大胆运用，把印象派的风格提到一个新的水平上，即后印象派的水平上，显示出绘画主体的巨大的创造性。在他们的绘画中，物的变形也已出现，但从总体上来说，他们的绘画还未完全突破传统的框架，然而，他们毕竟为毕加索这样的天才人物的诞生创造了思想上和技巧上的前提。

第三节　心对物的消化与变形

如果有一个人能够代表本世纪艺术的新风格的话，那么这个人只可能是西班牙画家毕加索（Pablo Picasso，1881—1973）。毕加索对绘画的贡献真正是划时代的，伽罗蒂下面的这段话，能够使我们对其绘画的巨大革命意义有一个清晰的认识：

> 绘画艺术由于毕加索而意识到它像对于美的传统标准一样对于外部世界的自主。它从文学里解放出来了。凝视让位于动作。正如瓦莱里所说，画家不再是自然的抄写员，而是成了它的对手。它的任务不是无限地照抄存在的东西，而是表现这些东西的运动、生命、向一种预示未来的神话的超越。《圣经》告诉我们，在创造了天堂和动物与人居住的大地之后，上帝说："这下好了!"于是第七天就让自己休息。毕加索在绘画方面是创造第八天的人。他向众神们过早满足的创造提出了起诉。①

毕加索的同时代人常常跟不上他的思想，因而不能理解他的绘画；相反，毕加索的传记作者和他的作品的评论者则常常夸大毕加索和同时代人之间的差异，以致毕加索每读完一部关于他的论著，就向自己提出了下列问题：

> 难道我是火星上的居民吗?②

毕加索当然不是火星上的居民，他是我们地球村里的一个居民，是一个既平凡而又不平凡的人。关键是理解他的绘画和关于绘画的思想，这样，围绕他的神秘的光环就会消失。

毕加索既是传统的最大的破坏者，又是传统的最大的复兴者。这是什么意思呢？一方面，他破坏了从古希腊苏格拉底时代以来，尤其是文艺复兴时代以来以模仿和静态的凝视为基础的绘画传统，引入了立体

---

① ［法］罗杰·加洛蒂（又译罗杰·伽罗蒂）：《论无边的现实主义》，吴岳添译，上海文艺出版社 1986 年版，第 70 页。
② 同上书，第 1 页。

的、动态的变形原则；另一方面，他的新的变形原则又是继承并弘扬更原始的艺术传统的一个结果。毕加索不仅留意西班牙和拜占庭遗留下来的古代艺术，而且通过人种志博物馆认真地考察过大洋洲、非洲、南美洲、近东、印度、埃及、克里特岛和迈锡尼等地的原始艺术。在这些地区和国家的原始艺术中，特别是在人或神的偶像作品中，立体的、夸张的、变形的手法已经出现了。为什么会在原始艺术品中出现这样的手法呢？因为原始人并不像苏格拉底时代以来的人一样，仅仅用凝视的目光注视着自然界，在原始人的眼中，自然乃是一个有无限权力的异己物，在自然面前，原始人既为自己的生存感到焦虑和恐惧，又要努力与自然相抗争，原始艺术中的变形，正体现了原始人的复杂的心态和强烈的感情。

那么，在人类已成功地控制了自然界的 20 世纪，毕加索为什么要重新弘扬并进一步发展原始艺术中的这种表现手法呢？因为在 20 世纪中，随着科学技术与社会权力的发展，人已经陷入一种新的焦虑和恐惧之中，人必须与这种异己的力量抗争。因而原始艺术中作为雏形出现的立体的、变形的手法的意义不但没有消失，相反，却在当代显得越来越重要了。毕加索既然领会了他所生活的那个时代的本质，因而也就认识到把这种表现手法引入绘画中，激起绘画的革命性转变的极端重要性和必要性。在这样的思想的激励下，毕加索很容易地发现了印象派的弱点：没有从根本上摆脱模仿和静态凝视的阴影，色彩王国的表面性和偶然性、绘画构造感的丧失等，也很容易地超越了印象派后期的并不彻底的创造性表现手法。

1907 年的《阿维尼翁的小姐们》宣告了毕加索所倡导的立体派革命的开始。在画面上，人体被分割成清晰的平面，传统的曲线让位于水晶棱边般的直线，脸是椭圆形的，空眼眶具有非洲面具的特征，一个侧面像里，按埃及的方式出现了正视的眼睛，一个人背向地坐着，脸却是正面的，并且变了形。这似乎是一种多角度的透视，人物似乎在画面所展示的狭窄空间中运动，不仅她们的躯体外形被显示出来了，而且她们的感觉、需要，甚至内心的想法都被表达出来了。这幅画不仅显示出立体派绘画的基本风格，而且画出了古典派绘画和现代派绘画的根本的分界线。毕加索在以后的作品，如《三个女舞蹈者》(1925)、《格尔尼卡》(1937)中，立体的、变形的手法运用得越来越自如，显示出伟大的天赋和想象力。

毕加索开创的立体画派的创造性是无与伦比的。乍看上去，画面上的物或人的肢体被分离了、肢解了、扭曲了、变形了，这似乎是作者对"人"的亵渎和不敬。实际上，通过这样的技巧和手法，作者所要表现的正是现代人在种种异化现象的重压下所要宣泄出来的内心的焦虑和痛苦。这正如伽罗蒂指出的：

> 这也许是毕加索美学的本质：以内部固有的、而不是借自自然的模特儿的成分，在人类存在的暂时表象和转瞬即逝的表现之外重新创造人类存在的深刻现实。①

正如尼采以酒神精神的复兴破坏了自苏格拉底、柏拉图以来的西方知识论哲学传统一样，毕加索通过对原始艺术的表现手法的复兴，从根本上改造了西方传统的艺术观。把知识和文明的种种虚饰扯开，深入探究现代人生存的奥秘，正是尼采和毕加索的共同追求。

---

① ［法］罗杰·加洛蒂（又译罗杰·伽罗蒂）：《论无边的现实主义》，吴岳添译，上海文艺出版社 1986 年版，第 34 页。

第十一章　走向无意识的世界

对无意识问题的探讨最早可以追溯到叔本华。叔本华把意志看作是世界的本质，在人的意识出现之前，意志处在盲目的、无意识的状态中。在叔本华的影响下，德国哲学家哈特曼（Hartmann，1842—1906）继承了叔本华的思想，著有《无意识的哲学》(1846)，探讨了无机物和有机物(植物、动物)活动的无意识的特征。哈特曼在这方面的理论并未产生重大影响，但它却启发了奥地利心理学家弗洛伊德。弗洛伊德通过对精神病病理学的研究，揭示出人类心理中的无意识世界，他的学生们进一步发展了其无意识理论，从而深刻地揭示了人类生存活动的心理过程和本质。

无意识领域的发现，乃是以知识论哲学为核心的西方传统文化转变为以生存论哲学为核心的现代文化的一个重要的契机。

第一节　个体无意识

弗洛伊德（Freud，1856—1939）宣称："我要告诉你们，对于无意识的心理过程的承认，乃是对人类和科学别开生面的新观点的一个决定性的步骤。"①在弗洛伊德的诸多理论发现中，无意识理论无疑是最伟大的发现，这一发现既是其他发现的前提，也是他整个心理分析学说的基础。弗洛伊德主要是通过对个人心理过程的分析来阐述无意识问题的，因此，他主要涉及的是"个体无意识（individual unconsciousness）"。那么，在弗洛伊德那里，无意识概念的根本含义是什么呢？弗洛伊德写道：

> 对于我们来说，被压抑的东西（the repressed）是无意识的原型。但是，我们看到，我们有两种无意识——一种是潜伏的，但能够变成意识；另一种是被压抑的，在实质上干脆说，是不能变成意识的。这一对心理动力学的理解不能不影响到术语和描述。仅仅在描述性的意义上是无意识的而不是在动力意义上是无意识的那种潜伏，我们称之为前意识（preconscious）；我们把术语无意识限制在动力意义上无意识的被压抑上。②

弗洛伊德把个人的心理分成了意识、前意识和无意识三部分。意识是人的心理中最高的、最明智的部分，作为其他心理因素的统治者，它支配并协调着人的各项精神活动，使之达到连贯性、和谐性与一致性；前意识是指记忆中的东西，它们留在意识的近处，随时可以进入意识之中；无意识则是个人心理中最底层的东西，它表现为种种人类社会的法律、道德、宗教所不能允许的原始的动物般的本能和欲望。在这些本能和欲望中，最重要的是性欲，即"里比多（libido）"。这些欲望和本能服从的是"快乐的原则（the principle of pleasure）"，它们时时刻刻扰动着，试图闯入个人的意识中，以便影响个人的行为；而意识体现的则是理性的精神，服从的是"现实的原则（the principle of reality）"，因而它努力把这些

---

① ［奥］弗洛伊德：《精神分析引论》，高觉敷译，商务印书馆1984年版，第9页。

② ［奥］弗洛伊德：《弗洛伊德后期著作选》，林尘等译，上海译文出版社1986年版，第162页。

冲动压抑下去。

这种快乐原则和现实原则、冲动和压抑之间的抗衡构成了个人真实的生存心理，歌德所塑造的浮士德的形象之所以具有经久不衰的魅力，是因为浮士德正体现了个人生存心理的内在冲突，然而，浮士德毕竟是一个艺术的形象，毕竟只具有隐喻的意义，而弗洛伊德则把个人生存的心理困惑用清晰的理论术语表达出来了。

弗洛伊德认为，不论意识的压抑作用如何巨大，潜伏在无意识领域中的欲望，尤其性欲是一定要宣泄出来、投射出来的。正常的恋爱和婚姻、梦、口误和笔误、科学与艺术研究等都是受压抑的欲望宣泄出来的渠道。如果宣泄的渠道一直不畅通，就会导致精神病、性变态、强迫性心理症等病患。心理分析的治疗术，就是通过催眠、谈话等方式，把病人心中淤积的"里比多"释放出来。从而减轻病人心理上的压力，使他的精神得到康复。弗洛伊德还用奠基于个人无意识基础之上的心理分析方法分析了人类生存的整个文化状态，从而从生存心理的角度揭示了宗教、道德、法律、艺术的起源。

弗洛伊德对某些文学艺术作品的无意识创作心态的心理分析也是发人深省的。他认为，在蒙娜丽莎的神秘的微笑中，显露出达·芬奇的恋母情结；在哈姆雷特对奥菲丽雅的冷漠中，潜伏着性冷淡对莎士比亚精神的侵蚀。特别有趣的是，弗洛伊德认为陀斯妥也夫斯基内心有一种犯罪的意向，他写道：

> 人们一定要问，为什么想要把陀斯妥也夫斯基看作一个罪犯呢？答案是来自他选择的素材，他选择的全是暴戾的、杀气腾腾的、充满利己主义欲望的人物，这样就表明了他的内心有着类似的倾向；答案还来自他生活中的某些事实，像他的赌博嗜好，他的关于强奸过一个少女的坦白，这一坦白可能是真的。①

---

① 《弗洛伊德论美文选》，张唤民、陈伟奇译，知识出版社1987年版，第151页。

弗洛伊德对艺术作品乃至整个文化现象的分析虽是有争议的，但他的无意识学说极大地深化了人们对生存问题的思考，从而对 20 世纪哲学文化的发展产生了极为重大的影响。

第二节　集体无意识

弗洛伊德在晚年的作品中已开始重视对集体心理的分析，但真正在这方面做出系统的理论贡献的是弗洛伊德的学生、瑞士心理学家荣格（Jung，1875—1961）。荣格高度赞扬了弗洛伊德的无意识理论，但又批评它仅仅停留在表层无意识，即"个体无意识"的层面上，他主张深入分析深层无意识，即"集体无意识（collective unconsciousness）"。荣格写道：

> 我选择了"集体的"这个术语，因为无意识的这一部分不是个体的，而是普遍的；与个人的心灵比较起来，它或多或少地具有在所有个体中所共有的内容和行为模式。①

个体无意识只能追溯到婴儿最早的记忆中，集体无意识则涵括了婴儿记忆开始前的全部时间，它实际上是人类大家庭全体成员所继承下来的并使现代人与原始祖先相联系的种族记忆。荣格说：

> 假如我们把潜意识加以拟人化，我们其实可称之为是一位集两性之特征于一身，超越青春与老年、生与死，甚至握有人类一两百万年之经验于手中，几乎是一位不朽的集体人。②

---

① ［瑞士］荣格：《四个原型》第 3—4 页，伦敦 1972 年英文版。（Jung, *Four Archetypes. Mother*, *Rebirth*, *Spirit*, *Trickster*, trans. R. F. C. Hull, London: Routledge and Kegan Paul, 1972, pp. 3-4. ——编者注）
② ［瑞士］C·荣格：《现代灵魂的自我拯救》，黄奇铭译，工人出版社 1987 年版，第 280 页。

如果说个体无意识的内容是构成个人心灵生活的各种"感情倾向的情结"，那么集体无意识的内容则是"原型（archetype）"。这些原型是人类表象的潜能，它们通过脑组织一代一代地向下传，如同被埋葬的珍宝，现成地存在于每个人的无意识的深处，在特定的条件（如梦、心理症、艺术创作等）下，它们就被激活起来，出现在意识的层面上。比如上帝原型、母亲原型、父亲原型、魔鬼或精灵的原型等总是一再在神话和童话故事中表现出来。

在荣格看来，集体无意识是一种能动的、精神性的东西，它具有创造功能：

> 人类总是一直靠这珍宝在创造，从这珍宝已经引出了它的上帝和它的妖魔，以及所有那些最热切与有力的思想，没有这些思想，人便不成其为人了。①

比如，19 世纪关于能量守恒的思想，根据荣格的看法，是早已潜伏在集体无意识中的上帝原型的变形。人总是确信，是他塑造了观念，事实上，是观念塑造了人，并使他成为毫无思考力的代言人。

以集体无意识的理论为基础，荣格创立了分析心理学的新学说，他不赞成弗洛伊德单纯从个人心理冲突的角度去分析文学艺术作品的做法，强调真正伟大的文学艺术作品，如《神曲》《浮士德》等，必然会恢复到人类精神的原型，体现出全人类的生活经验，"这就是为什么每部伟大的艺术作品都是客观的、无我的，然而其感动力却不因之而减少的原因"②。

---

① 《西方心理学家文选》，张述组等审校，人民教育出版社 1983 年版，第 411 页。从这样的见解出发，荣格不同意尼采关于"上帝死了"的结论，认为"上帝不能也不必死去"。事实上，尼采提出的"超人"不正是上帝原型的新的表现形式吗？

② ［瑞士］C·荣格：《现代灵魂的自我拯救》，黄奇铭译，工人出版社 1987 年版，第 261 页。有趣的是，荣格似乎并不理解毕加索的绘画，他在苏黎世参观了毕加索画展后，说毕加索的绘画是"精神分裂症的典型表现"，参见［法］罗杰·加洛蒂（又译罗杰·伽罗蒂）：《论无边的现实主义》，吴岳添译，上海文艺出版社 1986 年版，第 2 页。

荣格对文化的分析并不限于文学艺术这一隅，像弗洛伊德一样，他分析的触角也深入道德、宗教、哲学、人类学等诸多领域中。荣格的贡献是揭示了现代文明人和原始人之间的心理上的联系，从而大大拓宽了考察人的生存心理的视域。

第三节　社会无意识

在弗洛伊德、荣格和马克思的学说的启发下，德国哲学家埃里希·弗洛姆(Erich Fromm，1900—1980)提出了"社会无意识(social unconsciousness)"的重要概念，从而进一步深化了人们对生存问题，尤其是生存心理的思考。弗洛姆说的社会无意识究竟是什么含义呢？他解释道：

> 我所说的"社会无意识"是指那些对于一个社会的绝大多数成员来说都是相同的被压抑的领域；当一个具有特殊矛盾的社会成功地发挥作用时，那些共同的被压抑的因素正是该社会所不允许它的成员意识到的内容。①

要言之，社会无意识是人类的普遍精神在特定的社会形式中被压抑的那一部分。在社会无意识中，潜藏着那些解答人们在这一社会形式中的生存问题的基本因素。在不同的社会形式中，社会无意识的内涵是不同的。不管如何，人的反思如果不进入社会无意识的层面，或者说，社会无意识如果未被意识化，人就不可能对社会现实获得一种真正的批判的眼光。

---

① ［德］弗洛姆：《幻想锁链的彼岸》第 88 页，纽约 1980 年英文版。(Erich Fromm, *Beyond the Chains of Illusion*，London：London Abacus，1980，p. 88. ——编者注)

弗洛姆分析了社会无意识的形成机制。他认为，任何来自生活的新鲜经验或体验要上升到意识的层面上，必须经过"社会过滤器(social filter)"的过滤。社会过滤器是由"语言""逻辑"和"社会禁忌"这三部分组成的。确定的语言和逻辑作为相对保守的形式必然会滤掉一部分新鲜经验；由上层建筑和意识形态来实施的社会禁忌也必然会滤去新鲜经验中与统治阶级的根本利益相冲突的那部分经验。这样一来，凡是能通过社会过滤器的新鲜经验，就上升到意识的层面上，凡是通不过的则被压抑下来，成了社会无意识。

弗洛姆认为，被压抑在社会无意识中的主要是人的生存问题，因而他创立了人道主义的心理分析方法，强调"人类生存的基本概念乃是人道主义心理分析的基础"①。这一分析方法的要旨，就是把潜抑在社会无意识中的生存问题提升到意识的层面上，恢复人生存的基本权利和人性的尊严。

从个体无意识到集体无意识再到社会无意识的发展，乃是对生存之思考不断深化的标志。这一思考越深入，知识论哲学的夸夸其谈就越显得浅薄，越显得不合时宜。

---

① ［日]铃木大拙、［美]佛洛姆(又译弗洛姆)：《禅与心理分析》，孟祥森译，中国民间文艺出版社 1986 年版，第 140 页。

第十二章 生存的界限与超越

正如我们在前面已经指出过的那样，在费尔巴哈、马克思、克尔凯郭尔、叔本华、尼采等哲学家的思想的冲击下，知识论哲学从此一蹶不振了。一切都飘浮起来了，于是，哲学重又开始反思自己的基础，寻找自己的阿基米德点。胡塞尔（Husserl，1859—1938）的现象学正是应时代的需要而形成并发展起来的，然而，他在创立现象学时的主要动机是从认识论角度来寻找哲学思考的坚实的基础，以便使哲学成为一门严格的科学。海德格尔敏锐地发现了现象学方法的极端重要性，但他却不愿意像胡塞尔一样仅仅停留在认识论的范围内，他直接引入这一方法来研究存在与生存的问题，从而为20世纪以来产生重大影响的存在主义哲学思潮奠定了基础。从海德格尔到萨特的思想历程表明，以知识论哲学为核心的西方传统文化已转型为以生存论哲学为核心的现代文化。而20世纪上半叶发生的两次世界大战也为生存哲学的兴起和发展创造了客观条件。

第一节 追问"存在的意义"

德国哲学家马丁·海德格尔（Martin Heidegger，1889—1976)作为 20 世纪存在主义思潮的开创者，进一步沿着叔本华、尼采所肇始的反叛知识论哲学传统的道路向前迈进，提出了著名的"存在的意义(der Sinn von Sein)"问题，试图把传统哲学发展的整个方向都扭转到人的生存问题上。

海德格尔说，"我们向来已生活在一种对存在的领悟中，而同时存在的意义却晦而不明，这就表明了重提存在的意义问题是十分必要的"①。为什么存在的意义问题一直晦而不明呢？因为以知识论哲学为特征的希腊本体论虽然也在谈论存在的问题，但实际上却阻塞了通向存在的意义的道路。所以，要追问存在的意义，就需要把至今仍然规约着人们思维的僵化了的传统松动一下，需要把由传统做成的一切遮蔽打破。传统本体论通常提出的是"什么是存在?"的问题，而这一问题的提法已堵塞了通向存在的道路，因为这个问题已蕴含着一个前提，即存在是一种已然完成的东西，是精神性或物质性的实体。用这样的方式提问，实际上把"存在(Sein)"与"存在者(Seiende)"混淆起来了，因而传统本体论越是探究存在的问题，它离开存在的意义问题就越远。在海德格尔看来，问题的正确的提法是："存在的意义如何展示出来?""从哪一种存在者出发才能破解存在的意义?"

"存在者"是指已然存在的东西，人也是"存在者"，但人却是一种特殊的"存在者"，海德格尔把人之存在称作为"此在(Dasein)"，以示人与其他存在者的根本差异。传统的本体论看不到这一根本差异，总是站在一般"存在者"(物质实体或精神实体)的角度去思索存在的问题，这样一来，存在的意义必然是晦而不明的。在苏格拉底、柏拉图以来的知识论哲学传统中，尼采之所以有一种无家可归的感觉，按照海德格尔的看法，正是因为传统哲学拘执于一般的"存在者"，遗忘了对存在的意义的询问。

---

① ［德］海德格尔：《存在与时间》，1986 年德文版，第 4 页。(M. Heidegger, *Sein und Zeit*, Tübingen：Max Niemeyer Verlag, 1986, s. 4.——编者注)

在海德格尔看来，"此在"具有本体论上的优先性，只有"此在"这一特殊的"存在者"才有资格去询问存在的意义问题。也就是说，"此在"是通向"存在的意义"的唯一通道。海德格尔把这种以"此在"为基础的本体论称作"基本本体论（Fandamentalontotogie）"，强调它是一切其他的本体论的前提。

海德格尔进一步把"此在"必然与之相关联的存在称之为"生存（Existenz）"，而生存问题只有通过生存活动本身才能搞清楚。"生存"作为"此在"的"存在"乃是"在世之存在（In der Welt sein）"。所谓"在世（In der Welt）"并不是说人作为主体进入客观的、已然存在的世界中，而是强调人和世界的浑然一体。从基本本体论的立场来看，世界并不在人之外，世界只不过是人的一种属性。

那么，"此在"如何在世呢？海德格尔认为，在世就是把"此在"抛入到"烦（Sorge）"的状态中去，"烦"的基本含义是担忧、焦虑，对"此在"来说，"烦"并不是偶然的，而是生存状态上的一种基本的本体论现象。"烦"进一步把"此在"推入到普通人的生活方式中，在这种生活方式中，普通人实行了真正的独裁。普通人怎样享乐，我们就怎样享乐；普通人对文学艺术作品怎样评价，我们也就怎样评价。"此在"屈从于普通人的生活方式时，他就沉沦了。"沉沦（Verfallen）"也就是拘执于"存在者"，"此在"只考虑要在世，要逃避到普通人中间去，忘记了对存在意义的追索。

在"沉沦"中，"畏（Angst）"又冒出来了。"畏"和"烦"一样深藏于"此在"的生存状态中，但"畏"与"烦"不同，"烦"使"此在"向外沉陷到周围世界中去，迷失在芸芸众生中；"畏"却使"此在"从周围世界中超拔出来，返回到自身中，"畏"的本体论特征是使"存在者"的世界虚无化，"此在"在"畏"造成的虚无中感到茫然失据，于是不再向外逃避，而是重新返回到自身之中。"畏"归根结底是畏死。死正是焦虑和担忧的最深刻的根源。

用海德格尔的话来说，"死（Tod）"是"此在"的最本己的可能性，人在生存中迟早会撞到一堵墙上，这堵墙就是死亡，死亡是人无法超越的。在不可逃避的"死"之极点之前，"此在"怎么办呢？"此在"只有先行到"死"中去领会自身，使"存在的意义"澄明起来，才不会在生活中陷于"沉沦"，才不会在模棱两可中徘徊。由于领悟了存在的意义，"此在"就成了本真意义上的"此在"，他在世就变得自由了，就敢于大胆地进行决断和选择了。海德格尔强调，"存在的意义"是在主要导向将来的特殊的时间地平线上显露出来的。

后来，海德格尔更多地从语言学的角度来探索"存在的意义"问题。他这样写道：

> 语言是存在的语言（die Sprache des Seins），正如云是天上的云一样。这个思（Das Denken）正以它的说（Sagen）把不显眼的沟犁到语言中去。这些沟比农夫用缓慢的步子犁在地里的那些沟还更不显眼。①

既然传统的哲学语言使"存在的意义"蔽而不显，那么要使语言真正成为"存在的寓所(das Haus des Seins)"，就应当把海德格尔的术语犁入哲学语言中去。晚年的海德格尔进一步强调只有通过诗的语言才能谛听到存在的声音，从而把艺术理解为能比哲学的"思"和"说"更好地通达存在的道路。

第二节　超越"界限状况"

德国哲学家卡尔·雅斯贝尔斯(Karl Jaspers，1883—1969)作为海德

---

① ［德］海德格尔：《论人道主义》第 47 页，1975 年德文版。（Martin Heidegger, *Platons Lehre von Der Wahrheit：Mit Einem Brief Uber Den "Humanismus"*，Bern, München：Francke Verlag cop.，1975，s.47.——编者注）

格尔的同时代人，也是存在主义哲学的主要代表之一。在雅斯贝尔斯的哲学中，"生存(Existenz)"是一个中心的概念，他是从克尔凯郭尔的意义上来理解这一概念的，他写道：

> 生存这一概念，通过克尔凯郭尔而具有了一种意义，由这一意义我们看到了某种蔑视一切确定的知识并具有无限深度的东西。①

这就告诉我们，"生存"乃是不可还原为知识并通过知识来解决的东西。"生存"具有以下三方面的特征。一是"自由(Freiheit)"，他强调，人与物是不同的，人不是对象性的存在，人是自由的，人是可能性的动物，是不断地进行选择的存在物，在这个意义上，"生存"就是自由。当然，雅斯贝尔斯也承认，他说的自由并不是为所欲为，而是受到人们的行为规范的约束的。二是"历史性(Geschichtlichkeit)"，它表明人只是作为一种历史的存在物才是现实的，人是被抛掷到这个世界上来的，人作为个体乃是各不相同的，同时，个体的历史境遇的特殊性又必然会在其生存活动中打上特殊的印记。总之，无历史性的"生存"是不可能的。三是"交往(Kommunikation)"，它表明人的生存虽然是以个体为基础的，但个体是不可能在绝对孤独中生存的，交往作为人与人之间的联系乃是"生存"的基本内涵之一，在这个意义上可以说，"生存"正是在交往中实现的。

在考察了人的"生存"的本质特征之后，雅斯贝尔斯又分析了人在生存中必然会遭遇到的"界限状况(Grenzsituationen)"。"界限状况"主要是指"斗争(Kampf)""痛苦(Leiden)""罪过(Schuld)"和"死亡(Tod)"。所谓"斗争"是指人们在交往中必然陷入的状态；所谓"痛苦"不仅仅是指肉体上的痛苦或由疾病引起的痛苦等，这还不是"界限状况"意义上的痛苦，

---

① ［美］W·考夫曼编著：《存在主义》第 210 页，1957 年英文版。（Walter Kaufmann, *Existentialism from Dostoevsky to Sartre*, London：Thames & Hudson, 1957, p. 210.——编者注）

只有当我们一视同仁地接受他人和自己的痛苦，并把痛苦理解为"生存"的必然的内涵时，这样的痛苦才算得上是"界限状况"上的痛苦；所谓"罪过"是指人在"生存"中做出各种抉择时所承担的社会的和道德的责任；所谓"死亡"不是指与自己无关的人的死亡，而是对自己亲密的人的死亡或对自己的死亡的预感和不安，只有这样的死亡才是"界限状况"意义上的死亡。

当人的"生存"触到"界限状况"时，便会产生"超越（transzendieren）"的需要。雅斯贝尔斯认为，从事哲学也就是从事超越。人和动物是不同的，动物在任何情况下都不具有自我选择和自我超越的能力，它只是存在着，从不会反思自己的生存状况；人则不仅存在着，而且能够反省这种存在，超越这种存在，因为人是自由的，是可能性的动物。那么，超越的本质是什么呢？就是把世界虚无化，即摆脱世界的客观实在性的纠缠，像康德一样把世界仅仅看作现象意义上的世界。在把世界虚无化之后，人的生存便摆脱了"界限状况"的束缚，跃入到在世界虚无化的同时必然显现出来的"超越存在（Transzendenz）"中去。"超越存在"也就是上帝。这样一来，个体与个体在生存中的交往就让位于个体与上帝之间的交往。正是在后一种交往中，人的自由才得到了真正的实现。在雅斯贝尔斯的生存哲学中，宗教乃是一种神秘的、至高无上的力量。

第三节 "生存先于本质"

在存在主义思潮的发展中，法国哲学家让·保罗·萨特（Jean-Paul Sartre，1905—1980）是一个特别重要的人物。萨特的思想也可以追溯到克尔凯郭尔。克尔凯郭尔对知识论哲学的猛烈抨击对萨特的影响是尤其深远的，萨特写道：

克尔凯郭尔是正确的：人类的悲伤（grief）、需要（need）、情欲

(passion)、痛苦(pain)是一些原初的实在，是既不能用知识克服，也不能用知识改变的。①

也就是说，人的存在不能还原或归结为认知（关于本质的知识）。在克尔凯郭尔之后，海德格尔的思想进一步影响了萨特，萨特在20世纪40年代中期发表的《存在主义和人道主义》的讲演稿中，提出了"生存先于本质(existence precedes essence)"的著名命题。这一命题究竟是什么意思呢？萨特解释道：

> 我们的意思是，人首先在世界上生存着，经受遭遇和冲突，然后才确定自己。在存在主义者看来，人之所以不可规定，这是因为他一开始是空无所有的。他不是任何东西，直到后来，他才成为他自己造成的那个样子。②

在萨特看来，人的血肉之躯，人的活生生的存在，是我们在研究存在问题时首先必须注意到的，正如他笔下的洛根丁所说：

> 即使我留在屋里，即使我静静地蹲在屋角里，我也忘不了我自己。我坐在这里，我的重量会压在地板上。我存在着。③

人的存在的优先性是一个无法否认的事实。然而，传统的知识论哲学信奉的则是"本质先于生存(essence is priori to existence)"的教条。根据这种教条，我们得从人的本质出发来说明人的存在。"上帝创造人"的观念就是"本质先于生存"的观念，因为上帝是根据人的本质来创造人的，就

---

① ［法］萨特：《对方法的探索》第12页，纽约1963年英文版。(Jean-Paul Sartre, *Search for a Method*, New York: Random House, 1963, p. 12.——编者注)
② ［法］萨特：《存在主义和人道主义》第28页，伦敦1978年英文版。
③ ［法］萨特：《厌恶及其他》，郑永慧译，上海译文出版社1986年版，第178页。

像工艺家根据裁纸刀的本质来生产裁纸刀一样；18世纪法国唯物主义哲学家大谈人的本质，他们的思想也未跳出"本质先于生存"的窠臼；康德主张"人是目的"，可是人存在之初只是空无的东西，他怎么能成为目的呢？萨特认为，要彻底破除宗教和哲学中"本质先于生存"的观念，就要抛弃人是被上帝创造出来的观念，肯定人是被抛掷到这个世界上来的。人仅仅存在着，世界对人是敞开的，人可以自由地进行选择、进行活动，并在这一过程中确定人的本质，正如《苍蝇》中的俄瑞斯忒斯说的："每个人都应该开创自己的路。"①

萨特像一个冷静的外科医生，把人从一层层给定的、外在的约束，即关于人的本质的种种神学、哲学与伦理学的概念中剥离出来，并宣布：

人只是他自己造成的东西，这是存在主义的第一原理。②

然而，萨特又强调，个人在进行自由选择时，不仅是为了自己，也是为了整个人类，这是一种不可逃避的"责任心（responsibility）"。这样一来，萨特又不自觉地引入了一种关涉人的本质的道德责任感，把它置于人的行为之先。这表明，把"生存"与"本质"完全割裂开来、对立起来是不可能的。海德格尔批评萨特虽然把"本质先于生存"颠倒为"生存先于本质"，但是，仍未从根本上摆脱柏拉图以来的知识论哲学传统的影响，这是不无道理的。然而，相对于那些坚持"原则先于世界""概念先于事实""观念先于生活"的教条主义态度的人来说，萨特的"生存先于本质"的命题，仍然具有不可抹杀的积极意义。

从以知识论为核心的哲学文化过渡到以生存论为核心的哲学文化，无疑是西方文明发展中的一个巨大的转折。从叔本华、克尔凯郭尔、尼

---

① ［法］萨特：《萨特戏剧集》，袁树仁等译，人民文学出版社1985年版，第92页。
② ［法］萨特：《存在主义和人道主义》第28页，伦敦1978年英文版。

采等人通过对知识论哲学传统的毁灭性批判把人的生存问题引出了场，一直到海德格尔、雅斯贝尔斯、萨特等人建立庞大的以生存论为基础的本体论体系，生存问题的研究似乎可以告一段落了，然而，只要人生存着，新的生存问题就会不断地涌现出来，引起人们新的思考和反省，哲学文化的发展与人类社会一样，是永远不会裹足不前的。

第四篇　从技术世界到
　未来世界

20 世纪初，随着相对论、量子理论和量子力学的创立，整个物理世界的图景都发生了巨大的变化。如果说相对论推动了天体物理学和宇宙结构学说的发展，为宇航技术的兴起提供了理论基础的话，那么量子理论和量子力学则促进了对原子结构和基本粒子的研究，为核动力技术（包括核武器的制造）创造了理论条件。另外，与 19 世纪达尔文的进化学说相对应的是，遗传学说也逐步发展起来。20 世纪初，美国生物学家摩尔根（Morgan，1866—1945）创立了基因学说，进一步推进了遗传问题的研究，遗传工程也随之而迅猛地发展起来，作为物理学分支的无线电电子学的发展，使计算机、电视机、录像、电子音响设备等器械的制造成为可能。

　　随着科学技术的飞速发展，信息论、控制论、系统论、突变论、协同论和耗散结构论也应运而生，这些理论倒过来又促成了科学技术的大规模发展。到了 20 世纪 70 年代，不少西方学者惊呼西方社会已进入"晚期资本主义"或"后工业社会"的发展阶段。今天的西方人都感觉到与以前的世代不同，他们已处在一个被科学和技术充分人化的世界中。如果用一个概念来表示这个时代与以前时代的区别的话，谁都不会怀疑，今天的时代乃是技术的时代。在这个时代中，传统的文化观念，尤其是哲学观、宗教观、伦理观、艺术观、价值观似乎都失去了吸引力，新的文化观念尚处在形成和发展过程中。

　　人们对这个飞快地发展着的、不可捉摸的技术世界抱着一种错综复杂的心情。在无意识心理层面上更多地受到进化论思想影响的人，对这个世界的发展抱着一种盲目乐观的态度，认为技术的发展不但不会对人类的生存构成威胁，反而会使人类在未来社会中获得一种更自由的生存方式；在无意识心理层面上更多地接受热力学第二定律，尤其是熵的理论的人，则对技术世界的发展怀着一种忧虑的，甚至是害怕的心情，认为随着技术的盲目发展和应用，人类正在有意识或无意识地破坏着自己的生存条件和环境。如果不确立全球意识，不消除意识形态上的尖锐对立和敌视，不对科学技术的发展和应用预先做出生态上和社会价值上的鉴定，不协调人与自然的关系，那么人类生存的毁灭就不是一个可能的问题，而是一个现实的问题，正如英国诗人雪莱在《魔鬼的散步》中所写的：

　　　　魔鬼正是这样在人间漫游，
　　　　边走边哼着地狱的歌。①

　　在当代西方的知识分子中，更多的人是以悲观的或至少是担忧的目光注视着科学技术的发展。早在 20 世纪 20 年代，捷克作家卡莱尔·恰佩克（Karel Čapek，1890—1938）就在其著名剧本《万能机器人》（1920）中说出了人在技术面前的不安的、恐怖的心理。剧情的发展以作者虚构的罗素姆万能机器人制造厂为背景，制造厂总经理多明、工程师法布里等人起先是用非常乐观的态度来看待机器人的生产和发展的，多明自信地说：

　　　　……用不了十年工夫，罗素姆万能机器人就会生产出那么多的小麦，那么多的布匹，那么多的一切东西，我们将会说：一切物品都没有价格了。人人可以各取所需了。贫穷消失了。是的，工人将失业。但是往后根本就不用工作了。一切都将由活的机器去做。而人呢？只做他喜欢做的事情。人活着只是为了使自己更为完美。②

----

① 《雪莱抒情诗选》，查良铮译，人民文学出版社 1958 年版，第 16 页。
② 袁可嘉、董衡巽、郑克鲁选编：《外国现代派作品选》第 1 册（下），上海文艺出版社 1980 年版，第 613 页。

然而，不久，罗素姆厂生产的机器人开始起来造反了，他们杀死了多明、法布里等人，消灭了整个人类，机器人拉迪乌斯宣布：

> 全世界的机器人！我们推翻了人的政权。我们由于占领了工厂，掌握了一切。人类阶段已被征服。新世界开始了！机器人政权开始了！①

《万能机器人》表明了作者对技术世界发展前景的悲观主义的情绪。当然这种情绪并不是完全没有根据的。

从 20 世纪二三十年代起，不论是西方的人本主义传统的哲学家，还是西方的科学主义传统的哲学家，都越来越关注科学技术的发展所引起的社会问题，特别是其对人的生存所产生的巨大影响。在人本主义传统的哲学家中，除了我们在导论中已提及的卢卡奇和海德格尔关于科学技术的发展必然进一步加剧异化和物化现象的思考外，雅斯贝尔斯也注意到了技术时代必然出现的自我的遗忘与失落，他写道：

> 机械时代有各种计时工具，有各种的职业——不管它是具有吸引力或纯粹机械性的——都愈来愈不能把人当作"人"而予以充实。它甚至使人感觉，他只是机器中的一部分，而被交互替换地接在这里或装在那里。当他一旦自由时，他便感觉自己不成东西，亦且不能单凭自己去做点什么。并且当他刚刚开始要寻回自己的时候，巨人般的世界又把他再度拖回到这个只有空洞的劳动与空洞的休闲，却又吞噬一切的机械中去了。②

在技术时代中普遍存在的一种颠倒是：原来应受人支配的机械倒过

---

① 袁可嘉、董衡巽、郑克鲁选编：《外国现代派作品选》第 1 册（下），上海文艺出版社 1980 年版，第 671 页。

② ［德］雅斯培（又译雅斯贝尔斯）：《智慧之路》，周行之译，志文出版社 1969 年版，第 146 页。

来支配人，于是，主人成了奴隶，成了机械的一部分。雅斯贝尔斯认为，要找回已失去的自我，就不能盲目地按照机械运作的节奏来生活，而应当研究哲学，把自我和心灵导向自由。法兰克福学派的著名代表马尔库塞（Herbert Marcuse，1898—1979）在1964年出版的《单向度的人》中，对技术社会和人的生存状况做了更系统、更深入的分析。马尔库塞认为，在发达工业社会中，科学技术的高度发展不仅形成了商品拜物教，而且形成了"技术拜物教（technological fetishism）"。技术专家们不仅成了生产、流通、消费领域的统治者，而且也成了整个社会和国家的实际领导人，技术合理性的观念已不可抵御地渗透到人们生活的各个层面上，把整个社会一体化了，于是，人成了"单向度的人"，思想成了"单向度的思想"，文明成了"单向度的文明"，社会成了"单向度的社会"。发达工业社会不仅以技术的合理性改铸了人的生存方式、人的思想和情操，甚至重新改造了人所使用的语言。马尔库塞指出：

> 工业社会拥有种种把形而上的东西改变为形而下的东西、把内在的东西改变为外在的东西、把思维的冒险改变为技术的冒险的手段。"灵魂工程师""精神科医师""科学管理""消费科学"等可怕用语（和现实），集中体现了进步中的不合理事物的合理化，"精神"的合理化——理想主义文化的否定。①

在这种以技术的合理性为导向的单向度的社会中，人们完全按照广告和宣传来安排自己的生活，他们的灵魂已消失在小汽车、舒适的住宅和高保真度的音响设备中，真实的、自由的、具有批判意识的自我已经消失，代之而起的是虚假的、机械的、永远带着顺从意识的自我，这个自我实际上是一个戴着面具的自我，是一个行尸走肉的自我，是一个抽象

---

① ［美］马尔库塞：《单向度的人》第234页，1964年英文版。（Herbert Marcuse，*One Dimensional Man*：*Studies in the Ideology of Advanced Industrial Society*，Boston：Beacon Press，1964. p. 234.——编者注）

的符号，是一个空的胡桃壳。为此，马尔库塞主张通过社会批判理论的媒介，唤醒并强化人的思想的第二维度——理性的、批判的维度，并诉诸"大拒绝（the refusal）"，即对现存制度的否定，重新恢复健全的人性，重新确立独立的、真正的自我。

从属于科学主义传统的哲学家也以同样的热情关注着科学技术的高度发展所引发的社会问题。英国物理学家 J. D. 贝尔纳（J. D. Bernal, 1901—1971）在 1939 年发表的《科学的社会功能》一书中，开宗明义地指出：

> 过去几年的事态促使人们用批判的眼光对科学在社会中的功能进行审查。人们过去总是认为：科学研究的成果会导致生活条件的不断改善；但是，先是世界大战，接着是经济危机，都说明了：把科学用于破坏和浪费的目的也同样是很容易的，于是就有人要求停止科学研究，认为这是保全一种过得去的文明的唯一手段。面对这些批评，科学家们自己也不得不开始第一次卓有成效地考虑他们所做的工作同他们自己周围的社会和经济现象有何种关系。①

过去，人们习惯于把科学技术看作是进步的同义词，然而，当代世界的许多困难，如生产过剩、失业和贫困、战争和安全之无保障，部分地也正是由科学技术的进步所带来的新的文明所造成的。把科学技术仅仅看作福音或看作超脱世俗的某种东西的观念已受到严重的挑战，严酷的现实迫使科学家和技术专家冷静地反省自己的社会责任，密切地关注科学技术的新发现和新发明可能导致的社会问题。贝尔纳对科学技术发展的前景和社会问题的改善还是充满信心的，而更多地受到热力学第二定律影响的、控制论的创始人维纳（Norbert Wiener, 1894—1964），却对科

---

① ［英］J. D. 贝尔纳：《科学的社会功能》，陈体芳译，商务印书馆 1982 年版，第 25 页。

学技术的发展和普及必然会造成的对人性的压抑乃至对人的整个生存状态的影响，抱着一种悲观主义的态度。在《人当作人来使用》这部讨论控制论与社会关系的著作中，维纳把科学技术视为"双刃剑"，认为它既能造福于人类，也可能会把整个人类更快地送上毁灭的道路。维纳特别强调，不应该把人与作为技术化身的机器看作同样的东西，他不无担忧地写道：

> 我谈论过机器，但不只是谈论那些具有铜脑铁肌的机器。如果把人的个体来编成一个组织，不把人当作具有充分权利义务的人来使用，而只是当作齿轮、杠杆和棍棒来使用，那么人是由血和肉构成的这件事就没有什么意义了。当作机器的一个元件来使用的东西，实际上就是机器中的元件。不管我们的决策是依赖于金属制成的机器，还是依赖于血肉构成的机器，如研究室、大型研究所、军队和大公司那样，只要我们没有提出正确的问题，那么我们永远也不会获得对问题的正确答案。①

在维纳看来，在熵的总量在不断增加的宇宙系统之内，人们能通过自己的努力来形成一些"减熵小岛"，来达到社会发展上的某种"稳态"，来争取人之为人的独立的、自由的地位，但正如每个人都必定会面对死亡一样，人类的生存和文明也必然会走向毁灭，人们应该有足够的勇气去面对这个或迟或早必然会降临的结局，犹如莎士比亚笔下的泰门一样，勇敢地写下自己的墓志铭：

> 让怨怼不挂唇，让言语消灭，
> 灾难和瘟疫将会纠正一切！

---

① ［美］诺伯特·维纳：《维纳著作选》，钟韧译，上海译文出版社 1978 年版，第174—175 页。

坟墓是人一世辛勤的成绩，

隐去吧，阳光！陪着泰门安息。①

不管人们对科学技术发展的前景是抱着乐观主义的态度还是悲观主义的态度，从 20 世纪下半叶以来，人们思考的焦点越来越集中到对日新月异地变化着的技术世界的反省和对未来世界的预测上。未来学家、文学家、艺术家、神学家和哲学家都自觉或不自觉地参与了这个与人类的生存和命运息息相关的思维工程。毋庸讳言，他们对人的生存需要、生存状况和生存前景的理解是有差异的，他们对技术世界的出路，即技术世界的发展将会导致何种新社会的降临的见解也是迥然各异的，然而，他们的思索和探讨有一个共同点，那就是试图说出当代人在技术世界的背景下生存的某种焦虑感，或者换一种说法，试图说出当代人在一个强大的、异己的、拥有巨大力量的外部世界，尤其是物的世界面前的惶恐不安、茫然失措的心情，并努力（只要可能的话）提出一些新的想法来克服这种心理上的紧张和不安，重建人和外部世界之间的和谐，重新恢复人之为人的独立、自由和尊严。

---

① 参见莎士比亚戏剧：《雅典的泰门》，见《莎士比亚全集》第 8 卷，朱生豪译，人民文学出版社 1978 年版，第 202 页。

第十三章　危机与生存

　　1968 年，来自不同国家的 30 多位科学家聚集罗马，讨论人类生活的现状、问题和未来，在此基础上产生了一个非正式的、但有重大影响的研究机构——罗马俱乐部。罗马俱乐部的研究者梅多斯（Meadows）等人于 1972 年出版了《增长的极限》一书，分析了世界范围内人口、工业、粮食、污染、资源消耗这五种因素的指数式增长方式和地球上的有限的生存条件，尤其是有限的生存资源之间的越来越尖锐的冲突，警告人类要注意增长的极限，要提防"池塘危机"（池塘中睡莲每天增加一倍，最后突然把水中的其他生物都闷死）的突然来临。这部著作在西方社会中产生了极为强烈的反响。同年，联合国召开了人类环境会议，通过了《人类环境宣言》，提出了"只有一个地球"的口号，号召人类共同起来保护自己的生存环境。1974 年，美国生物学家 G. 哈定发表了《生活在救生艇上》的论文，提出了"救生艇状态"（Lifeboat Situation）这一著名用语，进一步强调有限资源必然会引起的生存危机和生存选择。作者假设一只救生艇可以容纳 50 人，如果不考虑安全系数，至多只能再增加 10 人，而救生艇周围有无数人在海中挣扎，在这种情况下，救生艇上的人们面临着四种不同的选择：一是从溺水的人中间只救上来 10 人，这样就必然会产生怎样来选择这 10 个人的问题；二是把溺水的人全部救上来，大家共同沉没，这是正义的，然而这必然是一个大悲剧——人类的毁灭；三是不让任何溺水者登上来，设法让救生艇上的 50 人活下来；四是在救生艇上具有自我牺牲精神的人自己跳到海里去，以换取其他溺水者上来，这是所谓进行良心的淘汰。G. 哈定提到的这四种选择还是不完整的，也有可能发生的其他情况是：溺水者中间一些体魄坚强的人联合起来，夺取救生艇，把里面的人统统赶下海去，或者救生艇中的 50 个人相互争吵乃至自相残杀，最后无人幸存。这很容易使我们联想起法国画家席里柯的名画《梅杜莎之筏》。但不管怎样，"救生艇状态"的用语形象地表明了人类的生存所面临着的种种紧迫的危机。

在紧迫的危机面前，人类应该怎么办呢？是不是应该像莎士比亚笔下的麦克白发出如下绝望的叹息呢？

> 我现在开始厌倦白昼的阳光，但愿这世界早点崩溃。①

未来学家们的情绪并不像麦克白那样悲观甚至绝望，他们主张，人类应当学会对新的生存环境的适应，应该学会认识危机的本质及危机可能引起的种种严重后果，人类应该放弃征服自然的堂吉诃德式的幻想，在生态学的境界中重建人与自然、人与人的和谐。总之，在人类生存所面临的危机和深渊面前，人类必须勇敢地正视自己的现状和命运，必须勇敢地反省并抛弃那些有害于自己生存的虚妄的幻念和错误的行为，从而在技术世界已造成的辉煌成就的基础上，而不是在抛弃这些成就的基础上，确立一种新的、更好的生存方式。

---

① 参见莎士比亚戏剧：《麦克白》，见《莎士比亚全集》第 8 卷，朱生豪译，人民文学出版社 1978 年版，第 387 页。

第一节 "危机综合征"的出现

由米哈依罗·米萨诺维克和爱德华·帕斯托尔合写的罗马俱乐部的第二个报告《人类处在转折点》，对当代人的生存所面临的危机做出了透彻的说明，作者指出：

> 人类好像在一夜之间突然发现自己正面临着史无前例的大量危机：人口危机、环境危机、粮食危机、能源危机、原料危机等等。旧的危机已波及全球并尚未渡过，新的危机又接踵而至。这些危机都是难以克服的，人们企图孤立地克服其中任何一个的各种尝试都只能取得暂时的收效，并且往往顾此失彼。人们发现为解决能源和原料短缺所采取的措施往往使环境条件恶化，实际上于事无补。人类必须正视现实，大量的危机已经构成世界发展中遇到的一种"危机综合征"，应该把这些危机作为一个整体，采取互相协调的多种措施加以解决。①

当然，人类面对的更直接的危险来自各个地区不断爆发的局部战争，大量核武器的储存和军备竞赛的升级。核战争犹如悬挂在人类头顶上的死神之剑，这把剑随时都可能掉下来，使人类毁灭。然而，作者所要强调的是，即使撇开这把可怕的"死神之剑"，"危机综合征"也已把人类推到了生存的边缘，人类要是不能幡然醒悟，离开死亡的距离也同样不会太远了。

作者认为，过去的危机主要是由天灾人祸等客观原因引起的，如瘟疫、洪水、干旱、地震、飓风、外族入侵等，当代的危机则主要是由主

---

① ［美］米哈依罗·米萨诺维克、［美］爱德华·帕斯托尔：《人类处在转折点》，刘长毅等译，中国和平出版社1987年版，第9页。

观愿望(特别是借助于科学技术的主观愿望)造成的，这很容易使人联想起西方人的那句神秘的、充满哲理的格言——通向地狱去的道路正是由善良的愿望铺成的。比如，人们为了获得劳动力或保持一些家庭的延续，生育了一些小孩，其结果是导致了当代的人口危机，仅从发展中国家来看，到 2025 年，人口就可能增长到 100 亿，这样巨大的人口数量在这个小小的星球上如何生存下去呢？又如，人为了节省人力而不断探索蕴藏于自然界中的能源，而在当代，能源危机的警钟早已敲响了，煤和石油到 21 世纪上半叶就会告罄，大自然千百万年积累起来的能源被人类在短短的时间里消耗殆尽，接下去怎么办呢？有些技术乐观主义者主张普及核能，在核电站的运行、核废料的处置上，任何微小的疏忽都会造成不堪设想的后果。再如，人类为了过更舒适的生活而不断地征服、掠夺自然界，结果是造成了生态平衡的严重破坏和环境的污染："三废"的肆虐、酸雨的降落、气候的暖化、噪声的增大、土地的沙化，人类为提高农作物的收成而大量使用的化肥和农药，流失到河流和海洋中，以致在北冰洋的冰块上发现了"666"，在南极洲企鹅的肝脏里发现了"DDT"，更不用说鱼类、水果、蔬菜受到的污染了。水和空气是人类生存的最基本条件，它们也被严重地污染了，以致人们不得不小心翼翼地饮用净化水、矿泉水，在汽油废气和化学毒雾弥漫的大城市里，人们甚至戴着防毒面具在街上行走。也就是说，人对自然的征服正趋向于极限，正如作者所说的：

> 如果极限是显而易见的，就必须判定有关战略防止达到极限的灾难性局面。达到极限是人类历史的新现象，因此需要用新战略来处理事关人类存亡的问题。这些"极限危机"的原因是以惊人的速度扩大的人与自然之间的裂痕。为填补这一裂痕，人对自然必须持有一种新的态度，这种态度的基点是和睦相处而不是征服。①

---

① [美]米哈依罗·米萨诺维克、[美]爱德华·帕斯托尔：《人类处在转折点》，刘长毅等译，中国和平出版社 1987 年版，第 138 页。

正如人与自然必须和睦相处一样，具有不同政治制度和意识形态的民族和人民也应该和平共处，每个人必须确立全球观念，必须认识到自己作为国际社会的一员的责任，必须意识到人类合作及生存的基本单位已从民族、国家上升到全球的水平。为了适应即将来临的能源稀缺的时代，人类也必须确立利用废旧物质资源的新的道德观念，并据此调整自己的生活方式，尤其是消费方式。

在越来越紧迫的全球性"危机综合征"面前，单纯地应对危机的心态不仅是保守的，而且是危险的，必须建立全球性预测和防止危机的机制，对各种有可能引发危机的因素和现象，尤其是对技术和发明的应用可能引起的负面社会效应做出充分的估计并采取积极的预防和限制措施。正如作者所告诫的：

> 只要人类还想继续生存，他就必须意识到下一代的存在并乐意为了自身的利益而为后代谋福利。如果每一代人只追求自己的最大利益，人类必将毁灭。[1]

第二节　生活方式的突变

美国未来学家阿尔温·托夫勒（Alvin Toffler）的三部著作《未来的震荡》（1970）、《第三次浪潮》（1980）和《预测与前提》（1983）深入地探讨了由于科技的高度发展而引起的人类生活方式的各个方面的巨大变化。

首先，人们的生活节奏变得越来越快，就像旋转木马一样，令人头

---

① ［美］米哈依罗·米萨诺维克、［美］爱德华·帕斯托尔：《人类处在转折点》，刘长毅等译，中国和平出版社1987年版，第136页。

昏眼花。托夫勒认为，目前，地球上还有极少数人过着原始的狩猎和采集的生活，大部分人还过着农业社会的生活。这两种人加在一起，占人类总人口的70％以上，他们是属于过去的人，而25％以上的人则生活在工业化社会里，他们是属于现在的人。对于前一种人说来，时间观念是非常淡薄的，人们乐意把大量时间花在一些非常琐碎的事情上；但对于后一种人来说，时间观念是非常强的，因为他们生活在一个高瞬态的、计时的社会里，在这个社会里，人们从儿童时候起就懂得，时间就是金钱，一切都瞬息万变，生活变化的节奏快得让人喘不过气来。托夫勒说：

> 倘若我们从新的角度考察一下这万马奔腾似的变化速率，那么，许多原来使我们感到头痛、难于理解的行为和现象就变得易于认识和理解了，因为正是这种飞快的变化速率有时候使得现实像一只疯狂旋转的万花筒。飞速的变化不仅袭击着各种工业和各个国家，它也是一股深深地渗透到我们个人生活之中的有形的力量。它迫使我们在生活中扮演新的角色，使我们面临着一个新的令人不安的心理病变的威胁。[1]

如果沿着这种飞速变化着的生活节奏分析下去，人们发现，在加速冲击力后面发生作用的主要是技术的进步，特别是从 20 世纪 80 年代以来，西方人已置身于"信用卡＋录像游戏＋立体声＋步话机的生活方式"[2]中，哲学家们喋喋不休地争论着的"永恒"的问题似乎变得越来越遥远了，人们的心理和大脑必须习惯于接受全新的东西，如"快餐文化""幻觉教会""北极科学城""光效应绘画艺术""花花公子俱乐部"等。人们与

---

① ［美］阿尔温·托夫勒：《未来的震荡》，任小明译，四川人民出版社 1985 年版，第 4—5 页。

② ［美］阿尔温·托夫勒：《预测与前提：托夫勒未来对话录》，粟旺等译，国际文化出版公司 1984 年版，第 11 页。

物品之间的关系也变得越来越短暂了，过去追求的是商品的牢固性和永久性，现在则是"用过即扔"，取代手帕的卫生纸、纸做的结婚礼服、各种临时建筑物、平均每三年半时间换一辆汽车的美国人等。在托夫勒看来，只有能够适应这样的生活节奏的人才能够在这样的社会中生存下去。

其次，人与人之间的关系也发生了巨大的变化。变化之一是，各种各样的技术专家成了社会的主要的统治者和操纵者，技术专家们从严格的科学精神出发，把人禁锢在一个一个的组织或团体中，使人丧失个性，成为一架大机器上的零件。作为对技术专家统治的一种反叛，人们倒过来去追求前科学时期的各种陈旧的东西，如古色古香的家具、旧时代的时尚、旧的艺术流派和风格等；人们也乐意追求那些神秘主义的东西，如占星术、瑜伽、禅宗、巫术、降神术等。变化之二是，人与人之间的关系越来越具有临时的性质。现在，每个城市人平均一周内所接触到的人可能比封建时代的一个村民一年，甚至一生中所要接触的人更多，每个城市人的工作和住处都在不断地变动，他一生所接触的人更是多得不计其数。这就是说，他不仅要善于建立人际关系，还要善于解除人际关系，不仅要善于亲近人，还要善于忘掉人。于是，人际关系变更的速度越来越快，正如托夫勒所说的：

> 我们同周围大多数人之间只能建立有限的相互介入关系。有意识也罢，无意识也罢，总之，我们是以实用主义来确定我们同大多数人的关系的。只要我们不卷入那位鞋店店员的家庭问题，他的更为一般性的希望、他的梦想和苦恼，那么，对我们来说，他就和其他有着同样权限的售货员没什么区别。事实上，我们早已把组合原理用于人类关系。我们创造了可以扔掉的人：组合人。①

① ［美］阿尔温·托夫勒：《未来的震荡》，任小明译，四川人民出版社 1985 年版，第 104 页。

在当代工业社会中，甚至连直系亲属之间的关系也不能像过去那样恒久不变了。这种人际关系的不断变化使得人变得越来越不可捉摸了。变化之三是家庭的分崩离析。与传统社会相适应的那种大家庭在工业社会中早已过时，让位于只有父母和小孩构成的"核心家庭"，而这样的家庭也是极端不稳定的，随着"单亲家庭"的增多，又出现了离婚后的家庭相互组合的所谓"合伙家庭"，甚至出现了群婚性质的公社。托夫勒认为，家庭关系的更不可思议的变化还在酝酿着：

> 在即将来临的几十年中，冲击家庭的最为明显的颠覆力量可能将是新生育术。预先确定婴儿的性别，甚至"规划"婴儿的智商、容貌和个性特征，现在应该是看成是真正可能的了。胚胎移植、试管婴儿、服用药物以便生下双胞胎或三胞胎，甚至跨入婴儿商店，直接购买胚胎——这一切远远超越了以往任何人的经验，以至于人们需要用诗人或画家的眼光，而不是社会学家或传统哲学家的眼光去看待未来。①

事实上，家庭只是和人类历史发展的一定阶段相适应，今后会向什么方向发展，人们还不十分清楚，但至少人们已经感受到这种深刻的变化了。最后，同样引人注目的是，人们的观念，尤其是生活观念、性观念和价值观念，已经发生了不可逆转的变化。传统观念的崩溃和新观念的翻新是如此之快，以致出现了"认识失调"的局面，所有的牧师、政治家、社会学家、父母们都为此而忧心忡忡，有关观念变化的讨论层出不穷，但又有什么用处呢？

更令人感到震惊的是，由于观念上的不适应和心理上的失落感，普遍的精神沮丧已席卷整个西方社会，各种犯罪行为、酒精中毒、精神分

---

① ［美］阿尔温·托夫勒：《未来的震荡》，任小明译，四川人民出版社 1985 年版，第 266 页。

裂、吸毒的现象不断增加，许多人热衷于饲养爱畜，以逃避致命的孤独感的袭击。托夫勒无限感叹地写道：

> 从来没有那么多国家里的那么多的人民，甚至是受过教育的和老于世故的人，感到精神上如此空虚与沉沦，好像生活在混乱和咆哮的思想大漩涡之中。互相冲突和矛盾的观点，震撼着每个人的精神世界。①

然而，托夫勒又认为，这种向超工业社会发展时的观念的混乱和精神的痛苦是可以理解的，这乃是形成一种综合性的、能适应现代社会现实的新的观念体系的先兆，没有必要为此而感到绝望。

总的说来，托夫勒对未来还是充满信心的，他强调人类应该制定出新的"生存的战略"以适应未来的社会，但是这一"生存的战略"究竟是什么呢？读完他的著作，我们仍然有一种不甚了了的感觉，也许，他只是提出问题，唤起人们的注意而已。

第三节　技术与情感的平衡

另一位美国知名的人类学家约翰·奈斯比特（John Naisbitt）出版的《大趋势》（1982）同样是令人瞩目的，尤其是作者在这部著作中关于技术和感情的关系问题的探讨，显示出他对技术世界发展前景的独特的思考，值得引起重视。

首先，奈斯比特认为，当前最值得注意的大趋势是我们已由工业社会进入信息社会。1956 年，美国从事技术、管理和事务的白领工人的数

---

① ［美］阿尔温·托夫勒：《第三次浪潮》，朱志焱等译，生活·读书·新知三联书店1983 年版，第 358 页。

字超过了蓝领工人，这是信息社会开始的一个重要标志，戴尼尔·贝尔所说的"后工业社会"实际上就是信息社会。1957 年，苏联发射了第一颗人造地球卫星，从而拉开了全球信息革命的序幕。1981 年美国哥伦比亚航天飞机的发射成功和返回地面，不仅在航空技术和对空间的探索上迈出了巨大的一步，而且表明信息社会已创造了令人难以置信的奇迹。计算机、电话、无线电、有线电视和录像的发展，更加快了信息的形成、传播和接收过程，使全球似乎成了一个小小的村落。奈斯比特指出，1950 年美国只有 17％的人从事信息工作，而目前从事计算机程序编制的职员、教员、秘书、会计、证券经纪人、保险行业人员、律师等已超过 60％。在此意义上可以说，美国的职业发展史就是从农民到工人，从工人到职员的发展史。今天，谁不懂得信息的重要性，谁就无法在这个社会里生存下去。

其次，奈斯比特指出，在信息社会里，信息，特别是技术知识形式的信息，已经成为新的财富和权力：

> 我们现在大量生产信息，正如过去我们大量生产汽车一样。
>
> 在信息社会里，我们使知识的生产系统化，并加强我们的脑力。以工业来做比喻，我们现在大量生产知识，而这种知识是我们经济社会的驱动力。
>
> 新的权力来源不是少数人手中的金钱，而是多数人手中的信息。①

按照奈斯比特的看法，在信息社会里，"劳动价值论（Labor Theory of Value）"已为"知识价值论（Knowledge Theory of Value）"所取代，也就是说，价值的增长是通过知识来实现的。比如，当前的美国公司在国外市

---

① ［美］约翰·奈斯比特：《大趋势：改变我们生活的十个新方向》，梅艳译，中国社会科学出版社 1984 年版，第 5 页。

场日益萎缩的情况下，可以毫无困难地、大量地出售工业技术、管理技术和专业知识以获利。在当今的社会里，谁拥有更多的、更重要的信息，谁就会在政治、经济的竞争中立于不败之地。

最后，奈斯比特强调，在信息社会里，高技术的发展应当与高情感的发展协调起来：

> 无论何处都需要有补偿性的高情感。我们的社会里高技术越多，我们就越希望创造高情感的环境，用技术的软性一面来平衡硬性的一面。①

以前有些高技术在发展时由于未考虑到感情上的平衡，受到了人们的抵制。比如，高技术的测谎试验由于违反人性被明令禁止使用。另外，一味执着于高技术的人常会对实际情况做出错误的估计。比如，电脑购物开始后，有人预言商店将会消失，实际上，商店并没有消失，因为电脑购物永远无法取代偶然发现珍奇物品的乐趣和情感；又比如，投影电视发明后，有人认为电影院将会消失，但这样的情形并未出现，因为人们到电影院去并不只是为了看电影，而是为了和其他人一起宣泄感情。事实上，越是生活在高技术社会中，人们在感情上越是需要经常地离开电视机和电脑，或是从事家庭园艺、烹调、修理家用器械等工作，或是到大自然中去野营，去旅游，正如奈斯比特说的：

> 我们周围的高技术越多，就越需要人的感情。②

奈斯比特的探讨虽然并不深入，但他至少告诉了我们这样的真理，即技术世界的形成非但不会取消生存和生活的意义问题，反而使这个问题进

---

① ［美］约翰·奈斯比特：《大趋势：改变我们生活的十个新方向》，梅艳译，中国社会科学出版社1984年版，第47页。
② 同上书，第53页。

一步凸显出来了，因为科学技术的发展不管把人类社会推进到怎样的阶段，人之为人永远不会和情感绝缘，正如但丁笔下的俾德丽彩所说的：

> 我的身体里面
> 没有一滴血是不剧烈震动的；
> 我认出了旧情复燃的征象。①

---

① ［意］但丁：《神曲·炼狱篇》，朱维基译，上海译文出版社 1984 年版，第 238 页。

第十四章　理性与荒诞

　　人们已习惯于把从 19 世纪末到 20 世纪初，尤其是在第一次世界大战后发展起来的文艺思潮称之为"现代主义（Modernism）"，这一思潮的代表是后期印象主义、立体主义、表现主义、未来主义、超现实主义等；人们也已习惯于把第二次世界大战后发展起来的文艺思潮称之为"后现代主义（Postmodernism）"，这一思潮的代表是荒诞派戏剧、新小说、垮掉的一代、黑色幽默、摇滚乐、霹雳舞等。在"后现代主义"思潮中，贯穿着一种主导性的精神，那就是对生活本身的无意义、荒诞的体验、显示和抗争。在这个意义上可以说，荒诞派戏剧以最典型的方式体现了"后现代主义"思潮的精神实质和走向。

　　从思想渊源上来看，荒诞派戏剧的源头可以追溯到乔伊斯（Joyce，1882—1941）、卡夫卡等人的作品，萨特和加缪（Camus，1913—1960）的作品，尤其是加缪的《局外人》（1942）和《西西弗斯的神话》（1943）对荒诞派戏剧的形成和发展有着更大的影响。当然，从更根本的层次来看，荒诞派戏剧来源于生活本身。在短短 25 年的间隔中，人类的生存经历了两次世界大战的劫难，科学技术的巨大发展和进步形成了一个陌生的、异己的、冷漠的人造世界，在这个异己世界的统治下，人们相互间也挤压着，仿佛是一群在寒冷的驱迫下企图相互靠近以取暖的箭猪，然而只要一靠近，它们各自身上的刺就会刺伤对方，因而它们只能保持在一定的距离上。也就是说，与个人的自由和独立做伴的永远是孤独和疏远。

从荒诞派的戏剧那里，我们谛听到的乃是一组无逻辑的、不连贯的话语，而这组话语所要表达的正是人的生存本身的荒诞性。人们常常批评荒诞派戏剧的非理性的、颓废的倾向，这实在是出于一种误解。第一，荒诞派戏剧并没有把理性与荒诞截然对立起来，并没有对理性取否定的态度，恰恰相反，荒诞正需要由理性来认识和界定。众所周知，人不仅受理性的支配，而且更多地、更根本地受意志和激情的驱迫，人的生存活动是无限丰富多样的，是充满偶然性的，是永远溢出单纯的理性所能规划的范围之外的。比如，理性设计并建造了一座高楼，激情却为它补充了新的使用价值——自杀（从高楼上纵身跳下）。可见，人的生存活动永远会打破理性和逻辑所设置的界限。然而，意识到这个真理的、揭示生存或生活本身的荒诞性的正是理性。如果文艺作品（如推理小说）不懂得生存溢出理性的道理，只是描写理性范围之内的生存活动，那么，荒诞的就是文艺作品本身，因为它把人仅仅看作是理性的动物或只会按程序从事逻辑推理的机器人，因为这样的文艺作品就其实质而言，不是在揭露被掩盖的生活真相，而是在掩盖已显露出来的生活真相。荒诞派戏剧对生活中的荒诞现象的揭露正表明它本身是理性的，因为没有理性作参照系，既不可能发现生活中的荒诞现象，也不可能揭示这种现象的本质和意义。比如，法国荒诞派剧作家尤涅斯科（Eugène Ionesco，1912—1994）在《秃头歌女》（1950）中写到一对男女，谈了好久才弄清他俩同乘一趟车，从同一地方来，同住一条街、一间房，同睡一张床，原来他俩是夫妻。从表面上看，这种表现手法是很荒诞的，实际上，真正荒诞的是生活本身，是当代西方人在异化的重压下表现出来的疏离感和孤独感。如果我们用完全合乎常规的、充满理性和逻辑性的手法来描绘这一对男女的生活，那么，生活的真相就从字里行间滑过去了，我们写得越多，也许离真理就越远。总之，只有当理性能认识荒诞时，理性才是理性的，如果理性只能认识理性，只能停留在自己的范围之内，那么走向荒诞的就是理性本身。在这个意义上，我们可以说荒诞派戏剧的出发点是理性。

第二，荒诞派戏剧是否是颓废的呢？我们的回答也是否定的。从对荒诞派戏剧产生较大影响的存在主义思潮来看，德国的以海德格尔为代表的存在主义学说是带有悲观主义色彩的，而法国的以萨特和加缪为代表的存在主义学说则是主张抗争和积极进取的。荒诞派戏剧更多地接受并体现了法国存在主义学说，尤其是加缪学说中的抗争的精神。在加缪看来，西西弗斯周而复始地推巨石上山的举动是荒谬的，但意识到这种荒谬的西西弗斯又是幸福的，因为他借此对抗了诸神，为自己的生存创造了新的意义。荒诞派戏剧虽然揭示了当代生活的荒诞性，但其意图并不是消极的、颓废的，而是要唤起一种抗争的意识和力量，正如海涅在《还乡曲》中所诵吟的：

> 心，我的心，不要悲哀，
> 你要忍受命运的安排。
> 严冬劫掠去的一切，
> 新春会给你还来。①

第一节 "等待戈多"

法国剧作家萨缪尔·贝克特（Samuel Beckett，1906—1989）于1952

---

① ［德］海涅：《诗歌集》，钱春绮译，上海译文出版社1982年版，第203页。

年发表的《等待戈多》是荒诞派戏剧的开山之作。这部二幕剧布景很简单：乡间一条路，一棵树，一个土墩；人物也很简单，总共五名，主要人物只有两名，既没有曲折动人的情节，也没有引人入胜的对白，但全剧却贯穿着深刻的哲理，使我们谛听到生存的荒诞之声。

首先，这部戏剧显示了生存的孤独和绝望。我们不妨听听剧中主角的对白：

> 爱斯特拉冈：你干吗老不让我睡觉？
> 弗拉季米尔：我觉得孤独。①

这种孤独是深入骨髓的，它无时无刻不咬啮着爱斯特拉冈和弗拉季米尔的心，在他们心中唤起一种绝望的感觉。当这种感觉在沉默和无所事事中变得越来越明晰时，他们的目光自然而然地投向那棵枯树：

> 爱斯特拉冈：咱们上吊试试怎么样？
> 弗拉季米尔：跟着就有那么多好处。掉下来以后，底下还会长曼陀罗花。这就是你拔花的时候听到吱吱声的原因。你难道不知道？
> 爱斯特拉冈：咱们马上就上吊吧。
> ……②

接下去，他们又为哪个人先上吊、树枝能否承受他们的体重等问题争执起来，这类争执冲淡了他们的绝望的情绪，所以他们并没有上吊，但这并不等于说，这种由孤独引起的绝望已被克服或解除，它不过是暂时地被搁置起来了。

---

① 袁可嘉，董衡巽，郑克鲁选编：《外国现代派作品选》第3册（上），上海文艺出版社1980年版，第103页。

② 同上书，第17—18页。

其次，这部戏剧表明，通过回忆的方式退回到过去是没有出路的，是不能淡化孤独和绝望的情绪的。剧中一再出现的是对过去的遗忘。当爱斯特拉冈和弗拉季米尔第二天到同一地点去等待戈多的时候，他们把昨天的事情全都忘了，当同一个小孩第二天又来告知他们戈多将推迟他的到来时，这个小孩已完全遗忘昨天他也带来过同样的消息；当波卓和幸运儿第二天又与爱斯特拉冈和弗拉季米尔在同一地点相遇时，他们把昨天发生过的事也全都遗忘了。当波卓说幸运儿已成了哑巴，而弗拉季米尔追问他是什么时候开始成为哑巴时，波卓勃然大怒地说出了下面这番话：

> 你干吗老是要用你那混账的时间来折磨我？这是十分卑鄙的。什么时候！什么时候！有一天，难道这还不能满足你的要求？有一天，任何一天。有一天他成了哑巴，有一天我成了瞎子，有一天我们会变成聋子，有一天我们诞生，有一天我们死去，同样的一天，同样的一秒钟，难道这还不能满足你的要求？他们让新的生命诞生在坟墓上，光明只闪现了一刹那，跟着又是黑夜。①

在这里，作者通过波卓之口告诉我们，回忆过去，追问过去什么时候曾发生过什么事是毫无意义的，历史和过去对人们是无用的，谁会真正地记取历史上的经验教训呢？谁能从回忆中找回生活的意义呢？

再次，这部戏剧告诉我们，只有在"等待戈多"的过程中，孤独和绝望才会被淡化。在戏剧的结尾处，我们可以找到这样的对白：

弗拉季米尔：咱们明天上吊吧。除非戈多来了。

爱斯特拉冈：他要是来了呢？

---

① 袁可嘉，董衡巽，郑克鲁选编：《外国现代派作品选》第3册（上），上海文艺出版社1980年版，第103页。

弗拉季米尔：咱们就得救啦。①

在另一处，弗拉季米尔又说：

咱们不再孤独啦，等待着夜，等待着戈多，等待着……等待。
咱们已经奋斗了一个晚上，没有人帮助。现在这一切都已过去啦。
咱们已经到明天啦。②

"等待戈多"乃是全剧的中心思想。无论是作者，还是剧中人物都没有告
诉我们，"戈多"究竟是谁？那个自称从"戈多"那里来的小孩描述了"戈
多"的一些特征，但我们仍然不知道他究竟是谁。这似乎是一个新时代
的司芬克斯之谜，弗拉季米尔甚至有一种预感：如果不等待"戈多"的
话，"戈多"会惩罚他们，这似乎表明，"戈多"并不一定是一个可爱的人
物。实际上，我们不难发现，"戈多"只是一个虚构的人物，他不过是希
望的一个象征。一旦人们心中有了某种希望，不管它是模糊的还是清楚
的，是在近处的还是遥远的，是美好的还是丑恶的，人的生存就获得了
某种依托，于是孤独和绝望就退却了。

第四，这部戏剧告诉我们，有希望就有等待，而等待总是无聊的。
剧中一次次重复的言谈、沉默、脱靴子、脱帽子都在表达同一种情
绪——无聊，甚至于爱斯特拉冈和弗拉季米尔不得不用谩骂和拥抱来排
遣这种情绪：

爱斯特拉冈：这倒是个主意，咱们来相骂吧。
弗拉季米尔：窝囊废！
爱斯特拉冈：寄生虫！

---

① 袁可嘉，董衡巽，郑克鲁选编：《外国现代派作品选》第 3 册（上），上海文艺出版
社 1980 年版，第 109 页。
② 同上书，第 87 页。

弗拉季米尔：丑八怪！

爱斯特拉冈：鸦片鬼！

弗拉季米尔：阴沟里的耗子！

爱斯特拉冈：牧师！

弗拉季米尔：白痴！

爱斯特拉冈：批评家！

弗拉季米尔：哦！

爱斯特拉冈：现在咱们再和好吧。

弗拉季米尔：戈戈！

爱斯特拉冈：狄狄！

弗拉季米尔：你的手！

爱斯特拉冈：在这儿！

弗拉季米尔：到我怀里来！

爱斯特拉冈：你怀里？

弗拉季米尔：拥抱我！

爱斯特拉冈：马上就来！①

接着，他们紧紧地拥抱在一起，然后，又分开，又沉默，不久又陷入了等待的无聊之中。这时，波卓(已变成瞎子)和幸运儿又路过这儿，撞到爱斯特拉冈的身上，摔倒了，波卓高喊救命，爱斯特拉冈还在犹豫之中，弗拉季米尔却以激烈的口吻说出了一番意味深长的话：

咱们别再说空话浪费时间啦！咱们趁这个机会做点儿什么吧！并不是天天都有人需要我们的。的确，并不是天天都有人需要我们个人的帮助的。别的人也能同样适应需要，要不是比我们更强的话。

---

① 袁可嘉，董衡巽，郑克鲁选编：《外国现代派作品选》第3册(上)，上海文艺出版社1980年版，第85页。

这些尚在我们耳边震响的求救的呼声，它们原是向全人类发出的！可是在这地方，在现在这一刻时间，全人类就是咱们，不管咱们喜欢不喜欢。趁现在时间还不太晚，让咱们尽量利用这个机会吧！①

不管等待是多么无聊，"等待戈多"已是一种与命运和孤独进行抗争的态度，至于弗拉季米尔说的"趁这个机会做点儿什么"，更是一种积极的抗争的态度。另外，他说的"全人类就是咱们"也体现了一种社会责任感，尽管它是短暂的，甚至只是弗拉季米尔的一时激动而已，但难道我们不能从中窥见一些富有深意的东西吗？

第二节 物的胜利

荒诞派戏剧的另一位主要代表人物尤涅斯科（Eugène Ionesco，1912—1994）的名剧《新房客》（1957）是独幕剧，布景和出场人物都十分简单，台词也很朴素，但它巧妙地向观众显示出一个物件充斥着的世界。在这个世界里，物几乎占据了一切生存空间，而人被挤压在一个小小的空间中，几无立足之地。这部戏剧的寓意是十分深刻的，它要揭露的正是当代西方社会中物主体化、人客体化的荒诞现象。

剧中的主角没有名字，作者只是称他为"先生"。这位先生尚未成家，性格冷漠，在搬进新居的那一天，他冷淡地拒绝了饶舌的女门房的帮助，与搬夫甲和搬夫乙一起把家具一件件安放在空房间里。从花瓶、手提箱、小圆桌、油画到碗柜、沙发、柳条筐等，搬进来的家具越多，先生站的地方就越小，后来，他只能紧靠沙发站着，指挥搬夫把家具一件件堆放到他的四周：

---

① 袁可嘉，董衡巽，郑克鲁选编：《外国现代派作品选》第 3 册（上），上海文艺出版社 1980 年版，第 90 页。

那儿……那儿……那儿……那儿……那儿……那儿……那
儿……那儿……那儿……那儿……那儿……那儿……那儿……那
儿……那儿……那儿……那儿……那儿……那儿……那儿……那
儿……那儿……那儿……那儿……那儿……那儿……那儿……①

搬夫们每抬进一件新的家具，总是先看先生一眼，然后按先生的眼光和
指点放下来。不久，房间里全都放满了，门口也被家具堵住了：

搬夫甲：先生，真叫人发愁啊……

先　　生：什么？

搬夫乙：剩下的家具太大了，门没有那么高。

搬夫甲：进不来。

先　　生：什么家具？

搬夫甲：立柜。

先　　生：那个绿的？紫的？

搬夫乙：对啦。

搬夫甲：不止这些，还有呢。

搬夫乙：楼梯上全满了。人家都不能上下楼了。

先　　生：院子里也是，满了。街上也是。

搬夫甲：城里的车子不通了。满是家具。

搬夫乙：至少，您没什么可抱怨的，先生。您还有个坐的地
方呢。

搬夫甲：也许，地铁还通行。

搬夫乙：噢，不。

先　　生：不。地下都堵住了。

---

① 袁可嘉，董衡巽，郑克鲁选编：《外国现代派作品选》第 3 册(上)，上海文艺出版
社 1980 年版，第 132 页。

搬夫乙：您家具可真多啊！您把全国都塞满了。

先　生：塞纳河不流了。也被堵住，没有水了。①

最后，为了把外面的家具放进来，根据搬夫乙的建议，打开了天花板，在放好家具后，天花板又关闭起来了，先生作为新房客，完全关闭在一个与世隔绝的空间里。这个封闭的空间就是他的"家"，然而，确切些说，这个封闭的空间只是一个物的世界，人在其中是没有地位的。

通过这个戏剧，尤涅斯科进一步深化了尼采的一个著名的见解。尼采有感于西方知识论哲学传统中理性、知识和逻辑的重压，说出了"无家可归"的感受，而尤涅斯科则告诉我们，在一个充分物化的社会里，即使找到了"家"，这个"家"也不过是一个物的世界，人只是生活在物的空隙中，犹如古代世界的神生活在世界的空隙中一样。揭示这个物所充斥的世界的荒诞性，正是为了寻求对生活意义的新的认识。

第三节　人的消失

荒诞派戏剧的代表人物之一、阿根廷剧作家奥古斯丁·库塞尼（Agustin Cuzzani，1924—）的《中锋在黎明时死去》从不同的角度揭示了当代西方社会的荒诞的现实，即人正在失去自我，变形为单纯的对象。人的权利、人的自由、人与人之间的民主关系仅仅是纸面上的东西，在实际生活中，人像物品一样可以查封、拍卖、包装、邮寄、储藏。总之，人创造了物的世界，人自己却在这个世界中消失了，犹如水渗进了地面，在地面中消失掉一样。

《中锋在黎明时死去》是一部三幕剧，剧情并不复杂。别里特兰是瑙

---

① 袁可嘉，董衡巽，郑克鲁选编：《外国现代派作品选》第3册（上），上海文艺出版社1980年版，第134—135页。

威尔足球俱乐部的中锋，是一个球艺高超的足球明星，由于该俱乐部欠下了大量债务，债权人告到法庭，法庭派法警和债主甲去查封别里特兰：

  别里特兰：……你们要把我本人查封？

  债主甲：对了。

  别里特兰：这就是说你们查封的不是我的薪金，不是我的家具，也不是我的服装，而恰恰是我本人？

  债主甲：正是这样。

  别里特兰：这是办不到的！你们不能把我当箱子柜子一样地拍卖！我是人！

  债主甲：这个没人反对！你不但是人，而且是一位公民，你可以自由投票。但是你们俱乐部欠我们大笔款子，而你却值一百多万比索。我曾经亲自给你们主席提供一次好机会，按习惯私下把你出卖。他不肯。……然而对你来说私下出卖和拍卖有什么本质上的区别呢？

  别里特兰：人怎么能拍卖呢？

  债主甲：这是感伤主义的遗毒。

  别里特兰：不光我不愿意被卖掉！同事们也不会让我被卖掉！

  债主甲：又是一种感伤主义的遗毒。你的职业是自己选择的。国家的财产以黄金作保证，足球俱乐部的财产则以它的球员作保证。因此你就是这个俱乐部财产的一部分。[①]

终于，别里特兰作为一种特殊的"物品"被推上了拍卖台，大富豪兼收藏家鲁普斯以170万比索的高价买下了他，吩咐下人把别里特兰装箱并运回自己家里去。在鲁普斯家里，来自马戏团的人猿钦克-匡克、来自剧院的首席芭蕾舞演员诺拉、威斯特豪森教授也都是他的收藏品。他得意扬扬地说：

---

  ① 袁可嘉，董衡巽，郑克鲁选编：《外国现代派作品选》第3册（上），上海文艺出版社1980年版，第326页。

老早以来我就专门收藏有生物体了，准确点说，是最高度发展的有生物体，这就是说——"人"。人和动物一样也是分门别类的。每一类中我总要挑选一个最优秀的代表。这是标新立异吗？是想入非非吗？就算是吧。但是无论谁也无法反对我这种标新立异。①

鲁普斯的逻辑是：人是一种特殊的物品，只要他有钱并有兴趣，他可以把任何人买进来并收藏起来。诺拉等人已屈从于鲁普斯的逻辑和权力，甘于做安分守己的"收藏品"了，别里特兰则坚决地起来反抗这种囚徒式的生活，他追求自由，无时无刻不想从鲁普斯的家里逃出去。终于，他杀死了鲁普斯，被法庭判处了绞刑。首席法官在审讯时说：

……我们发现本案的特点还不在于凶杀一个伟大人物这一事实，而在于企图颠覆现行社会制度，颠覆私有财产这一神圣不可侵犯的原则，企图推翻我们整个的生活方式。一个物件竟敢反抗他的主人。……财产如果反抗主人就必须把它消灭，以免它落到法定主人之外的任何人手里。②

在黎明时分，别里特兰虽然走向绞刑架，但他的思想像一线曙光照亮了诺拉等人的思想，激励他们为自由而奋斗。

荒诞派戏剧以荒诞的语言和剧情展示了以物为真正的统治者的技术世界本身的荒诞性，并在这个荒诞的世界里注入了某种反叛的因素，但它并没有创造出一个理想世界来取代这一荒诞的世界。在它看来，荒诞性乃是世界的本质属性，理想世界并不一定比今天的世界缺少荒诞性，

---

① 袁可嘉，董衡巽，郑克鲁选编：《外国现代派作品选》第 3 册(上)，上海文艺出版社 1980 年版，第 349 页。

② 同上书，第 368 页。

问题是，反叛会把某种新鲜的、富有生气的东西引入这个死气沉沉的世界中，冲淡这个世界的机械性、单调性和千篇一律性。正如裴多菲所写的：

> 斗争是我一生中
> 最好的思想，
> 心为了自由
> 而流血的斗争！①

---

① 《裴多菲诗选》，孙用译，人民文学出版社 1979 年版，第 61 页。

第十五章　尘世与天国

从人文主义者对宗教神学的批判到尼采说出"上帝已死"的口号，西方基督教文明的发展陷入了危机之中。然而，从 20 世纪初以来，科学技术的高度发展不但没有进一步削弱基督教的信仰，加深其危机，相反，基督教却获得了新的力量，出现了某种程度上的复兴。有感于在科学技术发展的大背景下物化和异化现象的加剧，弗洛姆、福柯等思想家都喊出了"人已死"的口号。既然人在尘世中的生活无法摆脱焦虑、痛苦的阴影，于是，在人们的心中重又燃起了缅怀天国的热情。这种热情在 20 世纪以来方兴未艾的新托马斯主义、宗教存在主义和人格主义的思潮中得到了充分的展现。

第一节　"以神为中心的人道主义"

在新托马斯主义思潮中，最负盛名的莫过于法国哲学家马利坦（Maritain，1882—1973）了，而在马利坦的学说中，最负盛名的莫过于他提出的关于"以神为中心的人道主义"理论了。这一理论主要是在其代表作之一《理性的范围》(1952)中阐发出来的。

首先，马利坦指出，以科学技术的高度发展为背景的世俗化的文明已陷于失败。乍看起来，这一文明造成了辉煌的成就，可是，它单单漏掉了人本身，它导致了理智和道德的解体，导致了人性的极端的堕落。马利坦写道：

> 原子时代的到来，突然使全世界的人看到这个问题的严重。人不再相信科学和技术凭着自身能够保证人类的进步和幸福。当他看到科学和技术所能产生的毁灭和灾难时，他心中就充满着恐惧。①

然而，仅仅停留在恐惧上是不够的，因为恐惧还不足以使人转向明智。告诫大家核武器的发展可能会导致世界的毁灭，敦促大家把科学技术的发现和发明用于和平的目的是不够的，重要的是，使人类理智认识到这样一个事实，即我们已进入历史上一个严重的时代，这个时代正处在死亡的威胁之下，我们必须使那种由于科学征服物质而得来的、具有巨大威力的器械受理性的支配，尤其是在集体的生存上，必须克服人们容易发生的那种反理性的冲动。马利坦把那种以充分认识人的生存意义为基础的、以理性和德性为主导的精神状态称之为"智慧"，他说：

> 只要在我们的文化结构和人们的意识里还没有使科学与智慧取得协调，还没有使科学的应用严格服从正确的道德意志和真正的人生目的，未来世界的和平、自由和尊严就没有保证。②

科技的发展不可能取消或解决伦理的、形而上学的、宗教的问题。

---

① 洪谦主编：《西方现代资产阶级哲学论著选辑》，商务印书馆 1964 年版，第 412 页。

② 同上书，第413页。

其次，马利坦告诉我们，人性中具有某种向善的本质和力量：

> 我们看到自然界虽然存在着冲突斗争的广泛规律，自然的深处
> 却充满着一种深不可测的、超个体的、笼罩一切的宁静；这就是根
> 本的善和存在的普遍力量。人作为自然界的一部分，也具有一种本
> 身就是善的本质。①

无神论的存在主义由于看不到人的这一本质，因此，只是以悲观主义的
口吻说出了人对虚无的渴望，这实际上是否定存在，放弃自我，是一种
消极遁世的见解。马利坦认为，人性确有软弱的、堕落的、荒谬的一
面，但仅仅看到这一面是不够的，必然会导致我们对人的发展前景的失
望。事实上，人性的这一面正是由人的骄傲而引起的，目前人类正在遭
受的苦难正是由人的骄傲而产生出来的，这种苦难也有积极的一面，那
就是促使人类猛醒，以便转而去追求"智慧""良心""爱"和"至善"。

最后，马利坦主张用神圣的"以神为中心的人道主义"来取代世俗的
"以人为中心的人道主义"。中世纪结束以来，人一直渴望自己的地位得
到恢复，人在脱离上帝的状况中寻求这种恢复，然而，在马利坦看来，
这种恢复只有在上帝的身上才能找到；人要求享受被爱的权利，然而这
种权利只有在上帝的身上才能得到。人只有与上帝在一起时才能受到尊
重，因为他的一切（包括他的尊严在内）都是从上帝那里得来的。马利坦
进而指出：

> 今天"以人为中心的人道主义"已遭到严重的幻灭，我们已经尝
> 到反人道主义的罪恶滋味，世界所需要的乃是一种新的人道主义，

---

① 洪谦主编：《西方现代资产阶级哲学论著选辑》，商务印书馆 1964 年版，第
421 页。

一种"以神为中心的"或完满的人道主义。①

他强调，这种新的人道主义并不否认人性中的非理性的部分，而是使之服从理性；它也不否认（相反却突出）人的超理性部分，使理性受它的鼓舞，使人敞开胸怀接受神性的降临。总之，这种新的人道主义的根本使命是"使福音的酵素和灵感透入世俗生活的结构"②，从而使世俗世界的生活秩序神圣化。

以马利坦为主要代表的新托马斯主义思潮把当今的时代看作是一个充满苦难的"启示的时代"，期望在苦难的尽头出现一个新的时代，即"以神为中心的人道主义"的新时代。然而，这样的新时代是可能的吗？人们挣脱了宗教的枷锁难道仅仅是为了重新戴上它吗？

第二节 走向神秘与信仰

宗教存在主义或有神论的存在主义是沿着与新托马斯主义平行的方向来思考西方现、当代人的生存问题的。所不同的是，这一思潮更多地受到存在主义哲学的影响，更多地强调神秘的经验和信仰在人的生存中的地位和作用。在这一思潮中，最有代表性的人物是法国哲学家马塞尔（Marcel，1889—1973），在《存在与占有》（1935）、《存在的神秘》（1951）等一系列著作中，马塞尔显示出他对人的生存问题的卓然独步的思考。

首先，马塞尔揭示了当代人生活中普遍存在的现象，即人越来越丧失人性的尊严，蜕化为一种功能性的、工具型的东西。一方面，技术的发展创造出一个庞大的、异己的人造物的世界，使人成了这个世界所操

---

① 洪谦主编：《西方现代资产阶级哲学论著选辑》，商务印书馆 1964 年版，第416 页。

② 同上。

纵的傀儡，人的个性被抹杀了，人只是作为他的抽象的本质而存在着，人实际上成了一个图表或一个机械人；另一方面，人造物的世界进一步激起了人的以自我为中心的占有欲。在这种欲望的驱迫下，一个人不会把他人视为目的，而通常是视为达到自己的某种欲望的工具和手段。一个人在蔑视他人的时候也潜伏着这样的结果，即他人对自己的蔑视，要逃避蔑视就要不断地占有物，占有越来越多的物。然而，一旦人的价值通过他所占有的物而表达出来，人本身也就被否定了。不是物为人而存在，而是人为物而存在，于是，人由物的占有者而转化为物的奴仆。物就是一切，而人什么也不是。马塞尔认为，在这样的情况下，个性的独立与相互尊重、人与人之间的真诚的爱和交流便不再可能了，这正是使叔本华、克尔凯郭尔这样的哲学家感到悲观失望的原因。

其次，马塞尔强调，当代人要从这种悲观失望的状态中摆脱出来，重要的不是诉诸哲学，而是诉诸宗教；不是诉诸理性，而是诉诸信仰；不是提出、思考并解答问题，而是承认神秘的经验的存在并努力去体验、感受这种经验。存在主义哲学的缺失即把人的生存看作一个问题，并力图通过理性的思考来解答这个问题。事实上，像爱、死、善、恶、遭遇、人生的意义等都不是理性可以找到答案的问题，而是不受理性支配的一些神秘的经验和感受。正是从这样的经验的存在出发，马塞尔引申出了信仰这一主题。

最后，马塞尔认定，存在主义哲学家绞尽脑汁探讨的"存在"概念实际上就是上帝。"存在"的内涵是十分丰富的，前面提到的那些神秘的经验都是从属于"存在"的，因而"存在"本身也是神秘的，是理性和知识所无法通达的。谁如果用求知的方式去追问"存在"的真理，那么这一真理就永远在他的视野之外。只有当人们在信仰和希望的指引下参与到"存在"中去的时候，他们才能把握住"存在"的真理。马塞尔申辩说，他所强调的希望，并不是建立在理性和科学技术基础上的希望，而是建立在信仰基础上的希望。这里的信仰乃是对上帝的信仰，而"存在"不过是上帝的另一个名字，一个哲学式的名字。这种信仰基础上的希望乃是与上帝的交流、沟通和默契，它把人从悲观、焦虑和绝望中拯救出来，使人在爱上帝的同时也爱他人，从而在这种普遍的爱中重新找回自我、确立自我。

马塞尔的学说很容易使我们联想起公元 2 世纪的教父德尔图良的一句名言："正因为是不可能的，所以我才相信"；也使我们联想起中世纪的经院哲学家乐此不疲地谈论的"两重真理"（神学真理和哲学真理）和康德关于理论理性与实践理性的两分，他的学说实际上是存在主义哲学发展的一个逻辑结果：既然生存无法还原为知识，那么生存就不是问题，而只能是某种神秘的东西，作为生存之根基的"存在"也只能是上帝。于是，除了信仰和寄希望于上帝之外我们还能做什么呢？

第三节 人格与道德

20 世纪盛行的人格主义思潮的理论先驱是德国哲学家莱布尼茨（以"单子论"著称）和洛采（Lotze，1817—1881，以"小宇宙论"著称）。人格主义者的中心概念"人格（personality）"的内涵是十分丰富的，可以从哲学、宗教、伦理、心理等不同的角度出发进行解释，不同的解释又形成了人格主义内部的不同的派系。我们主要分析影响较大的美国的人格主义思潮。这一思潮的奠基人是鲍恩（Bowne，1847—1910），鲍恩的晚期著作《人格主义》(1908)是美国人格主义思潮的圣经，这部著作强调人格作为精神实体本质上是道德实体，而上帝作为最高的人格就是道德上的至善，上帝既是每一人格的榜样，又是它们之间关系的协调者，犹如莱布尼茨的上帝是单子的协调者一样。美国第二代人格主义的代表人物之一布莱特曼（Brightman，1884—1953）在其遗著《人格与实在》(1958)一书中进一步发挥并修正了鲍恩的学说，显示出他对人的生存问题的独特的思考。

首先，布莱特曼不主张从唯物主义立场上来理解"实在（reality）"概念，"实在"并不是与人相分离的某种外在的、抽象的东西，"实在"与人是不可分离的，用人格主义的语言来说，人格就是"实在"，就是全部哲学思考和宗教信仰的出发点。那么，人格究竟是什么呢？布莱特曼认为，人格既有精神和意识方面，又有激情和感觉方面，是一个既自我同一又处在变化中的有机的整体。如果说鲍恩主要强调人格的自我同一方面的话，那么接受柏格森哲学影响的布莱特曼则更重视人格的变动的方面。当然，和鲍恩一致的是，布莱特曼也重视人格中的精神的、意识的一面，而不是像存在主义那样更注重激情和感觉的方面。

其次，布莱特曼更强调的是人格的多样化。这与鲍恩的见解也有所不同，鲍恩更看重的是普通人格在最高人格(上帝)中的统一和协调，鲍恩虽然也通过对他人的存在而肯定人格是多样的，但这不是他论述的重点。比较起来，布莱特曼更重视个人人格的独立性，更重视个人的自由，然而，个人虽然是充分自由的，但他的自由意志是不能随便地改变上帝所创造的人世间的秩序的，因而归根结底只能在上帝许可和规定的范围内活动。

再次，布莱特曼和鲍恩一样声称道德价值乃是人格中的最重要的维度。他认为，当代西方社会中的各种矛盾和冲突、人性的堕落和腐化、极权主义和战争，都是从道德价值的沦丧，特别是对作为"至善"的上帝的否定开始的。这就是说，布莱特曼所要复兴的正是被尼采所破坏的基督教的道德，普通人格与最高人格(上帝)的沟通也就是进入基督教道德的境界。

无论是新托马斯主义、宗教存在主义还是人格主义，都试图用宗教的、道德的力量来平衡由科学技术的发展所导致的人性的畸变和生存的危机。这些思潮并不对科学技术取敌视的态度，也并不像中世纪的神学家一样对世俗生活取极端蔑视的态度，而是力图在世俗世界的旁边恢复神圣世界，用神圣世界来约束并指导世俗世界。这些思潮的兴起表明了传统的巨大的约束力，传统是渗透在血液中的，是当代人抛不掉也躲不开的。在这个意义上似乎可以说，太阳底下并没有新的东西。

第十六章　传统与出路

与未来学、文学艺术和宗教伦理比较起来，哲学是高度抽象的学问，尽管如此，它并没有留恋于对传统形而上学的反思，而忘记了它应尽的时代责任，在它抽象的躯体里，依然流淌着火一般的热情。在哲学家们的晦涩的文本中，我们仍然能读解出一个中心问题：技术社会向何处去？尽管哲学家们思考和解答问题的方式是迥然各异的，但他们的反思都不约而同地触及过去的传统与未来的出路之间的关系：一方面，不理解今天和明天就把握不住昨天；另一方面，不与昨天告别，又不可能真正进入今天与明天。不管哲学家们的反思是悲观消极的，还是积极进取的，都为我们理解这个时代的本质，理解过去和未来的关系提供了极有价值的启示。

第一节　启蒙与神话

由法兰克福学派的奠基人霍克海默（Horkheimer，1895—1973）和阿多诺（Adorno，1903—1969）出版的《启蒙辩证法》（1947）一书不仅是法兰克福学派的代表作，也是西方哲学文化发展史上的重要著作。这部著作写于 1940—1944 年，当时正是法西斯主义横行的时候。作者结合文明社会出现的这种空前野蛮的现象，深入地反思了近代启蒙的得失，并以担忧的笔调描绘了人类社会发展的前景。

作者所说的"启蒙(enlightenment)"并不只是指十七、十八世纪欧洲的启蒙运动，而是泛指使人类从无知和迷信中摆脱出来的、有进步意义的思想；作者所说的"神话(myth)"也不只是指古代的神话传说，而是泛指一切与理性不合的、荒谬的现象。作者认为，启蒙和神话是相互渗透的，在古代神话传说中，例如荷马史诗《奥德赛》记叙的故事中，已包含着种种启蒙的因素。因为古代神话正是要借幻想的方式来摆脱强大的、异己的自然力的约束，所以启蒙因素在神话中的出现并不是偶然的。问题的另一面是，启蒙本身也潜在地包含着神话的因素，启蒙把理性从神话中解放出来，但由于其自身发展的逻辑，它在推动文明发展的同时，也使文明陷入了现代意义的野蛮之中。于是，理性重又转化为蒙昧，启蒙重又转化为神话。这里的神话是现代意义上的神话，是理性的神话。正如在纯粹的黑暗中人们什么也见不到一样，在纯粹的光明中人们同样什么也见不到。这就是作者谈论的启蒙辩证法。

那么，旨在解放人的思想的启蒙为什么会转化为神话，转化为对人的思想的新的压抑物呢？作者认为，第一，启蒙的初衷是用知识取代迷信，用对自然的探索取代对神的崇拜，但在培根关于"知识就是力量"的著名口号中，已包含着人不仅要做自然的解释者，而且也要做自然的统治者的意向。这种意向表明，人认识自然，只是为了控制自然、奴役自然，这样的见解为自然科学家所普遍接受，因而近代自然科学从不认真反省科学发展与人的生活之间的关系。这种盲目的、充满支配意识的知识终于导致了对自然的肆无忌惮的破坏。第二，启蒙的初衷是反对极权主义、解放个性，但在法国大革命时，极权主义的征兆已经出现，随着商品经济和科学技术的发展，异化和物化的现象不断地加剧，人不仅失去了个性，变形为对象，而且科学技术的合理性转化为政治统治的合理性，转化为极权主义，导致了法西斯主义现象的出现。在法西斯主义的蔓延中，反犹太主义运动是启蒙的文明向现实中的野蛮倒退的最集中的表现，是人性的毁灭和极权主义横行的最有力的证明。第三，启蒙的初衷是反对神秘主义，崇尚健康的理性，但在启蒙和科学技术的推动下形成起来的文化工业又成了美化和神化现存事物、秩序和权力的工具，艺术家成了雇主的奴隶，艺术品不是创造出来的，而是按雇主的要求生产出来的。启蒙把神圣世界世俗化了，但在其发展中又把世俗事物神圣化了，理性排除了旧的神秘主义，又陷入了新的神秘主义。总之，启蒙一开始与之做斗争的一切疾病现在转移到启蒙自身上来了，启蒙的进程犹如一个圆圈，在凯歌行进之后，又突然地退回到出发点来了。

《启蒙辩证法》对启蒙和文明的负面效应做了过分悲观的描述，这是可以理解的，因为当时欧洲正处在纳粹恐怖统治的漫漫长夜中。1969年，在这部著作的新版说明中，作者承认书中的某些见解已经不能适应今天的情况了。然而，这部著作关于启蒙、文化、意识形态、科学技术、人与自然的关系、个性和极权主义等现象的分析，成了后来的许多思想家理解技术社会的本质及其出路的一把钥匙。

第二节　传统与偏见

当代德国哲学家伽达默尔（Gadamer，1900—2002）于 1960 年出版的巨著《真理与方法》，既是在海德格尔的启发下形成起来的本体论释义学的奠基之作，又对当代西方哲学文化的发展产生了巨大的影响，并为我们反省当代西方社会的现状和前景提供了重要的方法论原则。

在伽达默尔的本体论释义学中，"传统（Tradition）"和"偏见（Vorurteil）"是一对重要的概念。从启蒙运动以来，人们通常对传统取否定的态度，伽达默尔认为这种态度是错误的。传统并不是我们可以随意舍弃的东西，传统是先于我们而存在的，是我们不得不接受的东西。我们的理解和解释活动不但不能撇开传统，相反，只有在传统中才是真正可能的。传统并不像我们所想象的那样，只是一味保存陈旧的东西，即使是最保守的传统也不是一成不变的，传统的保存是有选择的，它一直延续到今天，因而我们始终处在传统之中。一个人要绝对地撇开传统，就像拔着自己的头发离开地球一样是不可能的。人们通常也对偏见取否定的态度，伽达默尔认为，这种态度也是轻率的。所谓偏见，也就是海德格尔说的理解的"前结构（Vorstruktur）"。每一个理解者在理解任何一个文本之前，他的心灵都绝不可能像洛克说的那样只是一块白板，他的心灵里早就存在着一个沿着确定的方向来理解文本的"前结构"，而因他和文本之间的关系并不是单方向的，也就是说，并不是文本自己向他诉说自己的意义是什么，文本的意义永远是在理解者的"前结构"，即偏见的作用下呈现出来的，也就是说，理解是理解者和文本之间的一种双向关系、一种对话。那么，偏见是怎么形成的呢？偏见是传统融入理解者的心灵中造成的，偏见是无法摆脱的，正如传统是无法摆脱的一样。在伽达默尔看来，偏见正是理解者的历史性的表现，决不应笼统地、抽象地否定一切偏见，而应该把合理的偏见和错误的偏见区分开来，然后把合理的偏见导入到理解活动中去。伽达默尔还认为，不管是传统，还是理解者的偏见，都是以语言为媒介的，人的整个理解活动也是以语言为媒介的。归根结底，人的理解活动是越不出传统和语言的范围的。

在这里，伽达默尔讨论的虽然是传统、文本和理解者之间的关系问题，但实际上已表明了他对当代社会发展前景的看法，即人们只能通过对传统进行复兴和重新解释的方法，来弥补技术社会所造成的种种问题。他的本体论释义学被哈贝马斯等人指责为"保守主义"，其源盖出于此。尽管如此，伽达默尔的释义学理论为我们理解技术世界的现状、本质和前景，为我们理解当代人的生存活动的意义与限度提供了极为重要的启示。

第三节　理智与癫狂

当代法国哲学家福柯（Foucault，1926—1984）对当代社会、文化、生存问题进行了独特的、批判性的思考，他的思考主要涉及性、癫狂、权力、监狱、惩罚、医学等问题，特别是他对癫狂问题的思考涉及人类生存中一个极为重要的问题，即如何对待癫狂者（精神病患者）。如果说，存在主义哲学家研究的只是理智健全的人的生存问题的话，那么，福柯在这里研究的则是癫狂者的生存问题。在福柯看来，哲学家们忽视这个问题，表明他们的思想归根结底没有超出理性主义的范围。

福柯对癫狂问题的思考主要见诸他的《癫狂史》（1961）一书。在这部著作中，福柯追溯了癫狂者在不同的历史时期所受到的不公正待遇。在文艺复兴时期，癫狂者和愚人是相近的概念，人们讨厌他们，常常把他们驱逐出城，使他们流落乡间遥远的地方，实际上是把他们当作非人看待，创造条件让他们尽快抹掉自己的生命。在十七、十八世纪，癫狂者不再被驱逐出去而是被监禁在医院里。由法国巴黎首创的这类医院，实际上乃是癫狂者的监狱，其中的医生同时就是法官，他在肉体和精神两方面决定着癫狂者的命运。与文艺复兴时期相比，癫狂者的自由也完全被剥夺了，他的癫狂行为所得到的报应就是惩罚。在这样的环境中癫狂者不但不可能恢复理智，相反，他本来可能保留着的最后一点理智之光也被扑灭了，他的生存的全部内容就是被惩罚和走向死亡。在始于18世纪末的精神病医院时期，癫狂者开始在精神病院中得到人道的待遇，并接受精神病医生的心理治疗，弗洛伊德的心理分析方法得到了普遍的临床使用，然而福柯认为，以弗洛伊德为代表的各种实证的心理治疗方法都不能真正揭示出癫狂者的非理智的心理秘密。癫狂者在肉体上虽然获得了人道的待遇，但在心理上仍处在治疗者的理智的暴政之下。

福柯认为，尊重癫狂者的生存权利，就应当把医学，尤其是精神病学看作是人的科学的基本组成部分，就应当避免从理智的权威出发蛮横地对待癫狂者的癫狂。福柯的学说暗含着一种对由近代启蒙思潮和科学技术的推动而确立起来的、实证的、操作性的理智的叛逆。在他看来，癫狂并不是生存之外的问题，而是生存的基本内涵之一，正确地对待癫狂，就首先要确立它的合法性。显然，福柯从独特的视角出发，对当今的技术世界做出了深刻的批判。

第四节　结构与解构

在瑞士语言学家索绪尔（Saussure，1857—1913）的影响下，19 世纪60 年代的法国形成了一股具有广泛影响的结构主义思潮，其代表人物是列维-斯特劳斯（Levi-Strauss，1908—2009）、拉康（Lacan，1901—1981）、阿尔都塞（Althusser，1918—1990）和福柯。结构主义的中心范畴是"结构（Construction）"，强调在各种表面上看起来十分紊乱的现象后面潜藏着某种秩序，这种秩序也就是结构，把握了事物的结构也就等于认识了事物的本质。

结构主义思潮在其发展过程中逐渐为新崛起的后结构主义思潮所取代。这一新思潮的主要代表人物是巴尔特（Barthes，1915—1980）和德里达（Derrida，1930—2004）。巴尔特在研究文学作品时受到"新小说"的影响，主张文学作品不必拘泥于某种结构与程序，也主张在读解作品的过程中，有意识地消解文本的结构。巴尔特的思想启发了德里达，使他创立了系统的解构主义学说，从而成了蜚声世界哲学舞台的一代宗师。解构主义的中心范畴"解构（Deconstruction）"的基本含义就是消融、分解结构。与伽达默尔的本体论释义学的保守主义倾向相反，德里达的解构主义学说进一步破坏了整个西方哲学文化的基础，使之转向新的轨道。德里达在哲学领域里实行的革命并不逊色于毕加索在绘画领域中实行的革命。他的思想主要表现在《书写语言学》(1967)、《哲学的边缘》(1972)等著作中。

德里达认为，包括结构主义在内的整个传统哲学本质上是"逻各斯中心主义"，因而强调逻各斯、逻辑、本原、秩序、结构的作用，主张把纷繁复杂的现象还原为某种基础性的东西。从语言哲学的角度来看，西方语言乃是一种拼音文字，所以"逻各斯中心主义"在语言上表现为"语音中心主义"，即认为言语（人们当下此刻说出来的声音）与思想的关系最密切、最一致，一旦人们的思想用文字表达出来，就和思想有了一定的距离，就会变得模糊不清了。德里达认为，传统哲学向逻各斯这一中心的回归是不正确的，因为实际上这一中心并不存在，他创立了"书写语言学"，力图消解并破坏"逻各斯中心主义"和"语音中心主义"。

首先，德里达提出了"分延（differance）"的新概念，从词源上看，这个词来源于"差异（difference）"，然而其内涵比"差异"概念更为丰富。黑格尔在《逻辑学》中已注意到"差异"的原则，索绪尔在语言学研究中也已肯定，一个词发什么音是不重要的，重要的是不同的词在发音上的"差异"。黑格尔和索绪尔虽然看到了"差异"原则的重要性，但囿于"逻各斯中心主义"和"语音中心主义"，他们仅仅从狭隘的、肯定的意义上来理解"差异"，因而不可能导向解构理论。在德里达看来，"分延"不仅兼有"差异"的含义，更重要的还有"踪迹"（半隐半现、残存）、"撒播"（语词和文本意义的不确定）、"游戏"（约定俗成）等含义。"分延"甚至是比"存在"还更始源的东西，它消融、瓦解着一切固定的秩序、结构、中心、本原之类的东西，思想和语言本质上是一种游戏，处在无中心的、不断变更和迁移的状态下。

其次，德里达在索绪尔区分"能指"（词的语音）、"所指"（词的意义）关系的启发下，引入了"意义"概念，重新规定了这三个概念的含义："能指"仍然指词的发音，如 water 的读音；"所指"不是指词的意义，而是指词的符号形式，如 water；"意义"则是指词的意义，如 water 这个词所指称的对象。词的"能指"和"所指"即使不发生变化，其意义却可以在不同的语境中发生变化。比如，pig（猪）这个词，即使它的发音和符号形式不变，但其意义却是可变的，它既可指称动物"猪"，也可指称"愚蠢的人"或其他对象。这样一来，从书写语言学的角度来看，传统的"语音中心主义"也处在解构的洪流之中，"能指"是约定俗成的，"所指"仅仅是符号形式，词的"意义"则不断地溢出"能指"和"所指"形成的语言结构，向前发展。

最后，德里达强调，"逻各斯中心主义"必然是重逻辑的。从词源上看，logic(逻辑)这个词就是从 logos(逻各斯)那里派生出来的。逻各斯表明万物运动的规则，逻辑则表明思维的规则。实际上，"隐喻(metaphor)"作为修辞手法，常常起着不可忽视的作用，传统哲学家虽然也使用"隐喻"，但一方面，"隐喻"的面是比较窄的，主要停留在"视觉隐喻"和"声音隐喻"的范围内；另一方面，在他们那里，"隐喻"只是手段，中心、本原、体系(结构)乃是目的。在德里达看来，"隐喻"是无限开放的，它从根本上消解了一定的符号形式("所指")与它所指称的对象的意义的一致性，从而瓦解了逻辑的一致性和结构性，充分肯定"隐喻"的作用，"逻各斯中心主义"自然也就被解构了。

德里达的解构主义哲学和现、当代的文学艺术一样，从根本上动摇、瓦解着西方哲学文化传统，把它变为一幅漫画、一种游戏或一堆意义含糊不清的语词。这一方面表明，西方哲学文化正处在痛苦的转型过程中；另一方面也表明，人们在科学技术和物化高度发展的社会内，更深切地感受到从传统哲学文化中延续和承继下来的压抑个性、埋没个性倾向的加剧。在这个意义上可以说，德里达的解构主义正是掷给技术世界的一份挑战书。

第五节 劳动与交往

德国哲学家哈贝马斯(Habermas, 1929—)作为法兰克福学派第二代的主要代表，继承了霍克海默和阿多诺的思想路线，通过对发达工业社会的研究，对当代人的生存问题和技术世界的本质及走向的问题提出了自己的新见解。他的见解是通过《作为意识形态的科学与技术》(1968)、《历史唯物主义的重建》(1976)和《交往行为》(1981)等一系列著作阐述出来的。

哈贝马斯认为，从19世纪七八十年代起，资本主义社会发生了两方面的根本性变化：一是国家干预活动的增加；二是科学技术的独立性的增长表明，科学技术已成了第一生产力。这两方面的变化表明，以自由贸易和竞争为基础的资本主义发展阶段已经让位于以国家控制为根本特征的资本主义发展阶段。在20世纪的第二次世界大战之后，科学技术的合理性进一步加固了政治统治的合理性，国家对经济生活和人们的其他生活的干预也越来越严重。据此，哈贝马斯认为，马克思关于"经济基础""生产关系""意识形态""上层建筑"等概念已不能说明发达工业社会的现状，所以他提出了"劳动（Arbeit）"和"交往（Kommunikation）"的新概念，用以分析发达工业社会。

什么是"劳动"呢？哈贝马斯认为，"劳动"乃是工具的行为和合理的选择的结合。工具的行为表明"劳动"是按照奠基于经验知识之上的技术的规则来进行的，合理的选择表明，"劳动"是在以分析性的知识为基础的决策下来进行的。总之，"劳动"是在合理的目的的支配下，以合理的方式来实现的。什么是"交往"呢？哈贝马斯认为，"交往"乃是以符号为媒介的相互作用，这种相互作用是按照人们共同遵循的有效的规范来进行的，而这些规范的有效性又是通过强制的手段被保证的，它的意义的权威性在日常语言的"交往"中被客观化。

"劳动"和"交往"构成发达工业社会中人们行为的两种基本的、不同的类型。在合理化问题上，这两者存在着根本的区别："劳动"的合理化意味着生产力的提高，技术力量的扩张，和自我物化的加深；反之，"交往"的合理化则意味着人的解放、个性的充分实现和非统治形式的"交往"的扩张和发展。哈贝马斯指出，技术社会的意识形态总是竭力掩蔽这两种合理化之间的本质差异，人们需要看到的是，"劳动"的合理化

（科学技术的广泛使用、国家干预的加剧）会引起"交往"的非合理化。哈贝马斯并不主张抛弃科学技术，而是主张：一方面要注意"劳动"合理化的途径，这种合理化不能把人降低到物的层面上；另一方面人类生存的更高目的不是"劳动"的合理化，而是"交往"的合理化。只有以"交往"的合理化为目的，才能扬弃技术社会已经出现的种种负面的效应。

那么，如何才能使人们的交往行为合理化呢？哈贝马斯认为，人们在交往中应当选择合适的语言，开展平等的对话，遵从已经确立起来的、得到大家认可的社会规范。然而，在不触动社会的根本制度的情况下，这样的"交往"合理化的情景可能出现吗？哈贝马斯的交往理论与其说为技术社会的发展指出了一个方向，毋宁说它的根本意义是批判性的，它启发我们进一步去认识技术社会的本质，认识人的生存所陷入的新的困境。

无论是未来学家、文学艺术家、宗教学家还是哲学家，都没有就技术世界的发展前景给出一个确定的、清晰的答案，也许这本来就是不可能的，人类生存的未来图景的展开、人类社会和哲学文化的演化都是充满随机性的。法国生物学家雅克·莫诺（Jacques Monod）甚至认为，人的诞生也纯粹是偶然的，他写道：

> 宇宙间并不是处处都是生命，生物界也不全都是人类。我们人类是在蒙特卡洛赌窟里中签得到的一个号码。当人们看到一个人刚从赌场里赢了钱而摇身一变成为百万富翁时，我们感到惊讶同时又觉得好像是梦幻般的不真实，产生这种感觉是很自然的，没有什么可奇怪的。[①]

当然，莫诺把人的诞生过程中的偶然性一面过分地夸大了，这就把偶然

---

① ［法］雅克·莫诺：《偶然性和必然性》，上海外国自然科学哲学著作编译组译，上海人民出版社 1977 年版，第 108 页。

性本身必然化了，形成了偶然性意义上的宿命论，正如萨特无限地夸大个人的自由，从而最终导致了自由的宿命论一样。

然而，这样说并不等于忽视偶然性在人类社会和人的生存活动发展中的巨大作用。事实上，关于未来社会的设想越具体、越确定，就越可能具有乌托邦的性质，因而当代西方学者更重视的是致力于对当今社会的批判和对人的生存状况的反省，力图在批判和反省中揭示出未来社会的基本走向。这样一来，我们在他们的著作中通常感受到的那种批判的、破坏的热情，就变得容易理解了。对于当代西方人来说，"等待戈多"或许是一种最普遍的生存心理。人们并不知道"戈多"是什么，也不知道"戈多"什么时候会降临，"戈多"乃是一个不可捉摸的"自在之物"，然而，大家都确信，"戈多"存在着，并且将会降临，因此，"等待"便成了一种普遍的心理情绪。人们通常愿意选择烦恼的终结而不愿停留在没有终结的烦恼之中。但是，我们却发现，人类的生存永远是敞开着的、没有终结的烦恼。或许可以说，烦恼的终结也就是人类生存的终结。事实上，没有烦恼的生存只能是虚幻的。

结　论　自然人·经济人·自由人

　　在对西方哲学文化史做了一番简要探讨之
后，我们发现，哲学家、神学家、伦理学家、艺
术家、社会学家等关注的中心问题始终是人类的
生存问题。在某些情况下，生存问题会被掩蔽起
来，但是，这种掩蔽却不可能是长久的，生存问
题作为人类面临的最根本的、最紧迫的问题，总
会通过各种不同的意识形式，像烈火一样喷薄而
出。在西方哲学文化的演化中，生存问题始终是
一个轴心问题，如果看不到这一点，西方哲学文
化便成了一堆支离破碎的、无生命的东西。

　　世世代代的西方人都关注着生存的问题，但
这并不等于说，他们在这个问题上已找到了正确
的答案。实际情形恰好相反，他们中的不少人虽
然就这一问题提出了非常有价值的思想，但从总
体上看，这一问题仍然被黑暗所笼罩着。当然，
在马克思那里我们发现了例外。马克思对整个人
类的生存状况和发展趋向的透视是如此深刻，如
此具有说服力，以致在今天，西方人所面临的并
不是抛弃或超越马克思的问题，而是重新回到马
克思那里，重新理解马克思的问题。我们在这里
并不是说马克思学说中的个别的、具体的结论不
能超越，而是指马克思考察人类生存和社会发展

的总的精神、总的眼光是很难超越的。

为什么这么说呢？因为在我们已检视过的西方学者中，伦理的目光乃是一种根本性的目光，这种目光阻碍他们对人类生存的客观情形做出合理的说明。在伦理色彩之前，其他的一切色彩都黯然失色了。马克思并不一般地反对伦理色彩，在他那里，占主导地位的乃是历史的眼光和历史的色彩。当然，需要补充的是，马克思是始终站在促使历史进步，促使历史向前发展的立场上的。马克思认为，伦理的目光只能顺应历史的目光，而不应该把它与历史的目光抽象地对立起来。

马克思的历史的目光并不是任意的，飘荡无根的，而是以历史唯物主义作为基础和出发点的。正如我们在《导论》中已经指出的那样，历史唯物主义乃是一种特殊的生存哲学。从历史唯物主义的基本立场出发，马克思不仅对资本主义社会这一具体历史阶段的人的生存情况做了透彻的说明，而且对人类生存的总体历史画面，做了简要而全面的描绘。在《1857—1858年经济学手稿》中，马克思写道：

> 人的依赖关系(起初完全是自然发生的)，是最初的社会形式，在这种形式下，人的生产能力只是在狭小的范围内和孤立的地点上发展着。以物的依赖性为基础的人的独立性，是第二大形式，在这种形式下，才形成普遍的社会物质变换，全面的关系，多方面的需求以及全面的能力的体系。建立在个人全面发展和他们共同的、社会生产能力成为从属于他们的社会财富这一基础上的自由个性，是第三个阶段。第二个阶段为第三个阶段创造条件。因此，家长制的，古代的(以及封建的)状态随着商业、奢侈、货币、交换价值的发展而没落下去，现代社会则随着这些东西同步发展起来。①

在这里，马克思把整个人类生存活动的历史发展划分为三大阶段。在第

---

① 《马克思恩格斯全集》第30卷，人民出版社1995年版，第107—108页。

一个阶段上，占主导地位的是人与人之间的自然的依赖关系，即血缘关系。在此意义上，我们可以把处在这一发展阶段上的人称之为"自然人"。当然这并不意味着人与人之间的关系纯粹是自然的，人之为人，其本质的特征乃是他的社会性，早期的人类在生产中必然会结成一定的社会关系，问题在于，在当时的历史条件下，社会关系在很大程度上仍然局限在自然关系的框架内，正如恩格斯所指出的：

> 劳动愈不发展，劳动产品的数量、从而社会的财富愈受限制，社会制度就愈是在较大程度上受血族关系的支配。①

所以，正是在肯定自然关系占支配地位的意义上，我们可以把第一阶段的人称之为"自然人"。在"自然人"那里，不仅生产劳动、交往关系是十分狭隘的，思想观念也是十分狭隘的，在宗教上，与"自然人"相适合的是自然宗教，这种宗教把自然界神化为一种有无限权威的、强大的、异己的力量；在伦理上，"自然人"服从一种与原始的平等、友爱交织在一起的、以家长的权威为核心和凝聚力的伦理规范。从这方面看，"自然人"的基本精神是一种原始伦理精神，在这种精神中，家族作为总体的象征是高于一切的，而个人则是绝对地服从这一总体的，他只是总体的一个部分，一个无生命的自我。黑格尔已经敏锐地发现了这一情形，他写道：

> 一种行为，如果它只涉及血缘亲属的整个存在，而不涉及公民，因为公民不属于家庭，也不涉及那种应该成为公民从而应该不再是这种个体的人，如果它专以这种属于家庭的个人，专以扬弃了感性现实亦即个别现实的普遍的本质为其关涉的对象和内容，那么，这种行为就不再涉及活着的人（lebenden），而只涉及到死了的

---

① 《马克思恩格斯全集》第 21 卷，人民出版社 1965 年版，第 30 页。

人（Toten）。死了的人已摆脱了一长串纷纭杂乱的存在而归于完满的单一的形态，已摆脱了偶然生活的喧嚣而上升到简单的普遍的宁静。——因为一个人只有作为公民才是现实的和实体性的，所以如果他不是一个公民而是属于家庭的，他就只是一个非现实的无实体的阴影。①

黑格尔是把现代意义上的人，即"公民（Bürger）"看作真正的个人，从这样的目光看出去，处在原始伦理团体中的个人只是无生命的个人，只是一个阴影。在这个意义上，"自然人"只是一种集体人，他的灵魂不是在他身上，而是寄存在整个家族上。

马克思认为，在人类生存史发展的第二个大阶段中，个人虽然逐步独立出来了，但这种独立性是依赖于物的关系的。这种人对物的依赖，在资本主义社会中以最典型的方式表现出来。马克思对"商品拜物教"现象的揭露乃是对人依赖于物的关系的最深刻的说明。正如我们在前面已论述过的那样，不少现、当代的西方学者都已意识到这种物化和异化相交织的局面，然而，那种根深蒂固的、非历史的伦理主义眼光一方面把他们引向对现、当代社会的科学技术的近乎粗暴的否定；另一方面又使他们不停地到传统社会，即已经逝去的人的生存状态中去寻找某种原始的、淳朴的、比现、当代人似乎更高尚的生活方式、伦理情操和思想感情。相反，马克思的伟大正在于以历史的，而不是伦理感伤主义的目光来看待这种新出现的、人对物的依赖关系。马克思写道：

毫无疑问，这种物的联系比单个人之间没有联系要好，或者比只是以自然血缘关系和统治从属关系为基础的地方性联系要好。同样毫无疑问，在个人创造出他们自己的社会联系之前，他们不可能

---

① 《黑格尔全集》第 3 卷第 332 页，1986 年德文版。（G. W. F. Hegel, *Gesammelte Werke*, band 3, Berlin: Suhrkamp Verlag, 1986, s. 332.——编者注）

把这种社会联系置于自己支配之下。如果把这种单纯物的联系理解为自然发生的、同个性的自然（与反思的知识和意志相反）不可分割的、而且是个性内在的联系，那是荒谬的。这种联系是各个人的产物。它是历史的产物。它属于个人发展的一定阶段。这种联系借以同个人相对立而存在的异己性和独立性只是证明，个人还处于创造自己的社会生活条件的过程中，而不是从这种条件出发去开始他们的社会生活。这是各个人在一定的狭隘的生产关系内的自发的联系。①

这就是说，第二阶段的那种单纯的物的联系并不像第一阶段的血缘关系那样是自然发生的，而是历史发展的必然的产物。这种关系对于个人来说虽然是异己的，但与第一阶段的自然血缘关系或地缘关系比较起来，无论如何是一种进步。原始的自然关系有其淳朴的一面，并且原始人从事生产是为了人，第二阶段的物的关系有其利己的，甚至是虚伪的一面，并且现代人的生存不过是为了生产，为了财富。比较起来，原始人或"自然人"似乎是更高尚的，然而，留恋这种原始的淳朴性、高尚性是毫无意义的，因为与这样的淳朴性和高尚性做伴的乃是一种无个体的状态。第二阶段的个体虽然处在异己的物的关系的约束和支配下，但个人毕竟是自由的，在人格上毕竟是独立的，从历史唯物主义的观点看来，这正是人的生存状态的巨大的进步。

我们不妨把第二阶段的人称为"经济人"，当然，这样的称谓也很容易引起误解，不管人类生存于怎样的阶段上，撇开经济活动是完全不可能的。"经济人"的称谓在这里仅仅意味着把第二阶段中人的生存活动的最重要的特征表达出来，仅此而已。马克思当然并没有使用过这样的概念，但他却描述过这样的特征：

---

① 《马克思恩格斯全集》第 30 卷，人民出版社 1995 年版，第 111—112 页。

凡是资产阶级已经取得统治的地方，它就把所有封建的、宗法的和纯朴的关系统统破坏了。它无情地斩断了那些使人依附于"天然的尊长"的形形色色的封建的羁绊，它使人和人之间除了赤裸裸的利害关系即冷酷无情的"现金交易"之外，再也找不到任何别的联系了。它把高尚激昂的宗教虔诚、义侠的血性、庸人的温情，一概淹没在利己主义打算的冷水之中。它把人的个人尊严变成了交换价值，它把无数特许的和自力挣得的自由都用一种没有良心的自由贸易来代替了。①

马克思的这段论述告诉我们，在人类发展的第二个大阶段，尤其是在资本主义社会中，人与人之间的经济关系以异乎寻常的方式凸显出来，马克思甚至把资本家称之为"人格化的资本"。资本家生存的最高目的是追逐利润，甚至危及生命也在所不惜。与"自然人"相比，"经济人"不仅是独立的、自由的，而且处在远为开放、远为扩展的生产关系和社会关系中，对于"经济人"的社会来说，"崇拜抽象人的基督教，特别是资产阶级发展阶段的基督教，如新教、自然神教等等，是最适当的宗教形式"②。当然，在第二阶段中，人，尤其是雇佣劳动者面对的乃是一个异己的、强大的人造物的世界，正如早期的"自然人"面对着一个异己的、强大的自然界一样。因而在第二个阶段中，"经济人"，即使是在异化和物化中获益的资本家所得到的自由仍然不是充分的，因为他们把自由主要理解为"贸易自由"，理解为对物（财富）的无限追求。

真正全面发展的、自由的个性是在人类发展的第三个阶段上形成起来的。我们把第三阶段的人称之为"自由人"，也是取其根本特征而言

---

① 《马克思恩格斯选集》第1卷第418—419页，1989年德文版。（K. Marx and F. Engels, *Ausgewählte Schriften*, Band 1, Berlin：Dietz Verlag, 1989, ss. 418-419. ——编者注）

② 《资本论》第1卷第93页，1973年德文版。（K. Marx, *Das Kapital*, vol. 1, Berlin：Dietz Verlag, 1973, s. 93. ——编者注）

的。当然，对于"自由人"来说，自由并不是任性，并不是为所欲为，马克思写道：

> 这个领域内的自由只能是：社会化的人，联合起来的生产者，将合理地调节他们和自然之间的物质变换，把它置于他们的共同控制之下，而不让它作为盲目的力量来统治自己；靠消耗最小的力量，在最无愧于和最适合于他们的人类本性的条件下来进行这种物质变换。但是不管怎样，这个领域始终是一个必然王国。在这个必然王国的彼岸，作为目的本身的人类能力的发展，真正的自由王国，就开始了。但是，这个自由王国只有建立在必然王国的基础上，才能繁荣起来。①

在马克思看来，只有在社会发展的第三个大阶段上，人的生存才获得真正丰富的、全面的含义，人不仅在合乎人类本性的条件下从事各种活动，而且把人类能力的发展视为目的本身。然而，人的这种全面的、真正的自由仍然是以相应的必然王国为基础的，不论人类发展到怎样的阶段，人类自由的第一个前提仍然是生存，而要生存，就必定要花一定的时间和精力去从事生产劳动，因而人类的自由始终是有前提的。

特别重要的是，马克思强调，第三阶段和第二阶段一样，都是历史发展的产物，而第二阶段是直接为第三阶段做准备的。许多西方学者由于带着伦理主义的目光看待正处于第二阶段中的当今社会，因而除了对异化和物化现象作感伤主义式的道德谴责外，不知道还有什么事好做。实际上，异化和物化，站在历史唯物主义的立场上来看，乃是一种历史的必然，乃是人为了全面发展而必须付出的代价。马克思非常明确地告诉我们：

> 全面发展的个人——他们的社会关系作为他们自己的共同的关系，也是服从于他们自己的共同的控制的——不是自然的产物，而

---

① 《马克思恩格斯全集》第 25 卷，人民出版社 1974 年版，第 926—927 页。

是历史的产物。要使这种个性成为可能，能力的发展就要达到一定的程度和全面性，这正是以建立在交换价值上的生产为前提的，这种生产才在产生出个人同自己和同别人相异化的普遍性同时，也产生出个人关系和个人能力的普遍性和全面性。①

这就是说，个人能力的全面发展与个人同自己和同别人的普遍异化正是一个徽章的两个方面，只有沉湎于伦理主义和浪漫主义的人才会设想，人类可以不经过普遍异化和物化的炼狱达到人的能力的全面发展。

马克思关于人类生存史发展的三个阶段的论述，为我们解除了笼罩在生存问题上的种种困惑。马克思生前虽然不可能预见到当今西方社会，尤其是科学技术的巨大发展，但他关于普遍异化以及异化扬弃之学说依然显示出他深邃的历史目光和卓越的理论洞见。在当前，要对生存问题做出深刻的反思，就应该与伦理感伤主义和浪漫主义告别，回到马克思的生存哲学——历史唯物主义的轨道上来。历史唯物主义者并不是历史进程的消极旁观者，他在尊重历史发展的客观法则的基础上，积极地参与历史活动。当纽约《太阳报》通讯员约翰·斯温顿在伦敦著名的海滨疗养地兰兹格特采访马克思时，向马克思提出了一个重要的哲学问题："什么是存在？"马克思注视着奔腾起伏的大海，陷入了沉思，然后坚定地回答说："斗争！"毋庸讳言，马克思这里说的"斗争"既不是堂吉诃德式的、在新社会里恢复旧的生活方式的徒然无益的挣扎，也不是拉斯蒂涅和于连式的、为实现个人的野心而向上流社会发出的挑战，马克思的"斗争"乃是顺应历史发展的潮流，为整个人类的幸福而奋斗。早在青年时期，马克思就以宽广的胸怀写下了下面这段充满激情、催人泪下的话：

如果我们选择了最能为人类福利而劳动的职业，那么，重担就不能把我们压倒，因为这是为大家而献身；那时我们所感到的就不

---

① 《马克思恩格斯全集》第 30 卷，人民出版社 1995 年版，第 112 页。

是可怜的、有限的、自私的乐趣，我们的幸福将属于千百万人，我们的事业将默默地、但是永恒发挥作用地存在下去，而面对我们的骨灰，高尚的人们将洒下热泪。①

仅仅为个人的生存而生存，这样的生存是低于人的生存的，唯有为人类的生存而生存，这样的生存才是真正的人的生存；同样的，仅仅为个人的生存而思索，这样的思索必定是渺茫的，唯有为人类的生存而思索，这样的思索才是伟大的。在这个意义上我们可以说，走出生存的困惑，就是离开小我而走向大我，大我的自由才是生存之丰富的内涵的真正展现，才是生存之困惑的真正的解答。正如浮士德在其艰难历程的最后一瞬间所领悟的：

> 是的，我已完全委身于生活的这重意义，
> 这是智慧的最后结论：
> 只有每日每时去开拓自由和生活，
> 才配有自由与生活的享受。
> ······
> 我愿注视这熙熙攘攘的人群，
> 自由的人民站立在自由的土地上。
> 我对这一瞬间可以说：
> "你真美啊，请你暂停！
> 我有生之年留下的痕迹，
> 将历千载而不致湮没无闻。"
> 现在我怀着崇高幸福的预感，
> 享受这至高无上的瞬间。②

---

① 《马克思恩格斯全集》第40卷，人民出版社1982年版，第7页。
② 《浮士德》第2卷第207页，1971年德文版。(Goethe, *Faust* Ⅱ, Berlin: Aufbau-Verlag, 1971, s. 207. ——编者注)

编者说明

(一)本卷收入俞吾金先生的著作《生存的困惑——西方哲学文化精神探要》。该著作 1993 年 10 月由上海文化出版社出版。编者对原书文字进行了校订，并根据《俞吾金全集》的统一体例对原文格式进行了调整。

(二)由引文格式的时代差异等原因造成的引用文献版本信息不明确的注释，编者尽可能进行了查找和增补。

(三)在注释等方面进行的调整或增补，都以编者注的形式予以标注。

(四)为尊重俞吾金先生的学术原创性，本卷所用外文文献的翻译未做改动。

(五)本卷由柴杰编校。

《俞吾金全集》编委会

2022 年 2 月

图书在版编目（CIP）数据

生存的困惑——西方哲学文化精神探要/俞吾金著 . —北京：
北京师范大学出版社，2024.9
（俞吾金全集）
ISBN 978-7-303-28640-9

Ⅰ.①生⋯ Ⅱ.①俞⋯ Ⅲ.①社会问题－研究－世界 Ⅳ.①D58

中国国家版本馆 CIP 数据核字（2023）第 015809 号

营　销　中　心　电　话　010-58805385
北 京 师 范 大 学 出 版 社
主题出版与重大项目策划部

SHENGCUN DE KUNHUO

出版发行：北京师范大学出版社　www.bnupg.com
　　　　　北京市西城区新街口外大街 12-3 号
　　　　　邮政编码：100088
印　　刷：北京盛通印刷股份有限公司
经　　销：全国新华书店
开　　本：730 mm×980 mm　1/16
印　　张：18
字　　数：250 千字
版　　次：2024 年 9 月第 1 版
印　　次：2024 年 9 月第 1 次印刷
定　　价：88.00 元

策划编辑：祁传华　　　　　责任编辑：郭　珍
美术编辑：王齐云　　　　　装帧设计：王齐云
责任校对：段立超　陶　涛　　责任印制：马　洁　赵　龙